D0744794

# La seigneurie de Vaudreuil et ses notables au début du XIXe siècle

# DU MÊME AUTEUR

*Pages de Journal*

En préparation: *Pages de Journal: 1981, 1982, 1983 et 1984.*

*Joies et deuils d'une famille bourgeoise,* Éditions du Bien Public.
*La Société canadienne-française au XIX<sup>e</sup> siècle,* Fides.
*Les Dessaulles, seigneurs de Saint-Hyacinthe,* Fides.
*L'assurance contre l'incendie,* Librairie Beauchemin.
*Traité d'assurance contre l'incendie au Canada,* Librairie
Beauchemin et les Presses de l'École des Hautes Études
Commerciales.
*La Chronique des Fabre,* Fides.
*La Vie studieuse et obstinée de Denis-Benjamin Viger,* Fides.

Gérard Parizeau
de la Société royale du Canada

# La seigneurie de Vaudreuil
## et ses notables
## au début du XIXe siècle

### Essai sur le milieu

fides

**Couverture:**
Conception graphique de Luc Vincent, d'après la photographie
d'une peinture de Von Berczy (1809 — Collection de M. Charles de
Lotbinière Harwood.

ISBN: 2-7621-1255-9

Dépôt légal: 4e trimestre 1984, Bibliothèque nationale du Québec.

Composition et mise en pages: Helvetigraf, Québec.

Achevé d'imprimer le 19 novembre, à Montréal,
aux Presses Élite Inc., pour le compte des Éditions Fides Inc.

# Avant-propos

C'est à dessein que nous avons fait suivre le titre de ce livre du mot *essai*. Mais peut-être aurions-nous pu dire *récit*. Nous avons voulu noter ainsi, dès le début, que si notre étude s'appuyait sur certains faits connus, sur des documents précis, elle contenait une part d'affabulation, faible, il est vrai, imaginée en tenant compte du milieu physique que l'auteur a connu et du caractère de ses personnages, sur lesquels il s'est longuement penché. Il est convaincu qu'en procédant ainsi, il ne les a pas trahis, même si certains détails ne sont pas d'une exactitude contrôlable. Il croit s'être rapproché d'eux et les avoir rendus plus compréhensibles, sûrement plus vivants, plus près du lecteur. Dans son esprit, ce qu'il faut éviter dans une oeuvre de ce genre, c'est de se limiter à des énumérations qui se suivent comme des gens venus à des funérailles et qui, sans retenue, font l'éloge du défunt.

Pour qu'une étude ne soit pas la simple et sèche mention d'événements ou de faits, ayant plus ou moins d'importance, l'auteur doit s'efforcer de faire vivre ses personnages, de souligner leurs faiblesses et leurs qualités, au cours de leur existence. Il doit les situer dans le milieu où ils ont vécu et essayer d'imaginer la pensée et les actes qui permettent de comprendre leur personnalité. Les lettres sont pour lui de précieux témoignages. Hélas! parfois les descendants les détruisent en pensant, comme dans le cas présent: «On ne livre pas à la curiosité malsaine des lettres d'amour». D'abord, dans ces échanges de correspondance, autrefois, il n'y avait pas que l'expression de sentiments tendres ou durs. Et puis, l'intérêt de l'historien n'est pas malsain. À moins d'avoir l'esprit faussé, ce qu'il cherche, ce n'est pas le détail croustillant ou crapuleux, mais ce que son personnage a fait, aimé, voulu, afin de le comprendre mieux. Récemment, la famille Béique a remis aux Archives nationales du Québec la correspondance échangée entre un de ses ancêtres et sa femme au cours du quart de siècle où ils ont été séparés. Et ainsi, on peut éclairer toute une époque dans sa recherche de la liberté de pensée. Aux mêmes Archives, sont des lettres échangées entre Louis-Joseph Papineau et sa femme. On en trouve d'autres de Joseph Papineau à sa fille, à sa femme et à son fils isolés à la seigneurie de la Petite Nation, en pleine sauvagerie, et de Marie-Rosalie Papineau à ses cousines. «Donnez-moi des nouvelles, toutes les nouvelles», écrit-elle. Aussi, a-t-on dans cette correspondance des détails non seulement sur les personnages que l'on étudie, mais également sur l'époque où ils ont vécu. Dans une lettre adressée à Marie-Rosalie Papineau, on trouve une relation de ces événements qu'Anne Hébert a évoqués dans *Kamouraska* et les sentiments de gens qui vivent et se racontent.

Hélas! des Trestler, on a détruit des liasses de lettres, nous empêchant ainsi de comprendre tout ce qu'ils ont vu, discuté, pensé. On n'a pu mettre la main non plus sur la correspondance d'Antoine-Aimé Dorion avec sa femme. On la croyait à Toronto, dans des archives très bien tenues. Mais hélas! on n'y a trouvé que des lettres d'affaires, qui éclairent la vie de l'homme politique, mais non l'existence et les sentiments du couple.

C'est par ses Archives publiques que l'État joue généralement un rôle précieux dans ce domaine. Comme la communauté religieuse, il résiste au temps et garde ce que l'individu, laissé à lui seul, a tendance à jeter quand il manque d'espace, quand il déménage ou quand, pour lui, le passé ne présente aucun intérêt. Il faut avoir appris la destruction complète ou partielle de documents authentiques pour comprendre la désolation du chercheur: la nôtre devant le vide fait autour de Johann Joshef Tröstler et de ses descendants.

En cinq générations, au cours d'un siècle et demi, la famille Trestler est passée d'un immigrant-colporteur, fruste mais intelligent, à un grand avocat, le plus grand de son époque, peut-être. C'est en partie cela, comme aussi la vie de la seigneurie de Vaudreuil et l'accession d'une famille à la bourgeoisie que nous avons voulu évoquer dans ces pages que nous présentons au lecteur.

\*

Nous ne saurions trop remercier, de l'aide qu'ils ont bien voulu nous accorder et des documents qu'ils ont mis à notre disposition, M. Raymond Denault, M^me Anne-Marie Quesnel et le Fonds Yves Quesnel, M. et Mme Louis Dubuc, M. Jean-Jacques Lefebvre notamment, à qui nous devons de bien précieux avis, M. Jean-Paul Léger, M. Michel Chevalier, M. Jean-Marie Leblanc des Archives publiques du Canada, le personnel de la Collection Gagnon à la Bibliothèque municipale de Montréal, Mlle Marie Baboyant en particulier, Mme Juliette Rémillard, le docteur Sylvio Leblond, Mesdames Black et Durant, le personnel de la Osler Medical Library, des Archives de l'Université de Montréal et des Archives nationales du Québec, ainsi que M. Claude Bernardin, M. Jean-Claude Soulard, M. Henri de Lotbinière-Harwood, M. Georges Saint-Jacques et M^me Marthe Beaudry.

Et, pour terminer, Mme Monique Boissonnault qui, avec une grande bonne volonté et une non moins grande patience, a transcrit nos textes, en les déchiffrant parfois comme des hiéroglyphes.

# PREMIÈRE PARTIE

# I

# La seigneurie de Vaudreuil

La seigneurie de Vaudreuil est d'origine assez lointaine. Elle a été concédée en 1702 sous Monsieur de Callière gouverneur de la Nouvelle-France, à Monsieur de Vaudreuil «pour ses enfants nés et à naître». Voici comment on la décrit: «Une langue de terre, située au lieu dit des Cascades contenant quatre lieues de front sur une lieue et demie de profondeur au plus large de ladite langue de terre et une dernière lieue au plus étroit, à continuer vis-à-vis l'île aux Tourtes, joignant pareille concession accordée au sieur de Soulanges»[1].

La seigneurie de Vaudreuil a appartenu à plusieurs grands seigneurs: d'abord à Philippe de Rigaud, marquis de Vaudreuil, puis à Pierre-François de Rigaud de Vaudreuil en 1725.

Ces Vaudreuil étaient d'une famille assez remarquable par sa fécondité d'abord, puis par les postes qu'elle a occupés en Nouvelle-France et en France, où elle s'illustrait déjà au

---

1. En citant ce texte, dans *A topographical Description of the Province of Lower Canada* (Londres, 1815), Joseph Bouchette se réfère au Registre d'intendance numéro 5, folio 38. De son côté, à l'Appendice 1 de son *Histoire de la paroisse Saint-Joseph de Soulanges ou Les Cèdres 1702-1927* (Montréal, Imprimerie des Sourds-Muets, 1927), l'abbé Élie-J. Auclair cite le texte complet de la concession par le chevalier de Callière, le 23 octobre 1702 et la ratification par le roi Louis XV, le 5 mai 1716.

Moyen Âge. Pour nous, Canadiens, ils ont un intérêt particulier à partir du moment où ils naissent dans la Colonie et y jouent un rôle de premier plan. Ainsi, Philippe de Rigaud, marquis de Vaudreuil (1643-1725), est gouverneur de Montréal en 1699, puis de la Nouvelle-France en 1703. Il eut huit garçons et deux filles: Louis-Philippe (1691); Philippe-Antoine (1693); Jean (1695); Pierre de Cavagnal (1698); Hector (1699-1708); Marie-Louise (1701); François-Pierre (1703); Philippe-Armand (1705); Joseph (1706) et Louise-Élisabeth (1707)[2].

En 1763, Michel-Gaspard Chartier de Lotbinière succéda à François-Pierre de Rigaud de Vaudreuil à la seigneurie, quand le gouverneur Rigaud de Vaudreuil dut se rendre à Versailles pour justifier son administration. En 1773, c'est Alain Chartier de Lotbinière qui en devint le titulaire[3]. Puis, en 1829, elle revint à Louise-Josephte Chartier de Lotbinière et à son mari, Robert Unwin Harwood. Comme les autres seigneuries, elle fut rachetée en vertu de la loi de 1854 qui supprima l'an-

---

2. Deux d'entre eux nous intéressent particulièrement: Pierre de Cavagnal, qui fut marquis de Vaudreuil et gouverneur de la Colonie. Né à Québec en novembre 1698, il fut gouverneur de la Louisiame d'abord et, le premier janvier 1755, Louis XV le nomma gouverneur de la Nouvelle-France. Il en fut le dernier.

Il y eut aussi celui qu'on appelait le chevalier, frère de l'autre, qui l'accompagna en France après la Cession lorsque le gouverneur fut appelé à justifier son administration. Le chevalier était connu sous le nom de Pierre-François de Rigaud (1703-1775). Grand bagarreur, il livra une lutte sans merci aux établissements anglais de la Nouvelle-Angleterre. Selon Parkman, il fut au point de départ, avec quelques autres, de l'envahissement de la Nouvelle-France par les troupes anglaises. Exaspérés par les expéditions que dirigeaient Rigaud de Vaudreuil et quelques autres contre leurs établissements de la Nouvelle-Angleterre, les Anglais décidèrent d'aller combattre leurs ennemis sur leur propre terrain. Il y a à ce sujet un bien curieux mémoire présenté à la Société royale du Canada par Hector Fabre, alors en poste à Paris comme agent du Canada. Voir dans les *Mémoires* de la Société royale du Canada de 1888: «La fin de la domination française et l'historien Parkman». Voir aussi la généalogie que P.-G. Roy a consacrée aux Vaudreuil.

Rigaud de Vaudreuil mourut en France en 1775 au château de Collier, dans la commune de Muides en Loir-et-Cher, écrit le père Le Jeune, à qui nous avons emprunté les éléments de cette note au sujet de Pierre-François de Rigaud, seigneur de Vaudreuil, avant que le marquis de Lotbinière lui eût succédé au titre et à la colonisation d'un domaine dont il ne s'était guère préoccupé.

3. En fait, ses prénoms sont Michel, Eustache, Gaspard et Alain. Pour simplifier l'énumération, nous avons opté pour Alain. Si, à la mort de son père, Alain Chartier de Lotbinière avait droit au titre de marquis, il ne le portait pas, affirme Henri de Lotbinière Harwood. Tous les titres de la noblesse française avaient été supprimés en 1789, rappelle Jean-Jacques Lefebvre.

cienne tenure foncière[4]. À ce moment-là, le gouvernement versa à son propriétaire les sommes suivantes, selon la valeur déterminée par le commissaire Norbert Dumas, le 28 décembre 1858:

| | |
|---|---|
| Pour les cens et rentes: | $ 25 569.16 |
| Pour les lots et ventes: | |
| — Classe des fonds agricoles: | $ 20 538.33 |
| — Classe des emplacements: | $ 1 708.87 |
| Pour les moulins banaux: | $ 4 800.00 |
| Droits lucratifs pour le fief de Choisy: | $ 1.00 |

Si cette valeur est exprimée en dollars, c'est que le Canada-Uni a opté pour une monnaie décimale, inspirée de celle de ses voisins. Le dollar facilite les relations avec les gens du Sud et son usage simplifie sensiblement les opérations commerciales. Ce n'est qu'au siècle suivant qu'on adoptera les mesures métriques de température, d'espace et de volume, en s'éloignant définitivement du système des poids et mesures britanniques, dont l'Angleterre elle-même aura reconnu la désuétude.

*

Avec l'aide de Joseph Bouchette, arpenteur général des Colonies britanniques d'Amérique, voyons ce qu'était la seigneurie de Vaudreuil vers 1829, moment où elle revint à Louise de Lotbinière et à son mari, Robert Unwin Harwood, après la mort de son père.

Mais, qui était ce Harwood? Anglais, venu d'Angleterre en 1822, Robert Unwin Harwood avait épousé Louise de Lotbinière un an après son arrivée au Canada. Il était d'une famille de Sheffield, en Angleterre, qui l'avait envoyé à Montréal pour y représenter la maison familiale. Non seulement il fait des affaires mais, par son mariage, il entre dans une famille jouissant d'une certaine aisance et d'une réputation excellente, les de Lotbinière, seigneurs de Vaudreuil, de Rigaud[5], et de ce

---

4. Qui n'exclut pas encore le cens, petite somme que le censitaire devait verser au seigneur. Le cens disparut définitivement quand le gouvernement Duplessis écarta les derniers vestiges d'un régime vieillot et devenu sans valeur depuis près d'un siècle.

5. La seigneurie de Rigaud revint à Charlotte de Lotbinière, qui avait épousé William Bingham.

lointain domaine de Lotbinière qui relevait du gouvernement de Québec sous le Régime français, et où, un peu plus tard, s'installa un autre européen d'origine suisse du nom de Pierre-Gustave Joly.

En épousant une autre fille des Chartier de Lotbinière, Pierre-Gustave Joly assura sa fortune et, par la suite, donna naissance à une famille qui, dans la politique du Canada, joua un rôle de premier plan. Connu sous le nom de Henri-Gustave Joly de Lotbinière, le fils ne devint-il pas premier ministre de la province de Québec et ne finit-il pas ses jours en Colombie britannique, comme lieutenant-gouverneur, nommé par Victoria, reine et impératrice d'un monde où le soleil ne se couchait pas, disait-on avec orgueil?

Robert Unwin Harwood fit un beau mariage — ce dont on ne saurait le blâmer, car les filles de l'aristocratie française, comme celles de la bourgeoisie naissante, étaient très attirés par les *beaux et grands Anglais* venus d'outre-mer. Celui-là ne manquait pas d'intelligence et d'initiative. C'est lui qui, en effet, installa dans sa seigneurie des Loyalistes, à qui l'on devra l'essor de Como et de Hudson, l'un des plus beaux endroits de la région.

Selon Joseph Bouchette[6], la seigneurie de Vaudreuil est assez prospère. Il la connaît bien pour l'avoir parcourue à pied, à cheval, en canoë ou en bateau à vapeur[7], lui qui est chargé de la topographie des colonies britanniques, à titre d'arpenteur général des établissements anglais de l'Amérique du Nord. À ce titre, il écrit des livres qui paraîtront à ses frais, notamment à Londres, l'un en 1815 et les autres vers 1831[8].

---

6. Joseph Bouchette était de la «*clique du Château*», comme on disait alors. Aussi fut-il désespéré d'apprendre que son fils Robert-Shore-Milnes Bouchette, officier de la Reine, avait pris part au soulèvement de 1837. Cela ne l'empêchera pas d'assister au départ de son fils pour les Bermudes, *Au pied du courant*, quand on l'envoya en captivité avec sept autres de ses compagnons. Il est curieux de voir que si le chevalier de Montigny périt sur l'échafaud, Bouchette fils s'en tira avec un an d'exil, lui qui, pourtant, était officier de Sa Majesté. Que de contradictions révèle cette histoire britannique où rien n'est nécessairement logique, mais adapté aux circonstances; ce qui n'est pas toujours sans mérite, même si un esprit cartésien trouve à redire. Mais logique et politique vont-elles toujours de pair?

7. Déjà, il y en a qui vont de Montréal à Québec; d'autres remontent l'Ottawa.

8. La nomenclature de ses œuvres est assez longue. Elle fait l'objet d'une bobine bibliographique à la Bibliothèque de l'Université de Montréal.

Michel-Gaspard Chartier, marquis de Lotbinière. *(Archives publiques du Canada)*. La toile est d'un artiste inconnu.

La personnalité de Joseph Bouchette n'est pas sans intérêt. Son père, en 1784, fut commodore de la flotte anglaise sur le lac Ontario. Sous ses ordres, Joseph Bouchette, tout jeune encore, a renfloué un des bateaux anglais coulés en rade de York, futur Toronto. Et puis, il est entré au service de l'État comme employé de son oncle, Samuel Holland, arpenteur général des colonies anglaises d'Amérique. Il s'est mis au travail avec un tel dévouement et une telle intelligence qu'à la mort de Holland, le lieutenant-gouverneur Robert Shore Milnes le fit nommer à sa place.

Bouchette écrivit et publia lui-même ses oeuvres; ce qui était une aventure, à une époque où le milieu intellectuel et le marché étaient bien restreints. De ce fait, il traîna une dette toute sa vie. Ce sont ses héritiers qui, sous le Canada-Uni, parvinrent à se faire rembourser les sommes que la législature du Bas-Canada avait votées à l'auteur, première forme de l'aide à l'éditeur qu'on connaîtra au siècle suivant.

*

La seigneurie de Vaudreuil n'a guère changé, au début du XIXᵉ siècle; elle est restée à peu près ce qu'elle était sous le Régime français. Si son propriétaire a vécu à l'étranger durant les années qui ont suivi la Cession, ses censitaires ont continué leur vie tranquille de ruraux, assujettis à leur curé à qui ils payaient la dîme, et au seigneur à qui ils versaient le cens et quelques autres droits de peu d'importance, soit directement, soit au régisseur ou au notaire qui le représentait.

Après la conquête, le seigneur Michel Chartier de Lotbinière, est allé en France pour essayer de régler ses affaires[9], tout en amenant son fils Alain pour lui permettre de continuer ses études[10]. En son absence, rien de bien extraordinaire ne se

---

9. Sa seigneurie d'Alainville le préoccupe. Située dans ce qui deviendra l'État de New York, elle lui échappera même si, dit-on, c'est lui qui aurait présenté Benjamin Franklin au compte de Vergennes, ministre des Affaires étrangères de Louis XVI. Racontar? Peut-être, mais malgré les appuis que Lotbinière a parmi les Américains après la guerre de l'Indépendance, il ne parviendra pas à récupérer sa seigneurie. Il mourut à New York en 1799.

10. La collection Gagnon de la Bibliothèque municipale de Montréal possède une copie dactylographiée du *Journal* de Michel Chartier, marquis de Lotbinière. Il

passe dans la région. La vie y est stable, calme, monotone, sauf au moment où les Américains envahissent le territoire. La population a augmenté avec une natalité accélérée, malgré une mortalité élevée parmi les femmes en couches et les enfants notamment.

Dans la seigneurie, il y a le curé et puis les gens de métier, les cardeurs, par exemple, qui font d'excellentes étoffes, de la flanelle et des tissus de coton de bonne qualité; et puis, les forgerons qui tapent sur l'enclume avec une échappée d'étincelles et forgent des instruments de première nécessité avec une habileté dont on trouve des traces au Musée de Vaudreuil. Il y a également ceux qu'on appelle les *voyageurs*[11], qui partent au printemps dans les grands canots de la compagnie des Bourgeoys du Nord-Ouest et dans ceux de la compagnie XY, et les bûcherons qui, l'hiver, louent leurs services à Philemon Wright, Américain industrieux, ou à Joseph Papineau. L'un travaille dans le Haut-Ottawa et l'autre, plus modestement, dans sa seigneurie de la Petite Nation. Et puis, il y a les habitants, dont la terre est assez bonne, mais qu'on n'utilise pas toujours comme on le devrait et qui s'appauvrit. Ils élèvent des poules, des cochons, des moutons; ils ont des boeufs et des chevaux. Chez certains, on trouve des vergers, tandis que d'autres font du beurre, baratte en main. On cultive le foin, comme au siècle suivant, le blé et d'autres céréales; et puis du lin, mais assez curieusement pas encore de chanvre, bien que le climat l'eût permis. Peut-être était-ce la demande qui ne justifiait pas l'effort exigé. Car la culture du chanvre est plus difficile que celle du foin ou même celle du blé sous un pareil climat.

D'après Bouchette, vers 1829, on recense dans la seigneurie 1 200 chevaux de trait, car le milieu ne se prête pas encore à l'élevage des bêtes de selle, quelque 1 200 boeufs pour les tra-

---

porte sur la période 1779 à 1787 et il a été écrit à Tours du 14 août 1779 au 2 octobre 1786, à Paris du 2 octobre au 6 décembre 1786 et à New York du 19 novembre au 31 décembre 1787. Il est d'un intérêt bien relatif, car l'auteur y est préoccupé surtout de son état de santé et de celui de son fils Alain.

11. Le *voyageur* loue ses services à son employeur, en vertu d'un contrat. La plupart de ces contrats sont passés devant le notaire Chaboilley, comme on peut le constater dans le «Répertoire des engagements pour l'Ouest conservés dans les archives judiciaires de Montréal», *Rapport de l'Archiviste de la province de Québec, Journal, 1942-1943*, p. 261.

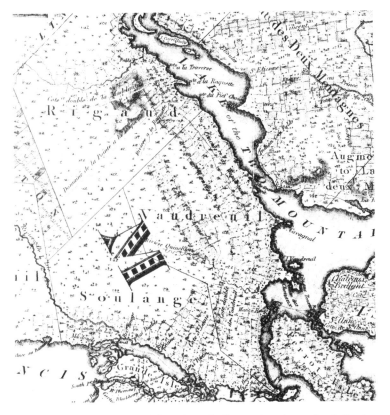

Extrait d'une carte de Joseph Bouchette indiquant les seigneuries de Soulanges, de l'Île Perrot, de Vaudreuil et de Rigaud. Reproduite de *Carte topogra-
phique du Bas-Canada* (1815) (Photo d'Armour Landry, 1983). Montréal,
Éd. Élysée, 1980.

vaux de la terre, l'errochage, l'arrachage des souches, dont les cendres donnent la potasse, en grande demande à l'étranger. On a 1 800 vaches, 6 000 moutons et 1 800 cochons, plus ou moins, mesure anglaise, comme les notaires de l'époque disaient dans leur jargon pour délimiter les bornes des terres. Tout cela indique que les fermes sont, dans l'ensemble, assez prospères, sauf lorsque la température et le temps ne sont pas favorables: circonstances fréquentes qu'on n'a pas encore appris à maîtriser par des modes de culture appropriés.

Voilà ce qui fait de la seigneurie de Vaudreuil une société essentiellement rurale. Il est vrai que pour une population de deux mille quatre cent cinq âmes, il y a deux moulins à farine, un moulin à carder, un moulin à fouler, une scierie, cinq tanneries, quatre potasseries dont la production a gardé un caractère artisanal, ce qui n'enlève pas son aspect rural à la région. À cela s'ajoutent, à un niveau un peu supérieur dans l'échelle sociale, un médecin, deux notaires, huit marchands et six taverniers. C'est, dans l'ensemble, la composition de la cellule seigneuriale.

Société rurale assez prospère, parce qu'elle a des routes qui rendent relativement faciles ses relations avec Montréal, grâce à des bacs assurant le transport à des endroits où il n'y a pas de gué et où, au contraire, l'eau est bouillonnante. Ainsi, pendant longtemps, ces traversiers transporteront les voyageurs de Sainte-Anne à ce qui sera Dorion, plus tard.

C'est ce milieu dont nous allons maintenant étudier les notables, c'est-à-dire ceux qui admonestent du haut de la chaire, baptisent et récitent les prières des morts, ceux qui orientent l'opinion, ceux qui soignent, ceux qui suivent les gens dans leurs affaires de tous les jours, qui les notent dans des contrats, ceux qui sèment et récoltent, ceux aussi qui vendent, discutent et tentent de diriger les affaires publiques avec une certaine passion, que réprouve souvent le gouverneur quand, en Chambre, le ton monte, dans une société coloniale qui accepte l'idée de la liberté en théorie, sinon dans les faits.

# II

# Les notables

Par définition, le notable, c'est celui qui, dans le milieu, jouit d'un prestige certain et remplit des fonctions reconnues même si, avec les années, elles évoluent ou perdent beaucoup de leur importance par le nivellement des classes, l'indépendance des esprits ou une certaine étroitesse de vues. Vers la fin du XVIIIᵉ siècle, Vaudreuil n'est pas une exception à la règle. S'il y a la seigneurie[1] qui forme un tout, elle englobe une population d'origines diverses et s'étend sur un vaste territoire; il y a la paroisse qui va bien au-delà des bornes seigneuriales, assez floues il est vrai. Il y a aussi le village du même nom qui s'étend sur une assez grande distance à l'intérieur de la seigneurie et de la paroisse. Dans cette seigneurie de Vaudreuil, se trouve aussi Quinchien[2], qui deviendra Dorion au siècle suivant, et dont un quartier s'appela Mannheim pendant un certain temps. Plus tard, Rigaud, Saint-Lazare et d'autres petits pays se détache-

---

1. Dans son *Atlas de la Nouvelle-France* (P.U.L., 1968), le professeur Marcel Trudel indique la localisation des seigneuries de Vaudreuil (1702), de l'île Perrot (1672), de Soulanges (1702), de Rigaud (1732), qui nous intéressent particulièrement (p. 178). Quant à celle de Lotbinière à laquelle nous nous référerons également, le professeur Trudel la situe entre celles de Deschaillons (1674) et Sainte-Croix (1637) (p. 174).

2. Quinchien ou, plutôt, Kenchien en Iroquois, qui veut dire *cascades* ou *petite rivière*, s'appliquait à un territoire allant de l'Île aux Tourtes jusqu'à ce qui est devenu Cascades, Soulanges ou Les Cèdres.

ront de la paroisse mère au fur et à mesure que la population le demandera et sera prête à payer les frais d'un pasteur[3]. Et puis, sous l'influence du nouveau seigneur anglophone, de Lotbinière Harwood, d'autres regroupements fonderont ce qui, plus tard, sera connu sous le nom de Como, Hudson et Hudson Heights.

À l'époque qui nous intéresse, c'est-à-dire à la fin du XVIIIe et au début du XIXe siècle, si la population de la paroisse a une importance limitée, elle est aussi clairsemée, tout comme celle de la circonscription électorale qui compte quelque quatorze mille âmes, distribuées dans le long territoire que comprend le comté de York, représenté par deux députés à l'Assemblée législative[4].

Dans la paroisse de Vaudreuil, on trouve la même composition ethnographique que dans la seigneurie, avec des cadres relativement restreints, mais comprenant tous les éléments de la cellule rurale. Tous sont bien près, en effet, de cette terre qui les entoure. Ils y vivent et en vivent, même si certains sont aussi *voyageurs*[5] ou bûcherons, à certains moments de l'année,

---

3. Cf. à ce sujet Chanoine Adhémar Jeannotte, *Vaudreuil 1702-1963*, Montréal, Imprimerie Saint-Joseph, 1963; Elie-J. Auclair, *op. cit.*

4. Le comté de York compte 13 897 âmes vers 1829, moment où Joseph Bouchette écrit ses derniers ouvrages sur les colonies britanniques de l'Amérique du Nord.

5. Nous revenons sur ce personnage typique de l'époque, le *voyageur*, c'est-à-dire l'employé des grandes compagnies. Il avait un caractère particulier. Grand mangeur, gros buveur d'alcool, forcé de donner un énorme effort, vigoureux, doué d'une extraordinaire résistance physique, il était comme le bûcheron, un homme rude. Voyons comment Michel Lemay le présente en s'inspirant de l'abbé G. Dugas (*l'Ouest canadien*, 1896):

Les canots étaient extrêmement chargés.

Chaque canot, en partant de Lachine, portait, outre les hommes d'équipage, avec chacun son bagage pesant quatre-vingt-dix livres, six cents livres de biscuits, deux cents livres de petit-salé, trois boisseaux de fèves, deux toiles cirées pour protéger les marchandises contre la pluie, une voile, une haussière, une hache, une chaudière, une éponge pour ôter l'eau qui s'introduisait au fond de l'embarcation, une certaine quantité de brai, d'étoupe et d'écorce, pour les réparations en cas d'avarie.

Cette cargaison était tellement lourde que le plat-bord de l'embarcation dépassait de six pources à peine le niveau de l'eau. Conscients des dangers qu'ils couraient, les voyageurs désiraient confier leur sort à la Vierge et à sainte Anne.

En effet, le premier campement se faisait toujours à Sainte-Anne, à l'extrémité occidentale de l'île de Montréal, soit à une quinzaine de milles du point de départ. À cet

comme nous l'avons vu, soit par goût, soit par nécessité, car la terre est parfois assez avare de ses fruits et, faut-il le dire, assez mal travaillée. Et puis, il y a les familles nombreuses dont tous les membres ne trouvent pas de gagne-pain sur place ou recherchent l'aventure.

Ceux qui ont un métier — il y en a toujours, même dans une société rurale — dépendent des gens qui cultivent la terre pour leur subsistance. En effet, le forgeron ferre les chevaux des cultivateurs des environs; nous allions dire des paysans, mais nous nous sommes rappelés à temps cette distinction que font les historiens dans notre pays[6]. Ils établissent une différence très nette entre l'habitant canadien et le paysan français, même si ce dernier, au XIXe siècle, est bien loin des culs-terreux décrits par La Bruyère[7] et même par Chateaubriand à

---

endroit, les engagés allaient à la chapelle afin de saluer la bonne sainte Anne et de se placer sous sa protection.

(*Ethnologie québécoise* I, Mtl, Hurtubise HMH. (Cahiers du Québec, 1972, p. 102.)

Il est curieux de rapprocher ce blasphémateur de talent et le sentiment religieux qui le faisait invoquer l'aide ou la protection de la bonne sainte dans un voyage rempli de dangers et d'aléas. Sauter un rapide semble la chose la plus simple qui soit. Elle exige, au contraire, des muscles, des nerfs à toute épreuve et une connaissance instinctive du canot et de sa résistance à la force du courant.

Est aussi à noter cette remarque d'Eric W. Morse dans «*Voyageurs' Highway, The Canadian Fur Trade*»: «les expéditions des *voyageurs* ne leur rapportaient guère. Ils les entreprenaient par goût de l'aventure» (*Canadian Geographical Magazine* août 1963, p. 69). C'est à eux qu'il faudrait aussi rendre hommage. Peu d'entre eux bénéficiaient vraiment du voyage: main d'œuvre obtenue à relativement bon marché, elle satisfaisait à bon compte son goût de l'aventure.

6. Jean-Jacques Lefebvre apporte à l'appui de son dire de nombreux témoignages. Il oppose le cultivateur du Bas-Canada et le paysan de France dans la *Revue du Notariat* de juin 1976 (p. 662-663).

7. On est très loin dans le Bas-Canada du paysan que La Bruyère présente ainsi dans ses *Caractères*, La Bruyère — *Œuvres complètes* 1957, «La Pléiade», p. 333):

L'on voit certains animaux farouches, des mâles et des femelles, répandus par la campagne, noirs, livides et tout brûlés de soleil, attachés à la terre qu'ils fouillent et qu'ils remuent avec une opiniâtreté invincible; ils ont comme une voix articulée, et quand ils se lèvent sur leurs pieds, ils montrent une face humaine, et en effet ils sont des hommes; ils se retirent la nuit dans des tanières où ils vivent de pain noir, d'eau et de racine; ils épargnent aux autres hommes la peine de semer, de labourer et de recueillir pour vivre, et méritent ainsi de ne pas manquer de ce pain qu'ils ont semé.

L'être que décrit La Bruyère est le paysan français de 1689. Mais peut-être le montrait-il en noir, comme on le lui a reproché? De son côté, Chateaubriand présente à ses lecteurs des *Mémoires d'outre-tombe* (1814) des êtres miséreux. Avec eux, on est bien loin de la campagne décrite par Joseph Bouchette, à la même époque.

son retour en France, en 1800. Dans le Bas-Canada, en effet, si le cultivateur cultive la terre, comme ailleurs et avec des instruments encore assez rudimentaires[8], il agit pour son propre compte et non comme le métayer français qui tire sa subsistance d'un sol qui ne lui appartient pas, avant la révolution de 1789, tout au moins. Auparavant en France, la terre était en grande partie la chose du seigneur, à qui le serf devait verser diverses redevances chaque année. Tandis que le cultivateur du Bas-Canada, lui, avait une terre qui était sa chose, même si, en vertu du régime instauré au XVIIe siècle par Jean Talon, le seigneur[9] conservait encore quelques prérogatives au début du XIXe siècle. C'est ainsi que, dans certaines seigneuries, dont on avait d'abord fait un centre de colonisation et un poste de défense contre les Indiens, un grand nombre de terres étaient devenues la complète propriété du censitaire.

C'était le cas dans les seigneuries de Vaudreuil, de Rigaud et de Lotbinière qui nous préoccupent ici. Si le censitaire payait encore le cens et le droit de quint, c'était bien peu de chose que le seigneur recevait lui-même ou que son préposé touchait pour lui, au moment où la terre dépouillée était devenue improductive pour quelques mois. Parfois, le censitaire s'acquittait bien mal de ses engagements. À son retour au Canada, en 1845, Louis-Joseph Papineau s'en plaint amèrement. De son côté, quand il administre la seigneurie de Lotbinière pour sa femme, Gustave Joly constate comme les arrérages sont élevés et comme, depuis la mort du seigneur, on s'est livré à de véritables dilapidations du bois. «Je ne reviendrai pas sur le passé, écrit-il, mais je mettrai la plus grande sévérité à poursuivre tous ceux qui, à l'avenir, se rendraient coupables des mêmes délits»[10].

*

8. Le musée de Vaudreuil en possède une riche collection.

9. Divers droits de préséance, certaines redevances, le monopole de la chasse, de la pêche et, à certains moments ou endroits, la traite des fourrures. Cf. à ce sujet Elie J. Auclair, *op. cit.,* Appendice I, «Concession», p. 356.

10. Cité par l'abbé Louis-L. Paradis dans *Les Annales de Lotbinière, 1672-1933*, Québec, Ateliers de l'Action catholique, 1933, p. 256.

Le régisseur d'Alain Chartier de Lotbinière était souvent forcé de réclamer avec vigueur ce qu'on devait à son maître. S'il n'habitait pas la seigneurie de Lotbinière, le seigneur était souvent mêlé à des questions de clocher et de construction d'églises qui le faisaient se heurter aux autorités religieuses.

Voici un relevé des institutions et des corps de métiers dans la seigneurie de Vaudreuil, suivant l'étude qu'en fait Joseph Bouchette dans *Topographical Description of the Province of Lower Canada*. Paru vers 1831, l'ouvrage est intéressant à consulter, même s'il contient des erreurs qu'on qualifierait de grossières à notre époque où la statistique est devenue un art, alors qu'au début du XIX$^e$ siècle, elle n'était qu'une approximation. D'après le géographe, on trouve dans la seigneurie de Vaudreuil, au début du XIX$^e$ siècle:

| | |
|---|---|
| 5 églises | 7 moulins |
| 1 couvent | 6 scieries |
| 4 villages | 3 ateliers à carder |
| 4 écoles | 9 ateliers à fouler |
| 6 tanneries | 6 fonderies |
| 20 tavernes | 93 artisans |
| 29 marchands | 29 ateliers de potasse |
| | 3 ateliers de perlasse |

Dans ce relevé, on ne mentionne pas de médecins, de notaires ou d'avocats. Et cependant, il y en eut, à certains moments, comme nous le verrons plus loin.

Analysons brièvement ce cadre social répertorié par Bouchette, afin de mieux décrire la seigneurie de 1800 à 1830. Nous prendrons ainsi contact avec ceux qui dirigent cette société, les notables, qu'on retrouve dans toutes les seigneuries et les villages de l'époque.

## Le curé

Dans la seigneurie de Vaudreuil, il y a, vers 1830, cinq églises, donc cinq curés, cinq influences de premier plan au point de vue spirituel, devenues à certains moments une véritable force sociale, il est vrai[11]. Le prêtre a, en effet, une influence considérable.

---

11. Voici comment Richard Chabot décrit la fonction du curé de campagne au XVIII$^e$ siècle, dans *Le Curé de campagne et la contestation locale au Québec (de 1791 aux troubles de 1837-38)*, Montréal, Hurtibuse, HMH, (Cahiers du Québec) 1975, p. 64:

… Au XVIII$^e$ siècle, dans une société où le pouvoir temporel et spirituel sont intimement liés, le curé est appelé à s'acquitter de tâches nombreuses qui ne découlent pas toujours de son ministère. Administrateur de la fabrique avec les marguilliers, il voit aussi à la tenue des

S'il baptise, exorcise au besoin, préside aux funérailles, enterre à tous les âges de la vie, il parle du haut de la chaire et, souvent, il est l'arbitre qui impose sa volonté à des marguilliers chargés de l'administration de la paroisse. À titre de représentant du Seigneur, on l'écoute; on vient aussi le consulter sur ses difficultés familiales ou ses affaires. La plupart de ses gens viennent de la terre ou en vivent comme le curé, à qui la dîme est payée en espèces, mais surtout en produits de la terre[12]. D'autres tirent leur subsistance indirectement de ces ruraux, tels les artisans qui, eux aussi, sont bien près de la glèbe.

À quelques exceptions, le curé est fils de cultivateur. Il connaît les difficultés que présente la culture dans ce pays de froids et de chaleurs extrêmes. Du haut de la chaire, quand les choses se gâtent, il invite ses fidèles à prier pour les biens de la terre. Or, si certaines saisons sont favorables, certaines sont terribles à cause de la sécheresse, de l'humidité, des sauterelles ou du gel. Le premier des fléaux dessèche le sol, souvent la pluie vient trop tard, le printemps est trop longtemps pluvieux, le soleil n'est pas au rendez-vous. Tout ne va pas mal au même moment car, prudent, le cultivateur sème un peu de tout; mais il ne peut agir au moment où il le souhaiterait pour assurer la récolte. Le curé suggère de demander l'intervention du ciel. Cela ne va pas toujours aussi bien qu'on le souhaiterait mais, fort heureusement, il y a souvent coïncidence entre le besoin et l'invocation.

Lorsqu'un gel tardif, fait sauter les bourgeons ou éclater les fleurs des arbres fruitiers, la fabrique doit venir au secours des paroissiens les plus atteints par les intempéries. Le chanoine Jeannotte a noté ceci, par exemple, dans le prône d'un dimanche de 1789[13]: «Disette: on sort 1 000 francs des coffres

---

registres et à la perception de la dîme. D'autres occupations le réclament encore. Quand il n'y a pas de notaire dans la paroisse, il reçoit des testaments, passe des contrats de mariage ou de vente, dresse des inventaires, établit des procurations, rédige des procès-verbaux. De plus, il s'occupe avec les syndics de la paroisse des réparations, de la décoration et de la réfection de l'église et du presbytère. Enfin, le curé doit fournir assistance aux pauvres et veiller à l'éducation dans sa paroisse.

Métier harassant et qui fait que certains prêtres meurent très jeunes, note, de son côté, l'abbé Louis L. Paradis dans Les Annales de Lotbinière, 1672-1933.

12.    Certains ont une terre qu'ils cultivent eux-mêmes. Tel cet abbé Jean dont parle l'abbé Louis L. Paradis, op. cit.

13.    Cf. Chanoine Adhémar Jeannotte, op. cit., p. 15.

de la fabrique pour acheter 80 minots de blé et l'on met 200 francs à la disposition du curé pour aider les plus nécessiteux.» Parfois aussi, les sauterelles rongent les céréales au sol, comme en 1835.

Certains curés savent qu'il ne faut pas épuiser la terre, que l'assolement, la rotation des cultures, le creusage de fossés et les puits artésiens sont autant de manières d'améliorer le sol. Souvent, ils poussent à la formation d'associations professionnelles qui, chez le voisin, donnent de si bons résultats. De leur côté, certains laïcs, en revenant d'un voyage aux États-Unis, comme Denis-Benjamin Viger, n'ont-ils point parlé de tout cela avec une certaine vigueur et ne sont-ils pas souvent revenus à la charge, en faisant valoir ce qui se faisait dans les États de la Nouvelle-Angleterre?[14] Mais, trop souvent, le résultat est désappointant, sinon médiocre.

\*

Le curé a une influence morale très grande, encore une fois. C'est derrière la grille du confessionnal qu'il entend les turpitudes ou les misères de ses ouailles. Si, parfois, il conseille au mari de *ménager* sa femme[15], comme à l'écurie il soigne sa vache ou sa jument, il prend ainsi la défense de la pauvre femme écrasée sous le poids de la famille nombreuse qui l'accable. Car c'est elle qui doit nourrir et former tout ce petit monde qui l'accompagne dans la vie. Pour cela, le prêtre abandonne parfois le précepte de l'Église pour songer à l'être humain qu'il a devant lui. Parfois aussi, il condamne celle qui nourrit son bébé plus longtemps qu'à l'habitude, dans l'espoir de retarder le moment où elle sera enceinte de nouveau. Inquiète d'un nouveau venu, la femme a parfois recours à certains remèdes de bonne femme pour obtenir une fausse couche à une époque où n'existent pas les contraceptifs. Alors, le curé la gronde et lui impose une lourde pénitence.

---

14. Cf. G. Parizeau, *La vie studieuse et obstinée de Denis-Benjamin Viger*, Montréal, Fides, 1981, p. 97.

15. Dans *La Petite Poule d'eau* de Gabrielle Roy, on retrouve la même idée: le confesseur qui conseille à son pénitent de *ménager* sa femme. Franciscain hirsute mais humain, le prêtre comprend l'effort que demandent à celle-ci des maternités qui se succèdent d'année en année. Éternel problème de l'homme exigeant et de la femme soumise, mais qui, à un moment donné, n'en peut plus.

Le curé ajoute une influence morale à l'influence matérielle. S'il bénit le mariage, il en baptise et instruit les fruits, même si, à certains moments, il impose d'office certaines contraintes. Souvent aussi, il doit faire intervenir l'évêque pour l'appuyer contre ses fidèles ou ses marguilliers récalcitrants. L'emplacement d'une nouvelle église entraîne parfois des querelles qui paralysent la vie paroissiale ou la rend houleuse. Il y a également les questions de préséance, de distribution du pain bénit, qui seraient lamentables si elles n'avaient des conséquences inattendues, comme des apostasies individuelles ou de groupe qui désolent le pasteur désemparé.

C'est ainsi que le curé devient rapidement le notable principal de la paroisse, en l'absence de l'évêque qui multipliera ses visites pastorales avec le temps.

Il y a bien quelques esprits forts qui refusent de se plier à la discipline paroissiale. Il y a aussi des querelles de gros sous, de temps à autre. Au moment de la grand-messe, souvent les hommes vont fumer sur le parvis, pour montrer leur indépendance d'esprit, malgré les femmes qui fulminent et le curé qui n'aime pas trop qu'on montre le peu de cas que l'on fait de ses sermons. Par la communion pascale, il rejoint généralement les plus fortes têtes, mêmes celles qui font des *pâques de renard*[16].

*

Pendant la période qui nous occupe, les curés se succèdent à Vaudreuil, en attendant que les villages de Rigaud et de Saint-Lazare ne s'en détachent.

---

16. On estime le curé généralement, même si parfois on s'en moque dans des chansons qui n'ont rien de respectueux. Jean-Pierre Pichette en rappelle quelques-unes qui traduisent à la fois un esprit frondeur et une méchanceté pour certains curés dont les mœurs ne correspondaient pas aux vœux qu'ils avaient prononcés ou au caractère qu'ils devaient garder. Cf. «Le curé à travers les chansons traditionnelles au Québec» dans *Ethnologie québécoise* I, Montréal, Hurtibuse, H.M.H., Les Cahiers du Québec 1972, p. 163ss.

Plus tard dans le siècle, exaspéré, L.-A. Dessaulles notera, dans un petit carnet, toutes les turpitudes des prêtres qu'il a pu réunir. Il ne le publiera pas, mais le carnet est resté dans les Archives du Canada. L'intention de l'auteur est évidente, même s'il ne la met pas à exécution. Rendu furieux par les attaques de l'évêque Bourget et de son clergé, il se prépare à étaler devant eux les turpitudes de certains pasteurs.

Avant l'établissement de la paroisse de Vaudreuil en 1773, il y a d'abord le curé des Cèdres, l'abbé Pierre Denaut, qui dessert la région[17]. Puis, l'abbé Louis Beaumont, premier curé résidant, qui organise la résistance contre les Américains en 1776 et qui assiste, semble-t-il, à la destruction du fort Nipissingue à l'île aux Tourtes, tout en confessant les parents et en baptisant les nouveaux-nés. Vaudreuil est une desserte à ce moment-là.

En 1780, la paroisse de Vaudreuil a un deuxième curé en titre: l'abbé Jean-Baptiste Deguire, qui sera en poste de 1780 à 1815[18]. C'est son souvenir que nous évoquerons ici, avec celui de son successeur, le curé Paul-Loup Archambault qui dirigea la paroisse de 1816 jusqu'à sa mort en 1858.

*

Sous ces deux pasteurs, le village de Vaudreuil est intéressant à étudier, car ce sont les curés qui contribuent à lui donner sa physionomie. Ils ont une influence qui s'exerce dans des domaines bien différents. Le premier cherche à rendre son église accueillante, comme doit l'être la maison du Seigneur; pour cela, il attire à lui des artisans ou des artistes; le chanoine Jeannotte nous apporte à ce sujet des précisions intéressantes[19]. Dans l'église actuelle construite de 1783 à 1789, le curé charge Philippe Liébert de la sculpture des autels, des chandeliers et de la chaire. Puis, il confie à Louis Quevillon les boiseries du sanctuaire. Louis-Christian de Heer fait son

---

17. Curé des Cèdres de 1767 à 1789, Pierre Denaut devint curé de Longueuil, grand vicaire (1790), puis coadjuteur (1795) de l'évêque de Québec et, enfin, évêque de Québec (1797), avec résidence à Longueuil.

Bien avant 1780, il y eut à Soulanges une bien jolie chapelle qui disparut pour faire place à une grande église en pierre sans caractère. Elle correspond à une période où, sous l'influence de Mgr Bourget, on démolissait les anciennes structures, pour les remplacer par de bien banales bâtisses.

18. Avant de devenir prêtre, le curé Deguire avait eu une vie familiale qui le préparait à son ministère. Né en 1744 à Montréal, il avait épousé Marie-Anne Sénécal (1746-1776) à Varennes. À la mort de sa femme, il était arpenteur et capitaine de milice; il servit pendant la guerre contre les Américains. Il décida alors d'entrer en religion, devint curé de Sainte-Anne de La Pocatière en 1779, puis de Vaudreuil en 1780. Cf. J.J. Lefebvre dans la *Revue du Notariat*, volume 63, 7 février 1961.

19. Cf. *Vaudreuil, notes historiques*, p. 15 et 16.

portrait qu'on accroche au presbytère[20]. Le curé convainc le seigneur de Lotbinière d'offrir à l'église un tableau du même peintre, représentant saint Louis, qu'on suspend du côté de l'Épître. Il commande à von Berczy un Saint-Michel que celui-ci exécute en 1807; puis Louis Dulongpré accepte de faire un autre tableau, qui fait pendant au Saint Michel de son ami Berczy[21]. Bref, avec l'abbé Deguire, on est devant le curé bâtisseur, qui attache de l'importance à la décoration, à la sculpture et à la peinture du temple. Pour lui, la maison de Dieu ne doit pas être un lieu où seul le crucifix rappelle la mort et la présence du Christ[22]. Bientôt, il obtiendra de l'évêque la permission d'acheter un orgue.

Avant d'être prêtre, le curé Deguire avait été arpenteur à Saint-Antoine-sur-Richelieu, de 1758 à 1762. À la mort de sa

---

20. En attendant qu'au siècle suivant, on le transporte au musée de Vaudreuil, où l'on s'efforce de donner à l'histoire régionale une importance particulière.

Si l'on connaît assez bien l'oeuvre de Von Berczy, de Dulongpré, de Liébert et de Quevillon, on sait peut de choses du peintre Louis-Christian de Heer. D'après Gérard Morisset, dans *Peintres et tableaux* Québec, Éditions du Chevalet, 1936, il aurait été d'origine hollandaise et de formation allemande. Il serait arrivé à Québec vers 1787, si on se base sur une petite annonce parue dans *La Gazette de Québec*.

Une autre annonce de *La Gazette de Montréal*, en 1789, le décrit ainsi: «Louis de Heer, peintre en Portraits et Tableaux, nouvellement arrivé à Québec, demeurant présentement dans la rue St. Paul, près du Château, présente ses simples respects aux personnes qui voudront l'employer, leur assurant de bon ouvrage à un prix médiocre; se flatte en outre de savoir dorer à l'huile, à la colle et au vernis copale (sic), et offre de plus de donner toutes instructions possibles aux jeunes messieurs et demoiselles dans l'art du dessin.»

La peinture qu'il fait du curé Deguire est assez médiocre. À en juger par les initiatives d'ordre culturel prises par le curé dans l'église de Saint-Michel de Vaudreuil, celui-ci était un homme qui avait sinon de la culture, du moins le goût des belles choses. C'est ainsi qu'on lui doit ces sculptures sur bois faites par des artistes ou des artisans connus à l'époque. Or, de Heer nous le présente comme un être assez fruste. On a l'impression d'un *bon gros*, un peu bougon et non l'homme intelligent que le curé Deguire était, croyons-nous.

21. Tous deux sont des peintres d'inégale valeur. L'un était Allemand d'origine et l'autre, Français. L'une des oeuvres les plus agréables de Berczy est justement le portrait de Louis Dulongpré, qui se trouve au musée de l'Université Laval, à Québec. Il y a aussi la famille Woolsey, que Berczy peint à York en 1809, où le peintre démontre la qualité de son talent.

22. La décoration et l'architecture de l'église sont si charmantes quand on les conserve à peu près intactes. La décoration est blanc et or, suivant la formule apportée de France par les prêtres, dont l'Angleterre a cru bon de se débarrasser après la Révolution, mais qui ont permis à l'évêque de la colonie de remplir bien des vides.

femme, il entra dans les ordres et devint prêtre. Il eut deux fils, dont l'un fut son vicaire avant d'être nommé curé à Lanoraie. L'autre épousa Louise Decoigne aux Cèdres en 1799. Curé, l'abbé Deguire servit de témoin à son fils. Il avait un peu de fortune. Et c'est ainsi que l'on trouve, dans les greffes de certains notaires de l'époque, les traces d'assez nombreuses opérations foncières[23].

Et puis, l'abbé Deguire meurt en 1815. Il est remplacé momentanément par l'abbé F.-X. Côté, puis par l'abbé Paul-Loup Archambault, qui se rend compte de la grande misère de l'enseignement dans la paroisse[24]. Il veut y obvier. Son prédécesseur connaissait l'analphabétisme de beaucoup de ses ouailles. Par son ami Trestler, par l'instituteur Curtius et par les notaires qui venaient fumer leur pipe chez lui entre deux contrats, il avait eu la confirmation que la plupart des *habitants* apposaient leur croix devant témoins après lecture d'un document, sans pouvoir faire autre chose. De son côté, lui-même aurait pu raconter bien des choses à ce sujet en se rappelant les registres du presbytère. Elles étaient un indice de ce qu'affirmaient méchamment les anglophones de l'époque, quand ils appelaient les indigènes: *The Knights of the Cross.*

Le curé Deguire fait un certain effort qui atteint les jeunes, mais il ne peut que les laisser dans une demi-crasse intellectuelle. À l'époque où on était convaincu dans les milieux ruraux que savoir se servir de ses mains était plus important qu'être instruit. Il y a, à ce sujet, une bien curieuse remarque du capitaine Éloi Perron dans son livre sur l'île aux Coudres, écrit au siècle suivant: «L'instruction était secondaire, note-t-il; il était plus important de bien savoir se servir de ses mains que de savoir lire et écrire»[25]. Et l'on était en 1920.

---

23. Selon Raymond Denault qui, dans ses pérégrinations à travers les greffes notariaux, a amassé une remarquable documentation.

24. Paul-Loup Archambault est curé de Vaudreuil de 1816 à 1858, comme on l'a vu. Ordonné prêtre en 1812, il est directeur du séminaire de Nicolet en 1813 et aumônier de la Milice de Vaudreuil en 1829. Dans l'intervalle, l'évêque le nomme chanoine honoraire et vicaire général du diocèse de Montréal avec résidence à Vaudreuil. Source: Jean-Jacques Lefebvre.

25. En 1855, l'abbé Édouard Guilmet, curé de Percé, écrit à propos de la situation en Gaspésie: «L'éducation de la famille est nulle; on lui (l'enfant) parlera de poisson, de berge, de tempête, on réserve la religion pour l'enseignement du prêtre. À cinq

Le curé Archambault, lui, fait tout ce qu'il peut pour développer l'instruction dans sa paroisse. Il va même jusqu'à demander l'aide de l'Institution royale pour l'avancement des sciences, sur le conseil du seigneur R. U. Harwood, qui sait ce qu'on a fait pour les populations anglophones des environs. Cette aide, il ne l'aura pas, car l'évêque Plessis craint l'influence de l'Institut, créé sous sir Robert Shore Milnes, mais dirigé surtout par des protestants. Certains historiens, comme Louis-Philippe Audet, ont critiqué cette attitude de l'évêque Plessis, en affirmant, avec raison sans doute, qu'on aurait pu utiliser l'Institut sans se laisser orienter par lui.

*

Notable, le curé est le principal facteur d'ordre du milieu, aussi bien dans cette paroisse de Vaudreuil qui nous intéresse, qu'ailleurs dans la Colonie. On dira, plus tard, que Québec était une *priest ridden province*. Déplaisante, la remarque était assez vraie au début du XIX<sup>e</sup> siècle. Et fort heureusement à bien des points de vue.

Mais que n'apprend-on pas en 1823? Le milieu anglophone de Montréal, appuyé par le gouverneur, a présenté une requête à Londres, par l'entremise du seigneur de Beauharnois, Edward Ellice. Il demande que la loi assure l'union des deux Canada, supprime l'usage du français dans l'Assemblée législative et englobe Montréal et l'ouest du Bas-Canada dans le Haut-Canada afin de lui donner un port de mer. Bref, s'annonce un nouveau chambardement constitutionnel après l'Acte de 1791, en vertu duquel tant bien que mal on administrait le Bas-Canada. Au début, les francophones avaient été opposés à la Constitution, puis ils avaient appris à s'en servir et ils ne voulaient pas qu'on y touche, sauf pour lui donner ce qu'elle ne pouvait encore donner, c'est-à-dire la responsabilité ministérielle.

---

ou six ans, l'enfant sait nager comme une morue; à dix, il saura conduire une berge comme un pilote, mais il ne saura pas un mot de catéchisme: il ignorera jusqu'au nom d'Adam. C'est vers l'âge de douze ans qu'on le confie au curé pour le préparer à sa première communion. Puis, le père, l'engagera quelque part pour pêcher». Jules Bélanger, *et al., (Histoire de la Gaspésie*, Montréal, Boréal Express, 1981, p. 490.)

L'intention des réformateurs était claire. Elle s'emboîtait dans les projets d'anglicisation et de protestantisation de la Colonie, qui avaient été jusque-là des voeux pieux, plus que des demi-réalisations dans le Bas-Canada, par suite d'une force d'inertie que facilitait l'isolement de la population, rurale en très grande partie.

Comme par hasard, on avait mis, dans le projet, un article d'aspect innocent au premier abord, mais très important pour le clergé au second examen. On suggérait que le gouvernement anglais nommât les curés et supprimât la dîme, sans pour cela donner au clergé les reconnaissances officielles et définitives qu'il demandait depuis la Cession. Malgré cela, le clergé catholique avait pris jusque-là, il est vrai, toutes les initiatives qu'il jugeait à-propos. Il existait, se renouvelait, assez difficilement parfois, administrait ses propriétés, les vendait au besoin, mais sans que cela eût aucun caractère officiel. Le projet de 1823 venait le leur rappeler. Or, celui qui avait été chargé de contrecarrer la mesure, en portant les protestations à Londres, était justement Louis-Joseph Papineau qui, déjà, faisait beaucoup parler de lui dans les milieux politiques.

Deux documents sont, à ce point de vue, intéressants à consulter. D'abord, les instructions de Mgr Jean-Jacques Lartigue à son cousin Denis-Benjamin Viger. Communiquées au Colonial Office, elles devaient faire connaître le point de vue du haut clergé. Et, à un degré moindre, il est vrai, les *Tablettes* de R. Trudeau[26], bourgeois de Montréal qui, au début du XIX$^e$ siècle, note les événements importants auxquels il assiste de loin. Nous tirons le texte suivant de ses notes de 1822. Elles nous apportent quelques détails sur la réaction des gens du cru et sur la manière dont on procédait à l'époque pour déclencher un mouvement de pression populaire:

> 7 octobre 1822: Assemblée sur le Champ de Mars des habitants de Montréal et des environs, pour délibérer sur une affaire des plus importantes qui se soient présentées en Canada, et qui sera assurément une époque remarquable dans son histoire.
>
> Un projet aussi méchant et aussi insensé dans son motif, que funeste et préjudiciable dans son but; un projet vil et

---

26. Archives nationales du Québec à Montréal.

méprisable par la manière obscure et infâme qu'il a été conçu et mis au jour; un projet qui ne tend à rien de moins qu'à renverser la constitution, l'Union en un mot des deux provinces et des deux parlements du Haut et du Bas Canada; telle est l'innovation dont nous sommes menacés, qui fait le sujet de nos alarmes, et qui va être l'objet des délibérations de l'assemblée présente. Du consentement unanime du concours nombreux qui s'est rendu sur la place, Louis Guy E$^{cr}$ est nommé Président, en l'absence de M. de St-Ours, à qui cette place était due, comme un des plus anciens et des plus respectables citoyens de la Province.

Après un long discours prononcé par M. Denis B. Viger, sur l'impropriété qu'il y aurait d'admettre un pareil changement dans la constitution, et sur la nécessité pressante qu'il y a de prendre des mesures énergiques pour y mettre obstacle, il est résolu de former un comité pour régler ce qui sera à-propos de faire dans cette circonstance. Il est résolu que les Messieurs suivants formeront le comité. Ils sont proposés et élus avec acclamations.

Charles de St-Ours, E$^{cr}$, Fr. Desrivières, Louis Guy, J. Boutheiller, P. De Bartzch, J. Bédard, De Lery, J.R. Rolland, De Salaberry, A. Curvillier, L. Papineau, H. Henry, D.B. Viger, A. Quesnel, L. Bourdages, F.A. Laroque, Jules Quesnel.

Total — 17 membres.

R.J. Kimber, secrétaire.

L'assemblée se termine aux acclamations de Vive la Constitution! Vive la Constitution! Le soir à dix heures, il se donne un dîner splendide, au Mansion House, auquel se rendent avec empressement 120 à 130 citoyens de la ville et des campagnes. La cordialité, l'accord, l'unanimité de sentiment, la joie sont les principaux assaisonnements du repas. Entre le grand nombre de santés proposées, celle de la constitution, comme il n'y a pas lieu d'en douter, est celle qui est reçue avec le plus d'enthousiasme et accompagnée de plus d'applaudissements.

Il se fait aussi des assemblées de la même nature à Québec, aux Trois-Rivières et dans tous les comtés de la Province. Le Haut-Canada ne le cède à la province inférieure, ni en zèle, ni en patriotisme; mais il se fait un honneur de marcher sur ses traces. Enfin il est unanimement résolu qu'on adressera une requête au parlement impérial, laquelle sera signée par tous les

vrais amis de la constitution. L'on recueille plus de 46,000
signatures tant canadiennes qu'étrangères. Il se fait aussi des
assemblées des partisans de l'Union, mais en petit nombre; les
signatures apposées à leur requête n'égalent pas la vingtième
partie de celles du côté opposé. Ainsi, elles ne sauraient avoir
un grand poids contre une si grande majorité, et en faveur
d'une mesure aussi injuste et aussi peu raisonnable. Ainsi elles
ne sauraient triompher auprès de gens aussi éclairés et aussi
équitables, que sont censés être les ministres de sa majesté.

Si cette citation est un peu longue, elle montre comment
on procédait à l'époque pour saisir la Métropole d'un mouvement de foule: assemblée, nomination d'un comité de notables, dîner, discours, requêtes portant signatures et croix et,
enfin, envoi de délégués à Londres.

La visite de Louis-Joseph Papineau et de John Neilson à
Londres ne régla rien. Elle ne fit que remettre à plus tard un
projet d'union qui se réalisa en 1840, après les événements que
l'on sait, le voyage spectaculaire de lord Durham en 1838, et
son Rapport.

La réaction dans le milieu canadien avait été violente,
comme on peut l'imaginer. Le roi, chef de l'Église anglicane,
allait nommer les curés catholiques du Haut et du Bas-Canada!
On put le constater, cinq ans plus tard, dans les instructions
données par l'évêque de Telmesse, Mgr Jean-Jacques Lartigue, à son cousin Denis-Benjamin Viger qui se préparait à aller
à Londres, avec John Neilson et Austin Cuvillier pour demander la tête de lord Dalhousie. L'évêque recommandait, cependant, à son cousin de ne présenter ses doléances au Colonial
Office à Londres que si l'évêque catholique de Londres était
d'accord.

                    *   *   *

De ce qui précède, on peut conclure que le curé est le premier des notables du village et de la paroisse. Qu'il s'agisse de
Vaudreuil, de Rigaud ou de quelque autre des cinq villages de
la région où existe une église vers 1831, le personnage le plus
puissant est incontestablement le pasteur, c'est-à-dire le représentant du Christ sur la terre. Du haut de la chaire ou derrière
la grille du confessionnal, il dirige ses ouailles, avec plus ou

moins de retenue suivant son caractère ou son intelligence. On le critique aussi assez vertement, mais il reste la grande aurotité morale. C'est lui qui est le représentant de Dieu et c'est lui qui en interprète la pensée profonde. Il y a parmi certaines des ouailles des esprits récalcitrants. Pour donner le ton et maintenir la doctrine et l'atmosphère religieuses, l'évêque est loin, mais malgré tout présent par ses directives; il est puissant, même si, parfois, certains gouverneurs, comme sir James Craig, le secouent violemment[27].

C'est à dessein que nous avons étudié le curé avant le seigneur dans la société du début du XIX<sup>e</sup> siècle[28]. Il nous a semblé, en effet, que le premier exerçait une influence beaucoup plus grande sur le peuple que le second. À de très rares exceptions près, le prêtre est pauvre[29]. Il n'a pas reçu de terres comme les communautés religieuses, tels les Jésuites, les prêtres du Séminaire de Québec, les Messieurs de Saint-Sulpice, les Ursulines ou l'évêque de Québec lui-même. Il n'a pour tout bien que son église. En fait, elle appartient juridiquement à la fabrique mais il en est le maître incontesté, comme de ce presbytère qu'on doit parfois reconstruire avant qu'il ne convienne aux fins auxquelles on le destine; ce qui fut le cas de la

---

27. N'oubliez pas, lui dit sir James Craig, que la religion catholique et vous-même n'êtes que tolérés. Il y a un échange de correspondance bien curieux entre Mgr Bailly, évêque auxiliaire de Québec, et le cardinal préfet de la Propagande à Rome: «Milord Dorchester ayant bien voulu me laisser la liberté du choix, je crois avoir rencontré dans la personne de Messire Pierre Denaut, prêtre canadien âgé de cinquante et un ans, le sujet de tout ce diocèse le plus propre à m'assister comme coadjuteur dans le gouvernement pénible de ce vaste diocèse». Parce que M. Denaut croit qu'il doit sa nomination à lord Dorchester, il refuse d'abord. Puis, il accepte quand il apprend de Mgr Bailly que c'est lui qui a décidé du choix.

Le clergé était libre, mais... Voir Monseigneur Henri Têtu, *Les Évêques de Québec*, Québec, Narcisse-S. Hardy, éditeur, 1889.

28. Nous n'avons pas employé le mot *religieux*, car nous avons voulu distinguer entre le prêtre séculier et ces communautés qui jouent un rôle différent dans la Colonie, aussi bien pendant le régime français que sous le régime anglais, tels les Sulpiciens, les Jésuites, les Récollets et, chez les femmes, les Ursulines, les Soeurs Grises et les religieuses de la Congrégation de Notre-Dame. Pour leur permettre de remplir leur fonction sociale, on a donné à plusieurs d'entre elles des terres abondantes dont la valeur immédiate est faible, mais qui augmentera avec les années, l'occupation du sol et l'augmentation de la population.

29. Certains possèdent une terre et la cultivent mais, règle générale, ils n'ont rien que la dîme et les honoraires des messes. Le curé Deguire et l'abbé Jean, curé de Lotbinière, sont l'exception qui confirme la règle. Assez curieusement, ils sont parmi ceux dont nous nous préoccupons ici.

paroisse Saint-Michel de Vaudreuil. Au prêtre, on verse la dîme mais assez mal avec des produits de la terre qui ne sont pas toujours les meilleurs.

## Le seigneur

Le deuxième personnage est le seigneur, dont nous étudions maintenant le statut officiel. Pour le comprendre, il peut être intéressant d'analyser le rapport qu'un lieutenant-gouverneur de la Colonie, intelligent et voyant juste, sir Robert Shore Milnes, écrit au début du XIX$^e$ siècle à l'intention du ministre des Colonies. Le texte date du début de la période que nous étudions, mais il nous paraît s'appliquer à l'époque, comme nous l'avons noté déjà[29a]. Il n'a pas trait au seigneur de Vaudreuil, de Rigaud et de Lotbinière en particulier, mais il étudie l'ensemble du régime colonial que l'Angleterre a imaginé fort intelligemment, à une époque où elle fait un effort d'adaptation dans ses colonies d'Amérique du Nord en quête de liberté, après la guerre de l'Indépendance des États du Sud, si humiliante pour elle.

De son côté, le seigneur a été influent tant qu'il a rempli sa fonction, qui était de défendre le sol qu'on lui avait confié et de mettre à la disposition de ses censitaires les services commandés par le régime. Il avait des relations dans le milieu qui dirigeait la Colonie. Avec la conquête, la plupart avaient perdu presque toute influence. Une classe nouvelle les remplaçait petit à petit auprès de leurs censitaires, qui payaient peu et mal à certains moments. Aussi certains seigneurs devaient-ils mettre la main à la pâte. Malgré cela, ils gardaient un certain prestige auprès du gouverneur. Il est curieux de voir ce qu'en dit Philippe Aubert de Gaspé dans ses *Mémoires*. Il décrit certaines réceptions du début de l'année au château Saint-Louis, auxquelles les seigneurs étaient conviés. Ils y venaient, épée au flanc, mais assez pauvrement vêtus, écrit-il. Le gouverneur leur montrait du respect, même s'ils n'étaient plus la classe dirigeante. Voyons ce qu'écrivait à ce sujet, au début du siècle, sir Robert Shore Milnes. Nommé gouverneur de la Colonie,

---

29a. *Cours d'histoire du Canada*. Thomas Chapais, Vol. 2. Édition de la Librairie Garneau, Québec.

après avoir réfléchi à la situation, il mande ceci au duc de Portland[30]:

> Quelle qu'excellente que puisse être en elle-même la nouvelle constitution qu'il a plu à Sa Majesté d'accorder à cette province, je suis d'avis que sa base doit reposer sur le maintien d'une juste proportion entre l'aristocratie et les ordres inférieurs du peuple, sans quoi elle deviendra une arme dangereuse entre les mains de ce dernier. Maintes causes se réunissent présentement pour diminuer tous les jours le pouvoir et l'influence de l'aristocratie dans le Bas-Canada. Je ne puis cependant m'empêcher de penser qu'on pourrait adopter des mesures pour contrebalancer cette tendance, et plus loin j'aurai l'honneur de les indiquer à Votre Grâce; mais afin de mieux me faire comprendre, je dois vous dire d'abord ce que sont, à mon avis, les principales causes qui ont graduellement réduit à son présent état l'influence de l'aristocratie dans ce pays. La première et la plus importante provient, à mon sens, de la manière dont la province a été primitivement colonisée; c'est-à-dire à raison de la tenure indépendante, grâce à laquelle les cultivateurs (qui forment la grande masse de population et qu'on appelle du nom d'*habitants*) sont propriétaires de leurs terres; et, d'un autre côté, par suite du pouvoir insignifiant qu'ont conservé ceux qu'on appelle les seigneurs, et du peu de disposition qu'ils manifestent pour augmenter leur influence ou développer leur fortune au moyen du commerce. C'est pourquoi la gentilhommerie canadienne s'est presqu'éteinte par degré, et bien peu d'entre eux ont, sur leur propre domaine, les moyens de vivre plus richement et d'une façon plus imposante que les simples habitants qui se sentent à tous égards tout aussi indépendants que le seigneur même avec lequel ils n'ont pas d'autres liens que la simple obligation de faire moudre leurs grains à son moulin, de payer le droit du quatorzième boisseau, ce qu'ils considèrent plutôt comme charge que comme rente lui revenant pour la terre que sa famille a concédée à jamais à leurs ancêtres sous d'autres conditions plus rigoureuses que l'obligation ci-dessus, soit une rente insignifiante, et celle de payer un douzième au seigneur sur tout transfert des terres.

L'opinion du gouverneur Milnes est assez curieusement confirmée plus tard dans le siècle par Philippe Aubert de

---

30. Archives publiques du Canada, série Q. volume 85, p. 288, «Dépêche du premier novembre 1800». Traduction que cite Thomas Chapais dans son *Cours d'histoire du Canada*.

Les armoiries de Michel Chartier de Lotbinière, tirées des archives d'Henri de Lotbinière-Harwood. *(Photographie d'Armour Landry).*

Gaspé. Tout en reconnaissant, dans l'ensemble, certains faits rapportés par sir Robert Shore Milnes, Gaspé note le mauvais esprit qui règne, parmi ceux qui, plus instruits que la moyenne, vont chercher leurs idées auprès de certains esprits forts:

> Malgré les virulentes déclamations de plusieurs grands, et, sans doute, sincères patriotes, contre les seigneurs, lors de l'abolition de la tenure seigneuriale, ou à cause d'icelle, je crois devoir donner une courte esquisse des rapports mutuels des seigneurs et des censitaires d'autrefois dans l'ancien district de Québec. C'était une fraternité bien touchante à cette époque; et si elle a été décroissante d'années en années depuis cinquante ans, à qui le blâme si ce n'est aux censitaires? Des gens envieux, jaloux, ont soufflé la zizanie afin de rompre les liens d'affection, fondés le plus souvent sur la gratitude, qui attachaient les censitaires à leurs seigneurs. La nature de l'homme, le taux peu élevé des cens et rentes, les secondaient puissamment pour accomplir cette oeuvre malveillante.
>
> Le censitaire du district de Québec est l'homme le plus indépendant de l'univers: que le plus riche en terre parmi eux paie annuellement une douzaine de chelins à son seigneur et il peut s'en moquer impunément. Pourquoi, devaient-ils naturellement penser, pourquoi avoir des égards, du respect, pour un homme qui n'a aucun pouvoir sur nous? Il est bien vrai que ce seigneur et ses ancêtres avant lui, ont toujours été prêts à nous rendre service, à nous venir en aide; et qu'ils n'ont jamais sévi contre nous pour leurs droits de cens et rentes et de lods et ventes? mais bah! le fils de Quénon Bellegucule que son père a poussé aux études, qui lit sans réplique dans les gros livres, ne nous a-t-il pas assurés que les seigneurs font tout cela pour nous enjôler et pour s'attirer des coups de chapeau?[31]

*

Le style est différent, mais la pensée est la même. La plupart des grandes familles n'ont pas su garder l'influence d'autrefois. Elles sont à ce point appauvries que, souvent, elles doivent se livrer aux mêmes travaux que de leurs censitaires. Et petit à petit, elles cèdent le pas devant une classe nouvelle, la bourgeoisie. Celle-ci n'est pas toujours plus argentée. Elle est plus instruite, mais à l'encontre des étrangers, à quelques

---

31. «Seigneurs et censitaires», dans *Mémoires* de Philippe Aubert de Gaspé. Montréal, Fides, 1971, p. 410.

exceptions près, elle ne s'oriente pas vers le commerce. Et pourtant, il y avait celui des fourrures que l'on pratiquait sur une assez grande échelle autrefois et celui du bois et des céréales. Les nouveaux venus s'y livraient en utilisant leurs relations au maximum. Parmi eux, il y avait des Anglais, des Irlandais, mais surtout des Écossais, quelques Suisses d'origine, des Israélites, des Allemands, que certains régiments avaient licenciés après la guerre de l'Indépendance aux États-Unis. Et puis, les Loyalistes, qui avaient quitté leurs établissements de la Nouvelle-Angleterre pour venir s'installer dans les colonies anglaises du Nord. Eux s'orientent vers la terre, il est vrai, dont ils tirent le maximum là où elle se prête à la culture, comme dans les Cantons de l'Est.

*

Toutefois, certains seigneurs restent des notables agissants. Il y a aussi ceux qui sont entrés dans l'armée anglaise pour y faire carrière comme les Salaberry, ou dans la milice[32] où ils ont montré leur utilité dans les conflits avec nos voisins. Et ceux à qui la Constitution de 1791 a ouvert les portes de l'Assemblée législative ou du Conseil législatif. Pendant quelques années, certains y jouent un rôle; ils ne dirigent pas, mais ils apprennent les règles de la démocratie. Opposants tenaces, ils savent ce qu'ils veulent. Certains tiennent tête à l'élément anglophone et, surtout, aux gouverneurs nommés par le Colonial Office qui cherchent à supprimer ce que, chez les francophones, on considère comme des droits acquis: la loi venue de France, la langue française et la religion catholique. Pour conserver ses ouailles, le clergé n'hésite pas à appuyer ceux qui, en Chambre, demandent le maintien de l'ordre français, tout en cédant sur certains points ou sur certaines exigences de l'autorité anglaise, quand on ne peut vraiment pas faire autrement. Parfois, sa collaboration nous étonne, même si le clergé a charge d'âmes, il paraît, peut-être, un peu trop conscient de ses responsabilités morales. Avant de le lui reprocher, il faut tenir compte de l'instabilité de son statut politique et civil. Il faut se rappeler aussi que l'Église n'aime pas l'aventure politique et que certaines attitudes, prises par ses ouailles, l'effraient.

---

32. Les officiers de milice sont choisis parmi les notables, comme le recommande sir Robert Shore Milnes, qui voudrait créer avec eux une élite agissante.

\*

Parmi les seigneurs[33] d'origine française, il en est quelques-uns qui exercent une certaine influence sur l'orientation politique ou sur l'opinion. À titre d'exemple, nous étudions le cas du seigneur de Vaudreuil[34], connu, à la fin du XVIIIe siècle, sous le nom de Michel-Eustache-Gaspard-Alain Chartier de Lotbinière[35] et désigné ci-dessous plus simplement par Alain Chartier de Lotbinière.

Né en 1748, il est décédé en 1821. De son père, il a reçu les seigneuries de Lotbinière, de Vaudreuil et de Rigaud. Quant à une autre seigneurie située dans le nouveau territoire des États-Unis d'Amérique, la seigneurie d'Alainville, on se refusa à la lui rendre après qu'elle eut été confisquée lorsque le marquis, son père, eut pris part à la guerre de l'Indépendance et après avoir, dit-on, présenté ou du moins accompagné Benjamin Franklin à la cour de France[36].

Les Lotbinière sont une vieille famille française originaire de Dijon. Le premier qui vint en Nouvelle-France s'appelait Louis-Théandre Chartier, sieur de Lotbinière. Né en 1612 et mort en 1690, il vint dans la Colonie vers 1650. Il fut officier et procureur général de la sénéchaussée, membre du Conseil souverain en 1664[37]. Détail amusant, que mentionne le père Le Jeune: c'est lui qui donna le premier bal à Québec; ce qui fit écrire aux Jésuites: «Dieu veuille que cela ne tire point en conséquence». C'est à lui que Talon concéda la seigneurie de Lot-

---

33. Beaucoup d'entre eux sont anglophones, comme les MacKenzie à Terrebonne, quand le seigneur a cédé devant la pauvreté, les charges et la modicité de ses ressources auxquelles il n'a pas voulu essayer de pallier par le commerce ou l'industrie.

34. En nous inspirant de travaux faits par MM. Marcel Trudel, Charles-Auguste de Lotbinière Harwood, Jean-Jacques Lefebvre, du Fonds Quesnel et de quelques faits, documents ou témoignages isolés que nous avons recueillis. Nous y avons ajouté le fruit de notre propre réflexion.

35. Une plaque commémorative rappelle son souvenir dans l'église Saint-Michel de Vaudreuil.

36. Ce qui n'est pas nécessairement une autre légende ou un simple ragot, car à titre de seigneur d'Alainville, il le connaissait sûrement.

37. E.-Z. Massicotte a reproduit ses armoiries dans *L'Armorial du Canada français*, Montréal, Beauchemin Ltée, 1915-1918.

binière en 1672. Puis, vint René-Louis (1641-1709), qui écrivit un poème peu goûté[38] par le gouverneur de Courcelles, dit-on.

Parmi ses enfants, il y eut, né à Québec, Eustache Chartier (1688-1749), qui fut homme d'Église, après une brève carrière militaire. Marié, il eut cinq enfants dont Michel Chartier (1723-1799) qui épousa Louise-Madeleine Chaussegros de Léry en 1747 et dont l'église Saint-Michel de Vaudreuil a gardé le pieux souvenir. À Quinchien, ils habitèrent tous deux le manoir qui eut, plus tard, comme voisin immédiat, les établissements de Jean-Joseph Trestler.

Devenu veuf, Eustache Chartier décida d'entrer dans les ordres. Ordonné en 1726, il fut doyen du chapitre, archidiacre et vicaire général du diocèse de Québec jusqu'à sa mort en 1749. Il menait les ouailles de son évêque assez rondement, si l'on en croit les chroniques de l'époque[39].

Michel Chartier de Lotbinière mena une vie mouvementée. Il fit la guerre en Acadie, et plus tard, en Nouvelle-France sous Montcalm et Lévis; il fut aussi ingénieur du roi. Après le traité de Paris, il se rendit en France, où il fut créé marquis par Louis XVI en 1784. Il possédait les seigneuries de Vaudreuil, de Rigaud, de Lotbinière et celle d'Alainville, passée aux États-Unis après une rectification de frontière. Il soutint les insurgés (1775-1783) et il mourut à New York en 1799, après avoir cédé ses seigneuries de Vaudreuil, de Rigaud et de Lotbinière à son fils Alain Chartier de Lotbinière.

Comme son père, Alain Chartier habita le manoir de la famille, construit en 1765, sur un terrain qui longeait la rivière à Quinchien, à peu près là où passeront, au siècle suivant, les voies du chemin de fer. On possède la photographie d'une gravure dont on ne peut fixer exactement l'époque, cependant. La maison semble bien curieusement conçue. Autant celle des Lotbinière, à Montréal, rue de l'Hôpital, est d'une architecture sobre, mais de bon goût, autant la maison de Quinchien

---

38. Intitulé *Voyage de M. de Courcelles en l'année 1666.* Son poème lui attira quelques ennuis, signale le Père Le Jeune dans son *Dictionnaire général du Canada*, à qui nous empruntons de même qu'aux archives de Charles-Auguste de Lotbinière-Harwood, plusieurs de ces notes biographiques sur les Lotbinière.

39. Cf. l'abbé Louis-L. Paradis, *op. cit.*

Alain Chartier de Lotbinière. Photographie d'une peinture de William Von Berczy, faite en 1809. Collection de M. Charles de Lotbinière Harwood, Oakville, Ontario.

est d'un aspect médiocre. Au premier examen, elle semble avoir été bâtie en deux étapes, la seconde ne tenant pas du tout compte de la première, comme si on s'était contenté d'accoler une structure à une autre, sans souci d'en faire un ensemble harmonieux. Comme on est loin de la maison Trestler située en face, qui semble l'oeuvre d'un homme ayant eu le respect des usages et des proportions.

*

Alain Chartier de Lotbinière a onze ans au moment de la conquête et quinze ans quand est signé le Traité de Paris qui cède le Canada à l'Angleterre. Il va en France avec son père qui s'y rend avant d'être mêlé aux événements d'Amérique. Les Archives nationales du Québec ont gardé quelques lettres de sa mère[40] qui montrent comme cette société avait un grand bon sens. En voici un exemple, cité par un des descendants des Lotbinière, longtemps après, au cours d'une conférence donnée à la Société historique de Rigaud, le 16 novembre 1932[41].

La lettre est longue, mais elle vaut la peine d'être reproduite partiellement tout au moins, tant elle exprime des sentiments justes et permet de comprendre les relations de la mère et du fils[42]:

Tâche, mon cher enfant, de bien apprendre car c'est le seul moyen de faire ton avancement. Tu as envie de servir dans la cavalerie; si ton père peut t'y placer à la bonheur, mais il faut être content dans le métier qu'on prend car sans cela on ne réussit jamais si on se dégoute de celui dans lequel la Providence nous a mis, il faut faire ton possible pour te rendre habile dans l'état où tu te trouveras, c'est le seul moyen de te faire estimer de tous tes camarades. Tu me parais avoir trouvé des spectacles beaux, il faut, mon cher ami, n'y point tant prendre de plaisir; c'est assez souvent la perte des jeunes gens, et tu es dans un pais où tu peux te perdre bien vite si tu te laisses aller à tous les plai-

---

40. De la famille des Chaussegros de Léry, elle signe Léry de Lotbinière.

41. Conférence de M. Charles-Auguste de Lotbinière-Harwood, dans *Bulletin des recherches historiques*, p. 67-103.

42. *Ibid.*, p. 70-71. La lettre est datée de Trois-Rivières, le 18 septembre 1761.

sirs; il faut que tu te serves de toute ta raison pour ne point te laisser aller à tout ce qui te paraît si beau car tu serais bientôt dans le cas de te repentir de t'y être livré et il ne serait plus tems de t'en tirer, profite donc de ton esprit pour ne l'employer qu'à chose qui puisse te faire honneur. Sois toujours sur tes gardes; ne te livre point à personne qu'il ne soit bien connu et surtout évite la compagnie des jeunes gens qui se livrent à tous les plaisirs et qui te feraient faire des sottises dont tu te repentirais toute la vie, mais il ne serait plus tems lorsque tu te serais donné une mauvaise réputation; je te crois trop d'esprit pour craindre que tu te donnes au jeu; et à faire de la dépense mal à propos; tu dois voir que je me prive de tout ce qui pourrait me faire plaisir pour te mettre plus à même de te soutenir ainsi profites-en pour devenir un homme estimable; que j'aurai de plaisir lorsque j'apprendrai que tu te conduis comme il faut et que ton père n'est pas dans le cas de se repentir de toute la dépense qu'il a faite pour toi; quelle consolation pour l'un et l'autre d'avoir un enfant dont on chante les louanges partout; tu es à même de nous donner ce plaisir lorsque tu voudras si tu veux mettre à profit les talents que tu as et suivre les conseils de ton père qui je crois t'aime toujours avec la même tendresse qu'il t'aimait ici. Souviens-toi de bien servir Dieu, c'est le plus grand bien que tu puisses avoir dans le monde puisque nous n'y sommes que pour bien peu de tems et qu'il y a une éternité après pour laquelle nous devons travailler toute notre vie pour nous la rendre heureuse; car que te servirait, mon cher enfant, d'être heureux dans ce monde si tu étais malheureux dans l'autre; tu es à même de l'être dans l'un et l'autre si tu sers Dieu de tout ton coeur, tu seras un honnête homme car c'est le moyen de l'être que d'avoir de la religion; sans cela on fait les plus grandes sottises du monde et on est méprisé de tous ceux de qui on a tant d'intérêt d'avoir l'estime; car qu'est-ce que l'homme sans religion, c'est un monstre dans la nature, réprouvé de Dieu et méprisé des hommes; je te parle, mon cher enfant, comme une mère qui n'est occupée que de ton bonheur pour le tems et pour l'Éternité; ne prends point tout ce que je te marque pour des leçons, je ne t'en donne point; je te parle comme la meilleure amie que tu puisses avoir dans le monde.

\*

Le fils revient de France vers 1764. Il a seize ans. Dès qu'il est majeur, au sens de l'époque, son père lui cède, de 1769 à

1771, les seigneuries de Lotbinière, de Vaudreuil et de Rigaud. Vastes territoires relativement peu peuplés, mais d'un certain rendement, qui font de lui un bon parti, comme on dire plus tard au XIX$^e$ siècle. En 1771, il épouse à Trois-Rivières Marie-Josephte Godefroy de Tonnancour qui a vingt-neuf ans. Mariage d'amour ou de raison? On ne sait. Peut-être a-t-il été arrangé entre les familles pour des fins devant lesquelles les jeunes gens s'inclinaient, comme on le faisait à l'époque. Ils viennent habiter le manoir de Vaudreuil, ou plus exactement de Quinchien, qui se trouve en face de la Commune, c'est-à-dire du pré communal, de l'autre côté de ce qui deviendra la maison de Jean-Joseph Trestler. Le seigneur sera petit à petit le voisin, l'ami et le débiteur de celui-ci à certains moments de gêne.

Mme de Lotbinière décéda en 1799, laissant seul un mari qui, à ce moment-là, a cinquante et un ans: l'âge où l'on peut encore recommencer sa vie.

*

Au cours de ses années de mariage, bien des choses s'étaient passées. Il y avait eu l'envahissement du territoire par les Américains au cours de la guerre de l'Indépendance. En septembre 1775, à titre d'officier de Sa Majesté, Alain Chartier de Lotbinière avait contribué à défendre le fort de Saint-Jean sur Richelieu, avec un petit groupe de soldats qui tint tête aux troupes venues par la voie d'eau ou de terre. Prisonnier pendant deux ans à Philadelphie, il était revenu à Vaudreuil où il avait retrouvé sa mère et sa femme.

À titre de seigneur, Alain Chartier de Lotbinière administrait ses terres et agissait comme juge de paix — fonction sans éclat, mais à laquelle le préparaient ses études et son rang[43]. Tout en agissant comme capitaine dans cette milice, dont sir

---

43. Les archives familiales de M. Henri de Lotbinière-Harwood à Vaudreuil contiennent un vieux registre des jugements rendus par les trois juges de Paix nommés pour la région, sous le règne de George III. Alain Chartier de Lotbinière est l'un d'eux.

Robert Shore Milnes avait désiré faire l'épine dorsale de la Colonie[44]. Liquidée en 1765, elle avait été reprise plus tard[45].

En 1787, le seigneur de Vaudreuil est capitaine à demi-solde; ce qui lui laisse le temps de voir à ses affaires et de percevoir les revenus que les censitaires paieraient irrégulièrement si on les laissait faire. Le seigneur veillait au grain, cependant, conseillé sans doute par son voisin, Jean-Joseph Trestler qui ne plaisantait pas avec les questions d'argent.

*

44.  On demandait peu de choses à cette milice en temps de paix: quelques exercices pour habituer les miliciens au maniement des armes, marcher au pas avec une certaine discipline, apprendre à obéir, ce qui n'était pas toujours facile chez ces indisciplinés. Les officiers étaient recrutés chez les gens instruits, les notables en particulier et on leur remettait un certificat au nom du Souverain. Le gouverneur reconnaissait leur fidélité et les chargeait de former leurs hommes; volontaires auxquels on forçait un peu la main — mais qui n'étaient pas des mercenaires comme ceux de la troupe régulière. Aux plus évolués, on accordait le rang de capitaine, de major, de lieutenant-colonel, de colonel, ce qui consacrait souvent une carrière militaire et des galons gagnés au coin du feu, plus que sur le champ de bataille. Certains gouverneurs comme sir Robert Shore Milnes, voulaient en faire la base même de la défense. D'autres s'en méfiaient et licenciaient périodiquement cette milice qui, à leurs yeux, pouvait être d'autant plus dangereuse qu'elle était mieux formée.

45.  D'excellentes études ont été écrites sur le sujet par Claude de Bonnault, Antoine Roy et Jean-Jacques Lefebvre. Elles montrent l'utilité de cette milice à certains moments difficiles, où elle a secondé l'armée, comme en 1812-1815. Son rôle diminue à partir du régime municipal de 1845 et cesse quand, en 1871, George-Étienne Cartier fait «adopter la loi qui crée une force permanente». Cf. J.-J. Lefebvre, *Mémoires de la Société royale du Canada*, 1967 et 1969.

Claude de Bonnault, note J.-J. Lefebvre, est un ancien archiviste à Paris. Dans l'introduction de son *Canada militaire, état provisoire des officiers de milice, 1640-1760*, il rend un hommage non déguisé, peut-être flatté, aux officiers de milice du Régime français. Cf. le *Rapport de l'Archiviste de la province de Québec* pour 1949-1951 (vol. 30-31) de M. Antoine Roy, p. 267-274. C'est un témoignage à retenir. Malgré les 250 pages qu'il consacre, par la suite (p. 275-525), à la recherche de leur identité par ville, paroisse, seigneurie, il est loin d'avoir épuisé le sujet et, de là, sa prudence à qualifier son étude d'*état provisoire*.

Le *Rapport de l'Archiviste pour 1956-1957* contient de même un relevé par Robert-L. Séguin des «miliciens de Vaudreuil-Soulanges», p. 225-252.

«Désarmée en 1765, la milice canadienne fut réorganisée en 1775 par le gouverneur, sir Guy Carleton, avec un succès mitigé. Objet de nombreuses lois dans le siècle qui suivit, la milice eut un rôle prépondérant dans la défense des frontières pendant la guerre anglo-américaine de 1812-1815. Mais elle se mutina en partie lors de l'insurrection avortée de 1837-1838. Le rôle de ses officiers commença à décliner avec l'instauration du régime municipal de 1845», note J.-J. Lefebvre, qui a consacré deux *Mémoires de la Société royale* à de semblables recherches d'identité: «Quelques officiers de 1812», 1967 (70 pages) et, en 1969, «Les officiers de milice de LaPrairie en 1745».

1792 avait été une autre étape dans la vie du seigneur de Vaudreuil. S'il était toujours capitaine à demi-solde, il avait été élu député de York, avec son beau-frère, Pierre-Amable de Bonne[46]. Celui-ci eut une vie professionnelle et conjugale[47] agitée avec une jeune femme qui le quitta bientôt pour retourner chez son père aux États-Unis. Plus tard, il démissionna de l'Assemblée législative. Comme ses autres collègues magistrats il dut renoncer à son siège de député. Dans leurs fonctions, les magistrats étaient parfois appelés à trancher un point de droit dont ils auraient déterminé la forme par une loi qu'ils auraient contribué à faire passer. C'était une première étape tendant à faire du magistrat un être indépendant de la politique; ce dont la justice a toujours eu un besoin essentiel. La lutte fut dure; elle dut s'ajouter aux difficultés familiales qu'avait entraînées le départ de Marie-Louise de Lotbinière.

À la session de 1792 se trouvent deux autres beaux-frères du seigneur de Vaudreuil: Thomas Coffin, époux de sa belle-soeur Marguerite de Tonnancour, et Joseph-Godefroy de Tonnancour.

*

Le député de York prend part aux premières batailles verbales de la Chambre nouvelle, créée pour rapprocher des frères ennemis qui, dans l'esprit de William Pitt Jr., devaient rapidement comprendre les avantages du régime britannique et de la vie politique anglaise. En 1794, Alain Chartier de Lotbinière est président de l'Assemblée législative et aussi lieutenant-colonel de milice du régiment de Vaudreuil-Soulanges.

---

46. Né en 1758, mort en 1816. Il épousa la soeur d'Alain Chartier de Lotbinière.

47. Sa carrière politique fut assez houleuse. À un moment donné, il fut au centre d'une querelle qui eut comme dénouement une loi empêchant le juge d'être à la fois magistrat et député. Il fit partie de ceux qu'on appelait la *clique du Château*. Cf. F.-J. Audet et É.-Fabre Surveyer, dans *Les Députés au premier parlement du Bas-Canada*, Éditions des Dix, 1946.

Dans la magistrature de l'époque, certains le jugent assez sévèrement; ce qui ne l'empêche pas d'entrer à la Cour du banc du roi. On lui reproche, par exemple, ses infidélités conjugales qui poussent sa femme à le quitter.

Et puis, que se passe-t-il? Deux ans plus tard, on le nomme au Conseil législatif. Est-ce pour le neutraliser, lui qui a tellement insisté pour que le français soit l'une des langues officielles de la Chambre, malgré l'opposition très forte de l'élément anglophone, pour qui le parlement d'une colonie britannique ne pouvait utiliser que l'anglais, même si le roi était hanovrien d'origine et si, de la période normande, on avait gardé en Angleterre des expressions françaises, comme *Honni soit qui mal y pense* dans les armoiries du royaume et bien d'autres termes qui, traversant la Manche, avaient enrichi la langue, tout en prenant parfois un sens nouveau au fur et à mesure des années.

\*

En 1799, la femme du seigneur de Lotbinière meurt, comme on l'a vu. Sa dépouille est accueillie à la porte de l'église par le curé Deguire qui, goupillon en main, asperge le cercueil, porté par de solides gaillards amis de la famille; il récite les prières des morts, voulues par l'Église universelle. Puis on enterre le corps sous le banc du seigneur dans l'église Saint-Michel de Vaudreuil.

Une plaque funéraire rappelle ainsi le souvenir de l'épouse: «Cigit Dame Marie-Josephte Godefroy de Tonnancour, épouse de l'honorable E.G.A. Chartier de Lotbinière, écuyer, M.C.L.[48] Seigneur de Lotbinière, Vaudreuil et Rigaud, née aux Trois-Rivières le 3 ......bre, décédée à Vaudreuil le 28 juillet 1799. Cette mère des pauvres sut réunir et faire aimer toutes les vertus. Pleurez sur sa tombe. Honorez sa mémoire. Priez Dieu pour elle».

Parmi les gens qui viennent rendre hommage à la seigneuresse, il y a sans doute Jean-Joseph Trestler et sa femme, née Curtius, qui accompagne son père l'instituteur, et une foule de gens qui aimaient cette femme simple et gentille, à qui le Ciel n'avait pas permis d'avoir des enfants, comme on disait à l'époque.

---

48. Et non du marquis de Lotbinière, notons-le. Si le titre était acquis à la famille depuis Louis XVI, le fils ne le portait pas.

Les deux époux étant mariés en communauté de biens, Alain Chartier de Lotbinière fait faire un inventaire. Nous en citons ici quelques extraits afin de montrer quelle différence existe entre la femme du seigneur de Lotbinière et celle du manant d'en face. Ayant à peine atteint le premier échelon de l'échelle sociale, Tröstler n'avait pas grand-chose à offrir à sa femme, en dehors de meubles frustres qui depuis, il est vrai, ont pris une valeur étonnante à la faveur de la mode et de l'inflation galopante du XX<sup>e</sup> siècle; tandis que les Lotbinière, eux, avaient quelques belles choses venues des générations précédentes ou qu'ils avaient achetées depuis leur mariage. Voici quelques exemples tirés de cet inventaire que dresse, en 1800, le notaire Joseph Papineau, en collaboration avec le notaire J.Bte-H. Deguire et dont Jean-Joseph Trestler corrobore la valeur, à la demande du principal intéressé.

Et d'abord, la garde-robe de Marie-Josephte de Tonnancour[49]:

| | |
|---|---|
| «une Cappe décarlatte avec La tête dix huit francs cy | 18. |
| une d<sup>to</sup> Taffetas cramoisy vingt francs cy | 20. |
| un des habillé Satin cramoisy trente six francs cy | 36. |
| un des habillé Satin noir quarante huit francs cy | 48. |
| un des habillés gros de tour noir trente Six francs cy | 36. |
| un deshabillé Moiré bleue quarente huit francs cy | 48. |
| un des habillé Taffetas fleuri vingt quatre francs cy | 24. |
| un d<sup>to</sup> blanc vingt francs | 20. |
| un jupon moire blanche douze francs Cy | 12. |
| un mantelet cramoisin bleue trente Sols cy | 1. 10. |
| un des habillé Serge noire huit francs cy | 8. |
| un jupon piqué bleu trois Livres cy | 3. |
| un d<sup>to</sup> piqué Rouge quarente Sols Cy | 2. |
| Cinq deshabillés d'indienne Le tout quarante Cinq Livres | 45. |
| une Redingotte drap gris vingt quatre francs cy | 24. |
| une cloque Brune douse francs | 12.» |

---

49. Nous ne corrigeons pas l'orthographe qui, chez Me Joseph Papineau, est d'une étonnante faiblesse. Si ses maîtres du Séminaire de Québec lui ont appris assez bien l'art de compter, ils n'ont guère eu sur lui l'influence du grammairien qui se préoccupe de l'orthographe comme d'un art mineur, mais caractéristique d'un homme cultivé: la culture n'allant pas sans le respect de la forme, donc des mots.

Puis, des bijoux ou des objets précieux:

une tabatiere d'or pesant cinquante Six gros (sic) à Six Livres
dix Sols trois Cens Cinquante neuf Livres cy              359.
Un etuy d'or pesant trente deux gros et demi a Six Livres dix
Sols deux cens onze Livres cinq Sols cy              211. 5.
un dez d'or pesant huit gros 6$^t$ 10$^t$ Cinquante deux Livres 52.
un crusifix d'or vingt quatre francs cy              24.
un dez d'argent vingt quatre Sols cy              1. 4.

enSuis L'argenterie Six plats et Six assiettes d'argent deux
chandeliers une cafetiere une Ecuelle un gobelet, une cueillere a
soupe dix huit cueilleres a bouche Six fourchettes quatre Bro-
chettes quatre cueiller a Sel dix cueilleres a caffé et une pince a
Sucre Le tout pesant vingt huit Livres neuf onces avoir dupoid
qui valent quatre Cens Seize onces un quart poid de troie a Six
Livres douze Sols L'once valent Deux Mille Sept Cent quarente
Sept Livres ou Shellings de vingt Coppres cy              2747.»

Venait ensuite l'énumération des immeubles et des espèces en caisse. Et pour terminer, la note suivante: «Le sieur de
Lotbinière (a acquis) pendant sa communauté deux esclaves
dont un nommé Henry a été chassé pour sa mauvaise conduite
et l'autre nommé *Pompé* est encore à la maison. Mais, vu le
défaut de moyen en cette province de s'accaparer (*sic*) cette
espèce de propriété, elle est considérée comme précaire et
incertaine.» L'esclavage existe encore, mais il est impossible
d'établir la valeur de l'esclave parce que la loi ne le permet
pas[50].

On est vraiment dans un milieu différent. Marie-Josephte
de Tonnancour a reçu toutes ces choses de son mari ou de sa
famille. Tandis que le voisin d'en face, Trestler, n'a pu faire
grand-chose pour sa première femme, Marguerite Noël, morte
quelques années plus tôt. Jusque-là, il avait eu une vie assez
dure; il avait des dettes dont il se débarrassera dans les années à
venir. Mais, si Marguerite Noël avait eu autre chose que des
cotillons, elle n'avait pas les bijoux et les toilettes que l'inventaire de Marie-Josephte de Tonnancour révèle sous la plume
du notaire.

*

---

50. Selon Jean-Jacques Lefebvre, le dernier esclave a été vendu en 1797 dans
la Colonie. Il faut lire l'excellente étude du professeur Marcel Trudel, *L'Esclavage au
Canada français*, Québec, P.U.L., 1960.

À la mort de Marie-Josephte de Lotbinière, son époux est désemparé. Aussi ne faut-il pas s'étonner que trois ans plus tard, le quinze novembre 1802, il épouse Mary Charlotte de Foulis, jeune veuve dont le premier mari, Thomas Dennis, avait été seigneur de l'île Perrot. Les Munro sont une famille de médecins, dont Henry, le frère de Charlotte, est le premier d'une lignée. Plus tard, il aura une influence sur l'orientation des études de Curtius Trestler. Il lui conseillera sans doute de faire des études complémentaires à Edimbourg, qui lui permettront d'être un des rares *medecine doctor* canadiens de l'époque. Aussi, aurait-ce été avec un plaisir certain que le seigneur de Vaudreuil eût reçu du fils de son ami, Jean-Joseph Trestler, la thèse de doctorat[51], qui lui était dédiée ainsi:

«Michaeli Estaccio Gaspardo Chartier de Lotbinière
Domino Lotbinière Vaudreuil et Rigault
Te ditum praefecto
Etc. etc.»

Mais la brochure arriva trop tard pour que le seigneur décédé, en prît connaissance et fût ému de cet hommage qu'on lui rendait.

*

Au premier abord, on est un peu étonné d'une amitié possible entre les deux voisins. Mais pourquoi se refuserait-on d'admettre une certaine estime entre le seigneur et le marchand d'en face, qui aimait la musique et les livres et qui rendait au seigneur de multiples services aux fins de mois difficiles[52]? Chartier de Lotbinière n'avait-il pas accepté d'être le parrain

---

51. On trouve à la Osler Medical Library de Montréal le travail de J.B. Curtius Trestler sur la rage: mince témoignage d'une époque où la thèse était souvent élémentaire, même si elle donnait droit au titre prestigieux de *M.D.* à l'université d'Edimbourg.

52. Trestler n'était pas le seul prêteur auquel s'adressait M. de Lotbinière. Parfois, il avait recours au curé de Lotbinière qui avait quelques biens. «M. de Lotbinière ne tarda pas à être mis au courant de l'aisance relative de M. Jean. Souvent, à court d'argent pour ses entreprises, M. de Lotbinière ne manqua pas de s'adresser au curé pour des emprunts qui, à la longue, devinrent considérables. Ils atteignaient trois mille deux cents dollars à la mort du seigneur» Abbé Louis-L. Paradis, *op. cit.*, p. 213. Somme qu'il faut loger dans le contexte de l'époque.

de Daniel, autre enfant né des amours de Trestler et de Marie-Anne Curtius? Tout les séparait, il est vrai: l'origine, l'éducation, la répugnance de l'aristocrate pour les affaires, le goût de la chicane que Johann Joshef Tröstler avait, mais tous deux étaient intelligents, et le seigneur voyait son voisin en train d'escalader l'échelle sociale, échelon par échelon. Et puis, au Bas-Canada, la situation n'était pas la même qu'en Europe, le seigneur et le commerçant n'étaient pas séparés comme l'aristocrate et le petit bourgeois pouvaient l'être en Europe, où existaient de solides barrières. En France tout au moins, théoriquement, elles avaient sauté de façon brutale quelques années plus tôt, à la suite de circonstances bien pénibles. La mort de Louis XVI et de sa famille avait été suivie, il est vrai, de la reconstitution politique et sociale de la France: première étape d'une bourgeoisie nouvelle qui acceptait, comme au Bas-Canada, de mettre la main à la pâte et qui travaillait durement, souvent petitement, mais efficacement; ce qui était le cas de Jean-Joseph Trestler.

Lotbinière prend part à la guerre, à nouveau, en 1812. Il a soixante-quatre ans, mais il n'hésite pas à diriger son régiment, à qui on confie le soin de fortifier la grande île de Beauharnois: celle qui, semble-t-il, appartient à Jean-Joseph Trestler. Dans l'intervalle, il reçoit quelque treize mille acres de terre dans ce qui deviendra la paroisse de Sainte-Justine de Vaudreuil. C'est le geste d'un gouvernement qui suit le conseil de sir robert Shore Milnes; il cherche à se faire des amis parmi les indigènes et, surtout, parmi ceux qui remplissent une fonction élevée.

En 1814, Lotbinière quitte son poste dans la milice, devenue plus décorative qu'efficace[52a], quoique le colonel de Salaberry se soit appuyé en partie sur elle pour repousser les Américains en 1812. Le seigneur vient habiter définitivement son manoir de Quinchien. Il y surveille ses intérêts, tout en passant l'hiver dans cette maison de la rue Saint-Sacrement à

---

52a. À d'autres moments, elle avait eu sa grande utilité à certains endroits. Ainsi, Robert-Lionel Séguin rapporte que, sous le commandement des chevaliers de Lorimier et de Montigny, une soixantaine de miliciens de Vaudreuil et de l'île Perrot avaient capturé cent vingt soldats américains, en 1776, près de l'endroit où s'élevait le premier manoir des Lotbinière à Quinchien. Cf. *La Presqu'île*, 1er juillet 1954, p. 2.

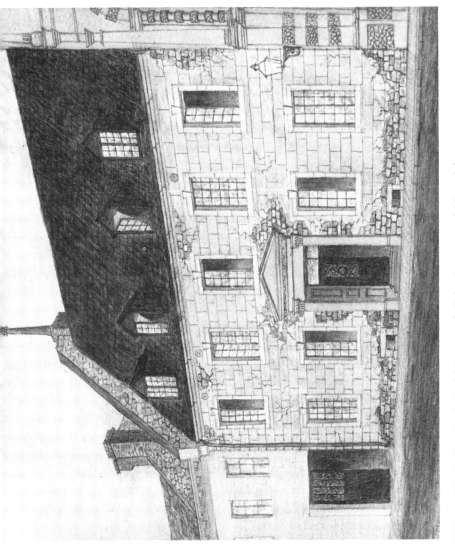

Maison d'Alain Chartier de Lotbinière, rue du Saint-Sacrement, à Montréal. (Photographie d'une gravure conservée au Château Ramezav).

Montréal[53], construite par son père et conservée grâce à des gens aimant les vieilles pierres[54]. Il y décède à la fin de 1821[55], après avoir partagé ses dernières années entre le manoir de Quinchien et la maison de Montréal.

Il laisse derrière lui sa seconde femme et les enfants survivants qu'il a eus d'elle:

1. Louise-Josephte, née en 1803 et décédée en 1869. En 1823, elle épousa Robert Unwin Harwood; à la mort de son père, elle devint seigneuresse de Vaudreuil.

2. Charlotte, née en 1805 et décédée en 1866, qui épousa William Bingham, fils d'un sénateur de Pennsylvanie, que son père avait connu au cours de sa détention aux États-Unis. Elle reçut en partage la seigneurie de Rigaud;

3. et, enfin, Julie-Christine, née en 1810 et décédée en 1887, qui épousa Pierre-Gustave Joly en 1829. Elle eut un fils, Henri-Gustave, qui devint un homme politique en vue puis-

---

53. Et, à l'occasion, tout en se rendant dans sa seigneurie de Lotbinière, dont l'administration est confiée à un régisseur.

54. Située dans un quartier qu'on a affreusement défiguré, elle reste comme un témoignage de ce goût que l'on avait au XVIIIᵉ siècle pour les bâtiments de belles proportions. Alain Chartier de Lotbinière y mourut à la fin de 1821, comme l'indique une plaque funéraire fixée au mur de l'église Saint-Michel. Comme sa mère et sa première femme, en effet, il fut inhumé à Vaudreuil. On a omis de reproduire l'épitaphe qu'il avait prévue dans son testament. Omission voulue, oubli ou manque d'espace? Qui sait?

55. M. Henri de Lotbinière Harwood a en sa possession le journal du seigneur Alain Chartier de Lotbinière portant sur la période allant du 23 janvier 1815 au 11 mars 1816. On y trouve des renseignements au sujet des achats qu'il fait au fur et à mesure que les jours et les mois passent, des gens qu'il a vus, de ceux à qui il a écrit. Il s'agit, en somme, un peu d'un livre de raison puisque, à côté de ses comptes, M. de Lotbinière mentionne certaines choses comme: «J'ai écrit hier à Madame Bouchette pour lui faire mon compliment sur les succès de son mari dans son voiage». C'était sans doute le voyage que Joseph Bouchette fit en Angleterre où son premier ouvrage venait de paraître à Londres.

L'écriture est ferme, l'ordre dans lequel les choses ne suivent est également très méthodique. On y peut suivre le seigneur dans ses allées et venues; ce qui permet de reconstituer la vie d'un homme qui avait hérité d'un grand nom et qui, durant toute sa vie, a tenu à y faire honneur. La seigneurie de Vaudreuil, sans la famille de Lotbinière, n'aurait sûrement pas été ce qu'elle est devenue.

La monnaie mentionnée dans ces notes est la livre anglaise, étant donné que le Canada ne s'était pas encore éloigné de l'Angleterre à ce moment-là, tout au moins sur le plan monétaire.

qu'il fut premier ministre du Québec, bien que protestant. Par la suite, il fut le représentant de la Reine, à titre de lieutenant-gouverneur de la province de la Colombie britannique.

Lorsque le partage de la succession se fit, Julie-Christine hérita de la seigneurie de Lotbinière. Assez curieusement, son père avait changé d'avis à un moment donné. Il semble que, durant ses dernières années, il eût destiné la seigneurie de Lotbinière à sa fille aînée. Le 9 juin 1821, il écrivait, en effet, à son régisseur: «Quoique j'ai été sérieusement indisposé avec des rhumatismes et un peu de goutte, ce qui m'a fait bien souffrir, je me propose de risquer le voyage de Lotbinière.» Il ira avec sa fille aînée qu'il présente ainsi: «J'aurai une compagne de voyage. C'est votre future seigneuresse, ma fille aînée, elle descend avec moi et je désire qu'elle se montre et se fasse connaître des habitants de Lotbinière. Elle est assez bien pour la figure et très docile, bonne et extrêmement instruite.» On sourit, mais n'est-ce pas charmant?

\*

Il est intéressant d'analyser le testament du seigneur Alain Chartier de Lotbinière comme un document caractéristique de l'époque, évoquant un état d'esprit aussi bien que des faits vécus, dont certains sont assez étonnants et d'autres amusants[56]. Il s'agit d'un testament olographe daté du 10 février 1809, ou du 10ᵉ de février 1809, comme on écrivait dans un milieu où l'anglicisme avait pénétré insidieusement autant dans la langue écrite que parlée.

Le testament vient du greffe du notaire Joseph Papineau, déposé aux Archives nationales du Québec à Montréal. Il y fut vérifié et déposé, à Montréal même, le 11 janvier 1822, après la mort du seigneur.

En voici les points principaux:

a) Suivant l'usage, Lotbinière recommande son âme à Dieu: «J'attends avec soumission le moment où Il voudra briser le

---

56. Jean-Jacques Lefebvre, «Michel-Eustache-Gaspard-Alain Chartier de Lotbinière», *Rapport de l'Archiviste de la province de Québec* pour 1951-1953, Inventaire, p. 363ss; testament, p. 395ss.

vase d'argile et appeler mon âme vers lui», note-t-il avec un manque de simplicité qui est de l'époque, dans un certain milieu.

b) Puis, il manifeste sa volonté que son testament soit le seul reconnu, quels que soient les autres «arrachés à (ma) faiblesse ultérieure». Je ne veux pas, dit-il, que «tout testament futur soit le résultat de ma faiblesse comme cela est arrivé à mon cher et respectable père».

c) Il désire être enterré dans l'église de Saint-Michel de Vaudreuil, avec l'épitaphe suivante qui, préparée par lui, fait sourire:

«Il fut bon fils, bon mari et bon père
Il aima son païs et servit son Roi avec zèle.
Priez Dieu pour lui».

Ce ne fut qu'un voeux pieux, comme nous l'avons indiqué précédemment.

d) Puis, vient l'attribution de sa fortune entre ses enfants nés et à naître.

Il apporte certaines restrictions en insistant pour que ses filles se marient avec le consentement de leur mère. Si elles passent outre, il prévoit des sanctions.

Il accorde enfin certains avantages à sa femme «tant qu'elle sera veuve», sous la forme d'une rente viagère. Puis, à l'aide de codicilles, il ajoute des détails qui, à nouveau, font sourire. Ainsi, le droit de tirer de ses érablières la quantité de sucre qu'elle désirera pour ses confitures, *tant qu'elle restera veuve*[57].

*

Cet aperçu de la vie de Chartier de Lotbinière nous aura permis de mieux comprendre la position du seigneur — aristo-

---

57. Est bien curieuse cette disposition que l'on retrouve dans maints testaments non seulement du XIXᵉ siècle, mais du XXᵉ. Elle a sans doute comme point de départ la conviction que si la femme se remarie, le nouveau mari doit voir à la dépense du ménage et les biens du *de cujus* doivent faire l'objet d'un nouveau partage. Dans le présent cas, la disposition relative au sucre d'érable est assez amusante. Elle s'explique par la rareté du sucre, à cette époque.

crate, avant qu'il ne fasse place au seigneur venu de la bourgeoisie anglophone ou francophone, dont Joseph Masson, Denis-Benjamin Viger et Joseph Papineau ont été trois types bien différents d'une société nouvelle[58]. Celle-ci allait rendre service à une époque où le second notable en importance, dans la société du Bas-Canada, était non plus le seigneur en soi, même s'il possédait une authentique seigneurie, mais le bourgeois, préoccupé de s'enrichir, dur aux autres, à sa famille, dur aussi à lui-même, et pour qui la seigneurie est une cocarde à son chapeau plus qu'un instrument de pouvoir. Si c'est le temps de l'énergie individuelle, ce n'est pas encore celui de la bourse des valeurs mobilières ou celui de la spéculation immobilière, du pétrole-roi, mais du commerce et de l'industrie que l'on pratique sur une petite ou une moyenne échelle, égoïstement, chacun pour soi, en utilisant les autres sans vergogne, sous l'oeil paterne d'un État qui ne se préoccupe guère des mesures sociales, même les plus élémentaires. Ce n'est, en effet, qu'à la fin du siècle que les chefs ouvriers se rangeront parmi les nouveaux notables, c'est-à-dire ceux qui, dans la vie du pays, allaient jouer un rôle alternativement de moteur ou de frein, de protecteur des petits et des sans-grade et, parfois, de mauvais génies, en réaction violente ou irréfléchie contre l'égoïsme collectif antérieur.

Parmi ceux qui réussissent ou s'enrichissent se détachent quelques propriétaires fonciers — riches de terre tout au moins — et quelques marchands. Parmi eux, il y a Jean-Joseph Trestler dont nous étudierons la vie industrieuse un peu plus loin, dans l'ordre où nous avons rangé les notables de la seigneurie.

*

Pour l'instant, notons qu'avec les notables de Vaudreuil et de Rigaud, on se trouve devant une société en gestation, qui démarre bien lentement, mais changera la face des choses: campagnes et régions se transformant lentement d'abord, puis rapidement; les comtés de Vaudreuil et de Rigaud resteront longtemps des régions essentiellement rurales. Au siècle sui-

---

58. Parmi les trois noms que nous mentionnons ici, un seul, Joseph Masson, tira du commerce la richesse et l'influence qu'il a exercées.

vant, elles prendront d'autres aspects avec l'essor de l'instruction publique, les sociétés agricoles, les cercles de fermières, les nouvelles méthodes agraires, l'amélioration des modes de transport, la transformation de pistes en véritables routes et, fait nouveau, la maison secondaire. Celle-ci sera une source de richesse, parce qu'elle apportera au marchand et aux indigènes un marché nouveau pour écouler les produits de la terre. Ainsi, les marchands vendront aussi bien aux habitants qu'à ces nouveaux venus qui, après avoir gagné de l'argent à la ville, viendront le dépenser l'été dans des maisons construites pour d'autres exigences sociales. Et puis, avec la population croissante, il y aura, dans la seigneurie d'autrefois, des médecins, des avocats, des notaires, des ruraux enrichis et jouissant de cette société de consommation dont tout le monde dit du mal, mais profite amplement.

Cela se produira bien longtemps après l'époque que nous tentons de décrire. En 1831, par exemple, si Joseph Bouchette reconnaît à la seigneurie de Vaudreuil cinq curés, donc cinq églises, un seigneur, des marchands, des artisans, des gens de métier qui travaillent consciencieusement grâce à une tradition bien conservée, il nous décrit une société essentiellement rurale.

Aussi, au début, quand Jean-Joseph Trestler a besoin d'un notaire ou d'un avocat, il va là où l'affaire se conclut ou se juge. Ce n'est que, petit à petit, que s'établissent dans la seigneurie médecins, notaires et avocats au fur et à mesure que les besoins le justifient.

*

### Le député

Le député de la période 1800-1830 n'est pas celui du XXᵉ siècle. Vaudreuil, les Cèdres, Rigaud, les Deux-Montagnes, l'île Perrot et d'autres villages en voie de formation se trouvent dans la circonscription de York[59]: grand territoire que repré-

---

59. Ce n'est qu'en 1829 que York sera divisé entre les comtés des Deux-Montagnes, de Vaudreuil et d'Ottawa. Cf. Joseph Bouchette dans *Statistical Tables of Lower Canada*, 1829. C'est cette année-là que le nombre de circonscriptions est passé de 21 à 40.

sentent deux députés. En 1809, Jean-Joseph Trestler est l'un d'eux. Il s'est présenté l'année précédente, et il n'a pas eu de difficulté à se faire élire. Car les candidats sont peu nombreux. Il faut dire que le poste n'est pas très enviable. Le député doit s'absenter durant une partie de l'année et les communications sont lentes, difficiles. Ainsi, dans une lettre qu'elle adresse à son mari, Marie-Rosalie Dessaulles lui recommande de ne pas affronter les glaces au moment de la débâcle, avec un simple canot qui lui permettrait de se rendre de Québec à Saint-Hyacinthe par la voie du fleuve, jusqu'à l'embouchure de la Yamaska.

Le député est le représentant de sa circonscription; il est censé être présent durant toute la session, mais bien peu passent à Québec les trois ou quatre mois qu'elle dure[60]. Il s'y rend pour un temps; il assiste à des réunions qui sont longues et houleuses parfois. Il habite chez l'habitant. Au besoin, il apporte ses provisions. Il en revient presque avec joie quand le gouverneur se fâche et renvoie tout son monde jusqu'aux élections prochaines.

Certains ont une influence particulière. Il y a, par exemple, Louis-Joseph Papineau qui, très jeune, devient chef de file. Il succède à son père, orateur populaire, mais qui n'entend pas faire une carrière de la politique, comme son fils. Celui-ci est un tribun fougueux, un brasseur d'idées, bref un meneur. En 1809, Trestler, qui vient d'être élu dans York, est tout différent. S'il laisse ses affaires aux soins de son personnel, il n'entend pas jouer un rôle actif dans la Chambre basse; il n'est pas doué pour cela. Il vote, prend part à des conversations ou à des pourparlers auxquels le convient les chefs de groupes qui se partagent l'influence. Avant lui, il y a eu son voisin, Chartier de Lotbinière, député de York à la fin du XVIIIe siècle. Celui-ci a joué un tel rôle qu'il a pris de l'importance, dans cette Chambre que le gouverneur surveille du coin de l'oeil et cherche à comprendre ou à contrecarrer au besoin. Le jeu est devenu sinon classique, du moins connu. Si, malgré ses partisans, le gouverneur ne peut empêcher un vote défavorable à ses idées, il

---

60. Voici la durée des sessions de 1805 à 1810: *1805:* 9 janvier au 25 mars; *1806:* 20 janvier au 14 avril; *1809:* 10 avril au 15 mai; *1810:* 27 janvier au 20 février. Cf. Joseph Bouchette dans *British Dominions in North America*, p. 430.

voit à le faire bloquer par le Conseil législatif. Car, il ne faut pas l'oublier, on est encore sous un régime que dirige, de Londres, le Colonial Office. Si le gouverneur a pleins pouvoirs, il ne peut tout faire; il reçoit des instructions qu'il doit suivre. Certains vont trop loin parfois. Ainsi, en 1828, lord Dalhousie est rappelé sur les instances de trois délégués de la Chambre: John Neilson, Austin Cuvillier et Denis-Benjamin Viger. À Londres, on s'incline et on nomme lord Dalhousie aux Indes car, s'il a déplu à la majorité au Canada, on considère qu'il a droit à un poste ailleurs, selon la coutume.

*

Le travail et l'influence du député sont assez simples. Il représente ses électeurs, mais n'intervient dans à peu près rien. À la chambre basse, il vote, mais il n'a aucun mot à dire dans la nomination de qui que ce soit et dans l'exécution de quoi que ce soit[61]. Un jour, Étienne Parent sera élu greffier de l'Assemblée législative par les députés, mais le gouverneur ne voudra pas reconnaître la nomination et il donnera les instructions nécessaires pour qu'on paie le traitement de Parent avec un long retard; il n'acceptera pas que Louis-Joseph Papineau préside les débats de la Chambre à un certain moment. Il ne faut pas oublier, encore une fois, que dans un régime colonial, le pouvoir est entre les mains du gouverneur et de quelques fontionnaires de haut rang qui obéissent à la Couronne. Or, parfois, le gouverneur est rude, très rude. Un jour, par exemple, sir James Craig ne craint pas, pour essayer de convaincre l'évêque, de lui rappeler que la religion catholique et lui-même ne sont que tolérés par le régime. Nous l'avons noté déjà, mais nous le répétons tant le fait nous paraît caractéristique de l'époque que nous étudions.

Le député commence à jouer un rôle véritable vers le milieu du XIXᵉ siècle, après qu'en Angleterre on eût reconnu la responsabilité ministérielle et le droit pour les coloniaux, d'ad-

---

61. Le patronage ne le regarde pas. Tout est décidé par le gouverneur et la clique du Château. Et puis, on n'est pas encore rendu au point où chaque électeur se croit un droit personnel sur son député. Cf. Gilles Paquet et Jean-Pierre Wallot, *Patronage et pouvoir dans le Bas-Canada*, Québec, Presses de l'Université du Québec, 1974.

ministrer les affaires du pays. Auparavant, il avait été long-temps bien peu de choses, sauf lorsqu'il était intelligent, débrouillard, volontaire ou lorsqu'il agissait sur l'opinion par ses discours. Joseph Papineau et, surtout, son fils Louis-Joseph Papineau, auront une certaine influence, mais Trestler et beaucoup d'autres n'en auront jamais. D'ailleurs, tout ce qui intéresse Jean-Joseph Trestler, c'est le titre de député et, peut-être, l'occasion de jouer un petit rôle dans les affaires publiques de cette Colonie où, arrivé gueux, il s'élève dans l'échelle sociale, échelon par échelon.

Et c'est pourquoi, dans l'ordre des notables de Vaudreuil, nous avons placé le député après le curé et le seigneur, à peine devant le marchand, qui tient bien en main des gens qui lui doivent de l'argent et qui l'écoutent[62]. Pour certains, le marchand a de la considération. Ainsi, devant son voisin, M. de Lotbinière, Trestler ne s'incline pas bien bas, mais il ne veut pas oublier que celui-ci est son débiteur et son ami[63], il est vrai.

Trestler s'enrichit; il franchit ainsi le premier échelon de cette bourgeoisie agissante, à laquelle accéderont bientôt la seconde génération avec son fils J.-B. Curtius, devenu médecin, et la troisième, avec sa petite-fille Iphigénie, qui épousera Antoine-Aimé Dorion, chef politique dont il sera également question un peu plus loin.

*

Comme ce sera le cas au siècle suivant, il y a deux groupes de députés à l'Assemblée législative: celui qui fait valoir son point de vue, qui apporte des idées et influence les autres. À la fin du XVIII$^e$ et au début du XIX$^e$ siècle, c'est le cas de Joseph Papineau, de Philippe de Rocheblave, de François-Xavier Blanchet et, plus tard, de Denis-Benjamin Viger, d'Étienne Parent et de Louis-Joseph Papineau. Eux sont des animateurs,

---

62. On possède plusieurs indices du rôle qu'il joue et de la fonction qu'il remplit.

63. Trestler n'est pas le seul marchand du comté qui exerce une influence qui l'amène, petit à petit, au rang de notable. D'autres sont assez riches pour l'époque, comme il y a d'importants propriétaires fonciers dans la région.

des chefs de file qui orientent l'opinion, qui agissent, que le Château surveille avec attention et qui, au besoin, acceptent de faire de la prison pour faire valoir leur point de vue. Malgré tout, leur rôle est bien limité, encore une fois. Ce n'est qu'à la longue et occasionnellement que leur autorité s'affirmera ou influencera le gouvernement.

Il y a aussi ceux qui font nombre, qui votent dans le sens qu'on leur indique. Ils ont leur utilité parce qu'ils constituent la majorité dans une assemblée délibérante. Ils sont dans leur fonction, même s'ils ne sont qu'une masse de manoeuvre. Jean-Joseph Trestler en est. Il n'est pas éloquent; il accepte de voter, mais pas nécessairement dans le sens que ses amis souhaiteraient. Parfois, on le voit se concerter avec son voisin Alain Chartier de Lotbinière qui, après avoir été député de York, a été nommé par le gouvernement au Conseil législatif, à cause de sa personnalité et, peut-être aussi, pour qu'il soit neutralisé. Trestler est parmi les silencieux que sir James Craig n'est pas tenté de mettre en prison. Il n'est d'ailleurs à la Chambre que pendant une session, celle de 1809 qui fut aussi brève qu'agitée. Comme Craig n'est pas content de la Chambre récalcitrante, il renvoie, en effet, tout son monde dans ses foyers. C'en est fait de la session et de la carrière politique de Trestler; il sera remplacé par Pierre Saint-Julien aux élections suivantes. Saint-Julien n'est pas sans mérite, même s'il est un autre silencieux qui vote et s'en tient là[64].

*

Après l'entrée en vigueur de la Constitution de 1791, les députés[65] s'intéressent à ce qui leur est présenté en Chambre, mais particulièrement à ce qu'ils considèrent comme des droits acquis: le droit civil hérité du régime français, l'usage de la lan-

---

64. Né à Pointe-Claire, le 26 octobre 1765, Pierre Julien est agriculteur. Il est élu député de York à l'automne de 1809 pour succéder à Jean-Joseph Trestler et il siégera de 1810 à 1814. Dans le *Bulletin des recherches historiques* de 1935 (p. 433), J.-J. Lefebvre lui consacre des notes biographiques intéressantes, sous le titre de «Le député Pierre Saint-Julien et ses alliés».

65. Les anglophones sont nombreux en 1792; on les a élus sans comprendre le jeu politique que permet la Constitution de 1791, mais bientôt l'électorat se ressaisira en comprenant quel instrument d'influence le vote lui donnera, s'il veut bien l'utiliser.

gue française et la pratique de la religion catholique. Si ces questions les touchent directement ils sont souvent indifférents aux problèmes économiques qui dépassent la plupart d'entre eux. Les questions de taxes opposent aussi anglophones et francophones; la plupart de ces derniers étant des terriens ou des hommes de profession libérale.

Avec une largeur de vues assez extraordinaire pour l'époque, le gouvernement anglais avait donné à une Chambre, formée en grande partie de catholiques romains[66], le pouvoir de voter des lois. Il est vrai qu'on avait prévu, dans la Constitution, un Conseil législatif à qui on avait donné le moyen de contrecarrer les initiatives de l'Assemblée législative pour éviter que le gouverneur n'ait trop souvent à intervenir. Et cela, malgré la question posée par lord North, au moment de l'Acte de Québec: «Est-il prudent pour l'Angleterre de mettre le principal pouvoir entre les mains d'une assemblée de nouveaux sujets catholiques romains?»

Le gouvernement en avait décidé autrement par crainte des voisins du sud, tout en prenant bien soin que les francophones ne puissent pas tout diriger. Avec un sens parlementaire assez remarquable, on avait pris certaines précautions qui empêchaient les nouveaux sujets, comme on disait, de faire tout ce qu'ils auraient voulu.

Dès le début des travaux parlementaires, la question de la langue de travail se pose. Les députés anglophones veulent que, dans un pays d'allégeance britannique, seule la langue de la métropole ait droit de cité. De leur côté, les députés francophones protestent en demandant qu'on donne au français la même existence officielle qu'à l'anglais, en tenant compte qu'il est la langue de la majorité, qui, dans l'ensemble, n'en parle pas d'autre.

Un long débat suivit qui donna l'occasion d'intervenir à Alain Chartier de Lotbinière, député du comté de York. Voyons les arguments que faisaient valoir les députés de l'opposition et, en particulier, Philippe de Rocheblave, Gabriel-Elzéar Taschereau et Joseph Papineau et que, de son côté,

---

66. Comme on les appelle en pays anglo-saxons.

Chartier de Lotbinière, exprimait magnifiquement. Qu'on en juge par ces extraits de son discours que cite Thomas Chapais dans son *Cours d'histoire du Canada* (Vol. 2, p. 70), en se référant à *La Gazette de Québec* du 31 janvier 1793:

Le plus grand nombre de nos électeurs étant placés dans une situation particulière, nous sommes obligés de nous écarter des règles ordinaires et de réclamer l'usage d'une langue qui n'est pas celle de l'empire; mais aussi équitables envers les autres que nous espérons qu'on le sera envers nous-mêmes, nous ne voudrions pas que notre langue vînt à bannir celle des autres sujets de Sa Majesté. Nous demandons que l'une et l'autre soient permises.

Puis, en réponse aux arguments que l'usage de l'anglais permettrait aux Canadiens de parler l'anglais plus rapidement et que, de toute manière, l'usage d'une autre langue serait une insulte au Roi, M. de Lotbinière ajoutait:

Non, M. le président, ce n'est point ainsi qu'il faut peindre notre roi; ce monarque équitable saura comprendre tous ses sujets, et en quelque langue que nos hommages et nos voeux lui soient portés, quand nos voix respectueuses frapperont le pied de son trône il penchera vers nous une oreille favorable et il nous entendra quand nous lui parlerons français. D'ailleurs, Monsieur, cette langue ne peut que lui être agréable dans la bouche de ses nouveaux sujets, puisqu'elle lui rappelle la gloire de son empire et qu'elle lui prouve d'une manière forte et puissante que les peuples de ce vaste continent sont attachés à leur prince, qu'ils lui sont fidèles, et qu'ils sont anglais par le coeur avant même d'en savoir prononcer un seul mot.

Puis, le député s'écriait:

Est-il dit, par cet acte de la 31e année de Sa Majesté, que nos lois seront uniquement faites en anglais? Non, et aucune raison ne le donne même à entendre. Pourquoi donc vouloir introduire un procédé qui ne peut être admissible en ce moment? Pourquoi regarder comme indispensable une chose dont il n'est pas même fait mention dans l'acte constitutionnel? Croyons, M. le président, que si l'intention du parlement britannique avait été d'introduire la seule langue anglaise dans notre législature, il en aurait fait une mention expresse.

Enfin, M. de Lotbinière rappelait ainsi la fidélité des sujets nouveaux en 1775:

La seconde raison devrait faire passer par-dessus toute espèce de considérations, si nous n'étions pas certains de la fidélité du peuple de cette province. Mais rendons justice à sa conduite de tous les temps, et surtout rappelons-nous l'année 1775. Ces Canadiens qui ne parlaient que français ont montré leur attachement à leur souverain de la manière la moins équivoque. Ils ont aidé à défendre toute cette province. Cette ville, ces murailles, cette chambre même où j'ai l'honneur de faire entendre ma voix, ont été en partie sauvées par leur zèle et leur courage. On les a vus se joindre aux fidèles sujets de Sa Majesté et repousser les attaques que des gens qui parlaient bien bon anglais faisaient sur cette ville. Ce n'est donc pas, M. le président, l'uniformité du langage qui rend les peuples plus fidèles ni plus unis entre eux. Pour nous en convaincre, voyons la France en ce moment et jetons les yeux sur tous les royaumes de l'Europe[67].

\*

Si nous citons ces longs extraits d'un discours prononcé à l'Assemblée législative par le marquis de Lotbinière, c'est pour montrer comment ces députés de la fin du XVIIIe siècle savaient trouver les mots et les accents pour faire valoir ce qu'ils considéraient comme des droits sacrés.

Johann-Joshef Tröstler n'aurait pu le faire, mais son prédécesseur au siège de York et quelques-uns de ses collègues le firent avec des arguments qui persuadèrent leurs contemporains de la qualité de leur esprit et de leurs convictions.

Cette attitude d'un homme qui avait tout à gagner à se taire justifie le texte que, sur une plaque commémorative, on lui a consacré dans cette église de Saint-Michel de Vaudreuil, à laquelle il était profondément attaché, au point de vouloir y être inhumé, comme nous le mentionnions précédemment.

\*

En Chambre, les députés ne se heurtent pas seulement lorsque se posent des questions de langue ou de religion, car ils

---

67. Le discours de M. de Lotbinière conserve à la fois son actualité et son intérêt.

représentent des groupes aux intérêts bien différents. Des anglophones sont agriculteurs, il est vrai, mais les plus influents sont marchands, importateurs, armateurs ou, comme on dit à l'époque, barons de la fourrure ou du bois. Ce qui les intéresse, c'est avant tout leurs affaires. Ils veulent — et ils ont raison — qu'on creuse le lac Saint-Pierre, qu'on aménage le port de Montréal, qu'on ouvre des canaux pour des fins militaires ou commerciales. Importants par le nombre, les autres sont surtout des ruraux. Quand la question des impôts est soulevée, les classes s'opposent brutalement. Imposera-t-on davantage les marchandises à l'importation? C'est ce que voudraient les gens qui vivent de la terre; ils croient que si les droits de douane contribuent à augmenter les prix, ce sera à l'avantage des marchands anglophones surtout. Il est vrai que, longtemps, ils achèteront bien peu de choses mais d'instinct, ils s'opposent. Et surtout, ils ne veulent pas d'une taxe foncière que désirent les autres. Aussi, les députés à nouveau seront-ils divisés profondément en Chambre. Cette fois, le choc sera moins violent car, avec la langue et la religion, sentiments et passions s'entrechoquent tandis que si les questions de gros sous opposent des intérêts, elles ne soulèvent pas les esprits avec la même violence.

*

Pour compléter cet aperçu des fonctions et des initiatives du député dans la Chambre de la fin du XVIIIe ou du début du XIXe siècle, ajoutons que le député reçoit une indemnité de séjour pour la première fois en 1832. Elle était faible mais, d'un autre côté, elle lui permettait, dans une ville où le coût de la vie était bas, de joindre les deux bouts à une époque où l'électeur n'était pas une charge aussi lourde qu'il l'est maintenant, avec ses exigences de toutes espèces. Le problème principal du député était le séjour que, théoriquement, il devait faire à Québec pour remplir sa fonction. Tous ne s'acquittaient pas de leur tâche avec la même rigueur, à tel point que, dans le journal de la Chambre, on note la remise à plus tard de certaines séances, par suite du manque de quorum.

Il faut comprendre ces gens qui n'étaient pas riches qui devaient quitter leur famille et leurs occupations sans aucune rémunération pendant de longs mois. Les sessions avaient généralement lieu l'hiver, il est vrai; aussi n'intervenaient-elles guère dans la vie active du député. À la fin du siècle, par exemple, Joseph Papineau accuse le coup quand il déplore le fait d'avoir été éloigné de son ami le curé de Repentigny[68], dont il lui avait été impossible de recueillir les dernières volontés. Joseph Papineau était très dévoué à la cause publique. D'un autre côté, après 1814[69], il mit fin à sa vie politique, tant sa clientèle lui demandait de temps et d'effort. Et il ne pouvait oublier que sa seigneurie de la Petite Nation devait être développée, comme le lui demandait le gouverneur. Un peu plus tard, il la céda à son fils, Louis-Joseph, mais comme celui-ci avait fait une carrière de la politique, et non un bref moment à passer dans sa vie, son père, aidé de son fils Denis-Benjamin, avait dû continuer d'administrer la seigneurie pour l'aîné, l'un des premiers hommes politiques, par goût et profession, que le Canada français ait comptés à ce moment-là.

## Le médecin

Selon Joseph Bouchette, dans le village de Vaudreuil, il y a, vers 1830, un médecin et deux notaires. Le médecin est un autre personnage qui exerce une influence assez grande. Il ne promet pas «le paradis à la fin de ses jours», comme le curé. Mais il guérit ou tente de guérir des gens malades, inquiets, prêts à tout écouter ou accepter, même si la médecine dispose de moyens limités, au début du XIXe siècle. D'abord, à cause de la formation bien élémentaire du praticien, puis de la qualité des soins et des médicaments qu'il dispense, même si un doyen de faculté, un siècle et demi plus tard, rappellera que souvent

---

68. Il le précise dans une lettre adressée à sa femme le 17 avril 1793 (Archives nationales du Québec).

69. En 1804, il avait décidé de ne plus se présenter mais, devant la rudesse de sir James Craig, il se laissa convaincre. C'est ainsi qu'il revint à la politique, devant l'insistance de ses amis qui lui reconnaissaient un grand pouvoir de conviction et une influence de premier plan, aussi bien auprès des électeurs qu'à la Chambre. Dans ses *Mémoires*, (Mtl, Fides, 1971), Philippe Aubert de Gaspé rappelle comment, jeune homme, il avait été frappé par l'éloquence sobre et persuasive du tribun, fils de tonnelier, mais formé au Séminaire de Québec.

un autodidacte a d'étonnants moyens d'action que lui dictent son instinct et l'expérience de son métier[70].

Le médecin s'est formé au contact d'un maître qui avait les connaissances que l'époque lui permettait d'obtenir. Si elle n'avait pas gardé en mémoire les vertus de la saignée ou du clystère qu'on lui accordait à l'époque de Molière, la médecine avait bien peu de données sur certaines maladies. Il arrivait parfois que Hamel, guérisseur de Rigaud, eût de meilleurs résultats que le médecin *licencié* de Vaudreuil, parce qu'il employait davantage ces *simples* et ces remèdes dont les générations s'étaient passé le secret depuis bien longtemps. Si porter des oignons dans des bas de laine ne guérissait pas nécessairement la goutte ou le rhumatisme comme on l'affirmait, que pouvait-on faire de plus que calmer ou atténuer momentanément la douleur, comme le médecin qui, un siècle et demi plus tard, ne guérira pas l'arthrose, avec tout ce qu'une pharmacopée avancée met à sa disposition?

*

Au début du XIX$^e$ siècle, pour devenir médecin, il fallait d'abord être accepté par un maître, avec qui l'on passait un contrat en bonne et due forme devant un notaire. Le médecin acceptait de former le sujet. Comme au Moyen-Âge l'apprenti vivait auprès du maître[71]; il devenait compagnon après des épreuves diverses, puis maître lui-même. Au Canada, l'apprentissage était généralement de cinq ans; l'élève habitait chez son maître qui le logeait et s'engageait à le former. À titre

---

70. Cf. Télesphore Parizeau, «Comment on devient médecin» dans *Les médecins du Canada français* (recueil d'articles dus principalement au docteur Gauvreau). Montréal, s.éd., Imprimerie populaire, 1933.

71. François-Xavier Blanchet (1776-1830) est un exemple qui sort de l'ordinaire. Il fait ses études de médecine à New York et, en 1800, il y fait paraître, aux Éditions Parizot, Chatham, Stress, un livre intitulé *Recherches sur la médecine*. Revenu à Québec, il exerce son art, tout en s'intéressant à la politique. Il fait partie du groupe qui fonde *Le Canadien*, se fait élire dans le comté de Hartford qu'il représente jusqu'à sa mort. À un moment donné, il sera parmi ceux que sir James Craig fera mettre en prison à cause de leurs opinions jugées subversives.

Lui aussi aura été à un moment un élève du docteur Fisher, à qui il dédie son livre en ajoutant: «... Je me flatte que vous aurez toujours la même indulgence pour moi et que vous continuerez d'éclairer un élève qui a encore besoin de vos lumières.»

d'exemple, voici le texte d'un contrat passé devant le notaire
M. Berthelot, le premier août 1807, entre Mme François Painchaud et le docteur James Fisher pour l'apprentissage de son
fils Joseph:[72]

... sa mère, laquelle pour faire le bien et l'avantage de Jos.
Painchaud son fils âgé d'environ vingt ans, l'a par ces présen-
tes et de son consentement mis et engagé pour *l'espace de cinq
années* à compter du 4 octobre dernier en qualité d'apprenti-
médecin et chirurgien à James Fisher, écuyer, médecin et chirurgien auquel, pendant ledit temps, il promet et s'oblige montrer et enseigner l'art et profession du médecin et chirurgien et
tout ce dont il se mêle, en iceux, de le loger, chauffer, éclairer et
nourrir chez lui pendant ledit temps. Ledit apprenti, de son
côté, promet et s'oblige d'étudier et apprendre de son mieux
tout ce qui lui sera enseigné par son patron, de lui obéir en tout
ce qu'il lui commandera ou fera commander concernant la
profession de médecin et chirurgien, ne point s'absenter sans sa
permission, ni perdre de temps par sa faute à peine de rendre le
temps ainsi perdu, enfin de se comporter honnêtement.

Et de son côté, la mère dudit apprenti promet et s'oblige
pendant le dit temps de fournir et entretenir son dit fils de hardes, linges et chaussures convenablement à son état et de le
blanchir et de le raccommoder.

A été expressément convenu entre les parties sans quoi le
présent brevêt n'eût point été accordé, qu'il sera toujours loisi-
ble audit James Fisher, de renvoyer ledit apprenti et de lui donner congé du présent brevêt en aucun temps sans être obligé de
donner aucune raison et sans être tenu à aucun dédommagement envers ledit apprenti; mais seulement de lui donner un
certificat du temps qu'il aura fait et de ses moeurs et conduites.

Signatures: La mère ne sait pas signer.

Malgré ses insuffisances professionnelles, le médecin
donne confiance; on croit en lui. Il est, après la prière et les
invocations pieuses, l'influence psychologique dominante. Si

72. Source: Archives nationales du Québec à Québec. La pièce a été communi-
quée à l'auteur par le professeur Bernier.
Déjà, au XVIIᵉ siècle, on procédait de même en Nouvelle-France, avec ce qu'on appelait un *brevet d'apprentissage*, tel celui que signent Jean Martinet, chirurgien à Montréal, et Paul Prud'Homme, le 15 janvier 1674. Cf. *Inventaire des Greffes des Notaires*, vol. I, p. 224, Archives nationales du Québec. Cité par le docteur Sylvio Leblond,
collaborateur aux *Cahiers des Dix*.

le curé remet les péchés — ils sont multiples, surtout ceux de la chair — il ouvre aussi les portes du Ciel; le médecin calme l'angoisse des derniers moments. Notable, il a une place à part. Il acquiert de l'influence lorsqu'il guérit. Aussi, jouit-il d'un prestige réel. C'est ce renom que Jean-Joseph Trestler — marchand — veut donner à son fils en l'orientant vers la médecine. Il sait que Curtius ne s'enrichira pas. Mais, déjà riche, il vivra entouré de l'estime et du respect des gens. Il est vrai qu'il doit se préparer à être mal payé. Car si on a recours à ses services, on verse ses honoraires, après avoir payé tout ce qui est dû aux autres, au marchand, notamment. En mourant, le médecin laissera beaucoup d'amis, beaucoup de gens qui l'estimeront ou le respecteront, mais qui, de son vivant, auront négligé trop souvent de payer ses honoraires à temps pour qu'il puisse s'enrichir.

*

Quel était le nom du médecin dont Joseph Bouchette relève la présence dans la seigneurie de Vaudreuil vers 1830. Quelle était sa compétence? Dans un article, paru à Rigaud le premier mai 1947, dans *L'Interrogation*, Robert-Lionel Séguin écrit que la première mention d'un médecin, vivant dans la seigneurie, remonte au dix-neuf mai 1786. Il s'agissait de Guillaume Hunter. Or, un jour que son épouse, Marie-Louise Vallée et lui faisaient baptiser leur fils Guillaume à l'église de Vaudreuil, le *docteur* Hunter est obligé d'admettre devant le curé — cela est noté au registre — que, tout en étant médecin, il ne savait pas signer, donc écrire. Si l'on en juge par là, on était encore bien près du barbier-chirurgien du siècle précédent.

Ce n'est pas avant plusieurs années dans le Bas-Canada qu'on imposa ce stage de cinq ans auprès d'un *médecin licencié*, avant d'être autorisé à soigner. Et ce n'est qu'en 1831 que la loi força le candidat à passer un examen devant un comité d'examinateurs. Si l'épreuve était satisfaisante, on remettait à l'impétrant un certificat de compétence. Il devait connaître sa langue, avoir des éléments de médecine et savoir un peu de latin. Le candidat était alors *licencié* et pouvait soigner régulièrement. On disait qu'il avait un diplôme *ad praticandum*. Certains, comme Jean-Baptiste Curtius Trestler, avaient complété leurs études à l'étranger. Il aurait pu aller aux États-Unis, à Harvard, par exemple, ou dans une petite université installée de l'autre côté de la frontière qui avait peu d'exigences, mais dont les diplômes étaient peu appréciés, avant que la faculté de médecine de l'Université McGill fonctionnât régulièrement. Il choisit d'aller en Écosse, puis à Londres et à Paris. Ce n'est, en effet, qu'en 1833 que l'Université McGill commença à donner un titre de *medecine doctor*, qui confirmait des études plus étendues et un stage à l'hôpital[73].

Le véritable médecin auquel se réfère Joseph Bouchette, dans son ouvrage de 1831, est probablement le docteur J. Leduc, qui obtint en 1818 sa licence *ad praticandum*. On trouve son nom dans le «répertoire des licenciés autorisés à pratiquer», et l'indication qu'il est de Vaudreuil.

De quel prestige jouissaient les guérisseurs comme Hunter à Vaudreuil ou Hamel à Rigaud? Il serait difficile de le dire sans savoir en quoi consistaient leurs guérisons. Et enfin, quel était leur art de convaincre.

Retenons donc le nom du docteur Leduc, comme médecin de la seigneurie de Vaudreuil. Ah! ce n'est pas qu'il fût riche et roulât carrosse. Il a bien un cheval et une voiture et, l'hiver, il circule dans ce qu'on appelle familièrement un *berlot*, sorte de caisse en bois montée sur des patins, dont le fond est garni de paille et qui garde l'homme au chaud, grâce à d'épaisses fourrures. Il va de maison en maison, où on l'appelle pour accoucher les femmes ou les soigner, une fois la délivrance obtenue, avec l'aide d'une voisine qui agit comme sage-femme. Il y a aussi les fausses couches qui requièrent ses soins et les enfants qui meurent à la naissance ou, plus tard, du croup, de la diphtérie ou d'une maladie de l'enfance à laquelle on assiste presque impuissant. Il n'y a pas encore eu les découvertes de Pasteur et de ses disciples, et les remèdes dont on dispose sont bien élémentaires. Pour les fractures, le médecin a quelque chance d'être utile car, grâce aux cadavres sur lesquels

---

73. Nous reviendrons un peu plus loin sur l'enseignement de la médecine à Montréal en présentant au lecteur le docteur J.-B. Curtius Trestler, deuxième génération des Trestler au Canada.

il a travaillé subrepticement à Montréal ou à Québec, il a des notions d'anatomie[74]. Il les a complétées par ses propres observations, son expérience et les livres venus d'Angleterre, de France ou des États-Unis. Le médecin dispose de certains remèdes que lui fournit la maison Lyman[75] à Montréal. Il y a aussi les plantes, les *simples*, cueillies aux champs et séchées qui, en infusion, donnent certains résultats pour les affections bénignes, mais devant les cas les plus graves, le médecin est la plupart du temps impuissant. Un peu plus tard dans le siècle, l'appendicectomie aura quelque chance de succès, à l'Hôtel-Dieu, au Montreal General Hospital de Montréal ou à l'hôpital militaire de Québec, par exemple; mais si les choses se gâtent on ne peut rien, surtout contre la terrible péritonite, qui répand le pus dans l'abdomen. On a alors rien de ce qu'on connaîtra au siècle suivant, et certes pas les précieux antibiotiques qui permettent de lutter contre l'infection. Devant celle-ci, on ne peut qu'assister à la lente ou rapide lutte du patient contre la mort.

Si le malade est transportable à Montréal ou à Québec, on l'en tirera peut-être, pourvu qu'il ait une résistance physique assez grande pour résister aux soubresauts de la voiture. Et même dans ce cas, on est souvent impuissant devant certaines maladies où la constitution du patient joue un rôle équivalant aux soins eux-mêmes. Aussi, la mortalité est-elle terrible.

Si le médecin est mal payé — les comptes du docteur Grignon, tenus au jour le jour à Sainte-Adèle et conservés par son fils, le démontreront à la fin du siècle tout au moins — il jouit de la considération générale, car s'il est souvent désemparé, il guérit aussi. Et généralement, c'est un brave homme qui prend part à la misère de son patient, qui espère tant de lui. Extroverti ou introverti, il donne à espérer. Et c'est par là que son

---

74. Le docteur Sylvio Leblond et quelques autres médecins comme le docteur Gauvreau et des praticiens anglophones, tel J.-J. Heagerty, racontent des histoires de macchabées enlevés des cimetières, à une époque où la dissection des cadavres pour l'enseignement de l'anatomie était interdite.

75. À titre d'exemple, vers la même époque (1805), la maison Lyman, semble-t-il, bazar et pharmacie de la vieille ville, était le fournisseur du docteur William Robertson et de plusieurs autres médecins, comme nous le verrons plus loin. Collection Raymond Denault.

influence morale est souvent au niveau de celle du curé. Celui-ci est souvent aussi un brave homme, peu savant comme le médecin, mais compatissant, humain. Cela compte dans une vie souvent misérable, mais que l'on croit devoir être meilleure dans un autre monde.

Dévoué, le médecin du Bas-Canada est généralement un praticien valable, même s'il n'a rien d'un savant et même s'il a une formation bien élémentaire. Il donne ce qu'il sait à cet apprenti qui le suit comme son ombre, tant que les écoles de médecine organisées n'auront pas formé de véritables praticiens (omni-praticiens ou spécialistes) et tant que rayons-X, informatique, ordinateurs, remèdes nouveaux et publications scientifiques n'auront pas fait de lui un véritable guérisseur qui, malgré tout, reste trop souvent impuissant.

*

Pourquoi ne pas parler ici de Jean-Baptiste Curtius Trestler? C'est que Trestler ne paraît pas avoir pratiqué son art dans la seigneurie de Vaudreuil ou de Rigaud, à moins qu'au cours de l'été, pendant un séjour dans la maison familiale, il ait été appelé d'urgence. Mais que pensait-il de la médecine lui-même, après avoir assisté, impuissant, à la mort de sa femme en 1850, et de sa fille Iphigénie, décédée à trente ans en 1855 en donnant naissance à un cinquième enfant? Il était censé avoir quelque connaissance de l'obstétrique, cependant, car à un concours tenu par l'École de médecine et de chirurgie de Montréal, on l'avait nommé professeur de cette matière.

Nous reviendrons sur son cas dans un autre chapitre, consacré à la montée vers la bourgeoisie d'une famille dont Jean-Joseph Trestler fut le premier échelon.

*

**Le notaire**

Dans la seigneurie de Vaudreuil, selon Joseph Bouchette, il y a deux notaires à l'époque que nous étudions[76]. Ils habitent

---

76. D'après d'autres recherches, dont celles de Me Roger Comtoir, il semble y en avoir eu un troisième du nom de J.-Octave Bastien, à côté du notaire L.-M. Dubrul

dans le village, pas très loin du presbytère, car il n'est pas question d'avoir sa maison à un endroit et son bureau ailleurs. Les relations de tabellion et de chaland ont une nature précise, il est vrai, mais personne ne songerait encore à dissocier sa vie familiale et sa vie professionnelle.

Le bureau du notaire est sans doute un peu sombre, triste et poussiéreux. Dans l'exercice de ses fonctions, le notaire n'est ni folichon, ni bruyant, non plus que brouillon[77]. C'est un homme sage à qui on s'adresse pour avoir des conseils de prudence et pour rendre officiels certains actes. Dans la langue d'autrefois, on l'appelait tabellion[78]. Selon *Robert*, cependant, vers la fin du XIX<sup>e</sup> siècle en France, le mot avait pris un sens péjoratif. On l'employait en plaisantant, mais aussi en littérature presque uniquement.

Au XIX<sup>e</sup> siècle, le notaire est vêtu d'étoffes sombres, il porte redingote et haut-de-forme. Lui aussi est un notable, donc un homme dont on écoute les avis et dont on n'a pas encore appris à se méfier comme de certains, au siècle suivant, quand ils pratiqueront le voyage à l'étranger un peu trop souvent.

La tradition veut qu'on lui confie son argent soit pour une opération particulière, soit pour le faire valoir. Il conseille son client, admoneste les fils dilapidateurs, rédige les testaments, les conventions, administre les biens.

Dans la seigneurie de Vaudreuil, il se fait un grand nombre d'actes notariés, consignés dans les répertoires notariaux, devenus par le fait même une précieuse source de renseigne-

---

et de J.-B.-H. Deguire, fils du curé de Vaudreuil à la même époque. Il y eut aussi Joseph Gabrion qui, tout en exerçant à Vaudreuil, habitait aux Cèdres. Gabrion et Deguire étaient, semble-t-il, les notaires favoris de Jean-Joseph Trestler. Quant à Charles Gabrion, fils du notaire, il était huissier. Tout en habitant les Cèdres, il instrumentait aussi à Vaudreuil.

77. Les révolutions sont bien peu souvent l'œuvre d'un notaire, en effet, même si certains y prennent part, tels les notaires Cardinal, Decoigne et De Lorimier en 1837, comme le signale Jean-Jacques Lefebvre.

78. Ce n'était ni l'homme élégant que décrit Edmond About dans le *Nez d'un Notaire*, ni ce solennel olibrius qu'aime évoquer Jean-Marie Laurence. Vêtu d'une redingote et coiffé d'un haut-de-forme, le tabellion quittait son étude, au siècle suivant, après avoir parlé à sa femme dans ces termes: «Madame, préparez-vous au devoir conjugal...»

ments que complète l'index. On y trouve les contrats de mariage ou d'emploi, les testaments, les inventaires après décès, les quittances et même certains actes auxquels on veut donner une importance particulière et un caractère d'authenticité. Ainsi, Jean-Joseph Trestler s'oppose par acte notarié au mariage d'une de ses filles.

L'inventaire après décès, fait par le notaire, a une importance particulière parce qu'il permet de déterminer la fortune du *de cujus* ou tout au moins de voir en quoi consistait l'héritage qu'il laissait à ses héritiers. Certains notaires excellent dans la verbosité. Tout y est, des vêtements[79] aux aliments, des propriétés foncières aux espèces en caisse. Dans celui que dressent les notaires Belle et Girouard à propos de la succession de Joseph Masson, par exemple, on résume les opérations de celui-ci depuis son entrée en société avec les frères Robertson.

Si utiles, les actes de notaire sont généralement rédigés en un style ampoulé, traditionnel — ennuyeux comme un contrat notarié, dira-t-on au siècle suivant, de romans ou de textes médiocres, prétentieux ou traînant en longueur.

Le notaire confirmait aussi les baux, notait les poursuites et, en général, tous les actes matériels de la vie individuelle. Dans ses textes, l'intérêt prévalait toujours, sauf quand, dans un testament, le *de cujus* faisait preuve de générosité.

À la mort de son client, le notaire réunissait les descendants et donnait lecture de ses dernières volontés au milieu des sourires ou des airs renfrognés, suivant le cas.

Le notaire administrait au besoin. Ainsi, Joseph Papineau gère la seigneurie de Lotbinière, après la mort du seigneur. Il s'occupe également des propriétés des prêtres du Séminaire de Québec dans la région de Montréal. Il agit comme exécuteur testamentaire ou comme témoin stipendié. Bref, il est un personnage, à un titre différent du curé et du médecin, toutefois. Il joue un rôle important dans la vie maté-

---

79. À ce point de vue, le relevé des effets de Marie-Josephte de Lotbinière, dans l'inventaire fait par le notaire Joseph Papineau en 1800, présente beaucoup d'intérêt. Il indique la richesse de la garde-robe de la femme du seigneur de Vaudreuil. Cet inventaire du 31 août 1800 est, à proprement parlé, celui du seigneur. Il est reproduit dans le *Rapport de l'Archiviste de Québec* (1951-1953), p. 383 et suivantes.

rielle de ces gens qui aiment le papier timbré, qui plaident à propos de tout et de rien et qui ont besoin d'un officier public pour rendre officiels leurs actes ou leurs initiatives personnelles.

Jean-Joseph Trestler, marchand de Quinchien, faisait un usage très fréquent du notaire. Comme on le verra, quand on tentera de faire ressortir sa personnalité par ses actes journaliers. C'est ainsi que s'il s'adressait à J.-B.-H. Deguire, il employait aussi les notaires Joseph Gabrion, des Cèdres, François Leguay, Louis Chaboillez[80], Joseph Papineau, Jean-Baptiste Desève, Louis Huguet-LaTour, Augustin Dumouchelle, Antoine-Alexis Dubois, à des moments divers et suivant les endroits.

Tout comme au siècle suivant, le notaire est le confident de ses clients, comme le curé l'est pour ses ouailles derrière la grille du confessionnal. La seule différence, c'est que l'un garde pour lui les turpitudes ou les vertus de son pénitent et l'autre lègue les secrets de son client à la postérité par le répertoire de ses actes.

*

Deux notaires, en particulier, ont exercé, sinon vécu, dans la seigneurie de Vaudreuil durant la période qui nous occupe. Joseph Gabrion d'abord, puis J.-B.-H. Deguire, fils du curé Deguire dont nous avons déjà parlé[81]. Devenu veuf, ce dernier avait opté pour la prêtrise et il fut curé de Sainte-Anne de La Pocatière en 1779. L'année suivante, on le nomma à la cure de Vaudreuil, où il devait passer le reste de sa vie. Comme on l'a vu, il avait deux fils, l'un devint son vicaire à Vaudreuil à partir de 1797. L'autre, Jean-Baptiste-Hilaire (1772-1833) obtint sa *commission* de notaire en 1798. Il vint habiter à Vaudreuil où il exerça sa profession jusqu'à sa mort survenue en 1833.

---

80. Me Chaboillez est le notaire des Bourgeois du Nord-Ouest pour les contrats passés avec leur personnel, ces *voyageurs*, dont nous avons déjà parlé.

81. D'après *The Quebec Almanach and British America Royal Calendar* (Éditeur J. Wilson), il y en aurait un autre vivant à Vaudreuil, du nom de L.M. Dubrul, dont on a le répertoire aux Archives nationales du Québec à Montréal.

Le mot *commission* évoque la manière dont on devenait notaire à l'époque. Il suffisait pour cela de savoir lire et écrire, d'avoir des notions de droit et d'être recommandé au gouverneur par quelques notables. Suivant la fantaisie de celui-ci, on était notaire ou non. Le cas de Joseph Gabrion est assez caractéristique des coutumes de l'époque pour que nous en évoquions le souvenir. Né en France, Gabrion enseignait à Pointe-Claire, où il fait la connaissance de Thomas Vuatier[82] qui y exerce la fonction de notaire depuis de nombreuses années. Fatigué ou malade, celui-ci écrit au gouverneur Haldimand pour le prier de le laisser vendre son étude à Joseph Gabrion[83]. Pour faire valoir sa demande, voici les arguments qu'emploie Joseph Gabrion. Si nous les citons ici, avec ceux du notaire Vuatier, c'est qu'ils indiquent une situation de fait assez curieuse.

Voici d'abord la requête de Joseph Gabrion:

Joseph Gabrion, originaire de France, exerçant la profession de maître d'école au Bourg de la Pointe-Claire, a l'honneur d'exposer très respectueusement à Votre Excellence que sa profession trop peu lucrative en Canada suffit à peine pour fournir la subsistance d'une famille nombreuse dont il est chargé.

Que possédant quelques faibles talents, et étant connu pour être de bonne vie et mœurs par plusieurs personnes notables de ce pays ainsy qu'il ose se justifier par les écrits cy-joints, il cherche dans la bonté de Votre Excellence des moyens plus faciles pour être à portée d'elever sa famille avec moins de peines. Pour y parvenir il auroit acheté l'office de notaire duquel Thomas Watier, de Soulange, étoit pourvû par commission pour exercer le dit office dans les paroisses de Soulanges, Vaudreuil, Sainte-Anne, Isle Perault et Chateauguay selon l'acte sous seing privé passé entre le suppliant et le dit Thomas Watier en datte du 21e septembre dernier moyennant une petite pension viagère que le dit suppliant s'oblige de payer au dit Watier, ainsy qu'il paroit aussy par l'humble requeste du sr Watier jointe à celle du Suppliant.

---

82. Et non Watier, comme le souligne M. Jean-Jacques Lefebvre dans «Un notaire de 1800» dans *La Revue du Notariat*, vol. 53, p. 348.

83. Dans le chapitre 12 de son *Histoire du Notariat au Canada*, le notaire J.-Edmond Roy apporte des documents fort intéressants à ce sujet.

À sa supplique était annexée la recommandation de trois prêtres, l'abbé Ducharme, l'abbé Jolivet et l'abbé Sartelon. Tous trois présentaient Gabrion comme un honnête homme et un bon catholique. Ce à quoi ajoutait Thomas Vuatier:

> Supplie très respectueusement Thomas Watier par grâce et bienfait de Sa Majesté notaire à Soulanges, Vaudreuil, Ste Anne, Isle Pereau et Chateaugué, et a l'honneur de représenter à Son Excellence qu'à cause de sa caducité et spécialement d'un rhumatisme de tête il désireroit de se procurer un successeur sans néanmoins rien perdre de l'honneur et prérogatives qu'il a plu à Sa Majesté de gratifier le dit suppliant qui a recour à Son Excellence espérant que sa bonté voudra bien accorder ses ordres pour faire recevoir et reconnoitre sous la commission du dit suppliant le sieur Joseph Gabrion maître d'école à la Pointe Claire qui a servi cy devant de claire à plusieurs notaires et même au dit suppliant pour exercer l'office de notaire en son lieu et place dans les dites paroisses sous les offres qu'il fait de payer une rente viagère au dit suppliant qui aussi offre d'assister le dit sieur Gabrion de ses avis et conseilles dans les affaires qu'il pourroit ignorer. C'est la grâce que le dit suppliant espère obtenir de la bonté ordinaire de Son Excellence et offrira ses prières pour la conservation et prospérité de sa personne.
>
> WATIER

Datée de 1779, la demande du notaire Vuatier fut accordée l'année suivante, moment où le gouverneur donna au notaire Gabrion le droit d'instrumenter aux Cèdres, à Soulanges, à Vaudreuil, à l'île Perrot, à Châteauguay et à Sainte-Anne.

On trouve les greffes des deux notaires Deguire et Gabrion aux Archives nationales du Québec à Montréal. Comme on l'y constate, ils travaillaient souvent pour Trestler, grand acheteur et vendeur de terres, prêteur également auquel avaient recours les gens des environs. Et même le seigneur, Alain Chartier de Lotbinière qui, ne dédaignait pas de montrer son amitié à son voisin et prêteur aux fins de mois difficiles, en venant fumer sa pipe et causer des affaires du comté. Peut-être, un jour, se demandèrent-ils ce qu'il fallait faire pour empêcher Ezéchiel Hart — juif élu dans le comté de Trois-Rivières — de siéger à la Chambre. Pris entre ces gens qui ne voulaient pas d'un juif à l'Assemblée législative et sa fonction de gouverneur, sir James Craig trancha la question. Hart n'entra pas à la Chambre finalement, malgré ses mandats successifs car, devant ce qu'il jugeait de la mauvaise volonté, Craig renvoya tous les députés dans leur foyer et Hart renonça à sa carrière politique.

Grâce au répertoire de ces deux notaires, en particulier, il est possible de reconstituer en partie la vie rurale de la fin du dix-huitième et du début du dix-neuvième siècles dans le Bas-Canada, notamment dans la seigneurie de Vaudreuil. En y consignant les disputes, les achats et les ventes de propriétés, les notaires nous permettent de suivre certaines gens à travers leurs peines, leurs achats, leurs ventes, mais aussi leur mauvais caractère, leurs exigences et parfois leur ruine.

**Le marchand**

Dans la seigneurie de Vaudreuil, il y a de nombreux marchands. En 1831, Joseph Bouchette en compte vingt-neuf[84]. Le marchand joue un rôle dans cette société quasi autarcique. Il ne vend pas tout ce que consomme le cultivateur isolé sur sa ferme, car le rural de cette époque est ingénieux et sa femme fait de ses mains à peu près tout ce dont la famille a besoin. Quant à lui, il abat les arbres à la cognée, arrache les souches avec l'aide de ses bœufs. Plus tard, il les fait brûler afin d'en tirer des cendres contenant la potasse qu'il portera chez un marchand des environs ou chez Trestler. Il chasse l'ours qui lui fournit la couverture de voyage pour l'hiver; il fait ses meubles. Certains sont bien frustes mais, au siècle suivant, ils auront presque la valeur d'un meuble venu de France au XVIIIᵉ siècle et gardé précieusement dans certaines familles, comme chez les de Boucherville, dont les descendants possèdent de petits fauteuils ravissants ayant appartenu au marquis de Vaudreuil.

Ses arbres, le cultivateur les fait scier au moulin à scie le plus rapproché ou il en fait du bois de chauffage. Et du moulin à farine — celui du seigneur de Lotbinière, par exemple — il

---

84. Certains sont assez argentés comme J.-B. Lefaivre, co-député du comté, qui se noya dans les rapides de Lachine, en allant déposer sa caisse à Montréal en 1829. Note de Jean-Jacques Lefebvre.

rapporte la farine pour les besoins de la famille qui prennent la forme de pains, de galettes, de crêpes. Il n'abat pas les érables, cependant, qui lui fourniront la sève pour le sirop au printemps; sauf quand, épuisés, ils ne seront plus bons qu'au chauffage.

Nous avons choisi Jean-Joseph Trestler comme marchand-type de la seigneurie, parce qu'il joue rapidement un rôle important dans cette région, qui nous paraît un exemple excellent de la vie rurale dans les environs de Montréal, à l'époque.

Trestler a des débuts modestes; mais bientôt, il centralise le commerce local des fourrures dans cette partie de l'Ottawa et, dans une moindre mesure, du côté des Cèdres, où travaillent les Lacroix. Ainsi, Hubert-Joseph Lacroix (1743-1821) a fait d'importantes affaires aux Cèdres, avec Jean-Joseph Trestler. Est-ce par lui ou par les frères Robertson que celui-ci écoulait les fourrures que lui cédaient les trappeurs de l'Ottawa? À un certain moment, tout au moins, car Lacroix s'y connaissait en pelleteries. S'il habitait Montréal au début du XIXe siècle, il avait été à Michilimakinac[85]. Quant à Hubert-Jacques Lacroix, il semble que Trestler et lui aient été liés par l'amitié et l'intérêt. Ainsi, à l'inhumation de Trestler à Vaudreuil en 1813, il[86] est le seul à signer le registre avec le fils du défunt, Jean-Baptiste-Curtius. Un Lacroix s'alliera plus tard aux Trestler.

Marchand à Montréal, Hubert-Joseph Lacroix a eu une carrière politique. Il a été député d'Effingham de 1792 à 1796, puis de York de 1796 à 1800, où il précéda Trestler d'une dizaine d'années. Il était aussi, en 1807, propriétaire d'une partie de la seigneurie des Mille-Îles. Et à un moment donné, il fut colonel de milice, avec le commandement des divisions de l'île Jésus, de Terrebonne et de Blainville, comme le notent Francis-J. Audet et E.-F. Surveyer.

---

85. On trouve le nom d'un Lacroix dans un des contrats passés avec les Bourgeois, en 1798, devant le notaire Chaboillez. Peut-être s'agit-il de son fils ou d'un parent.

86. Il y a, en effet, une distinction à faire entre Hubert-Joseph Lacroix et Hubert-Jacques Lacroix dans l'entourage de Jean-Joseph Trestler.

Si Trestler est avant tout négociant, il fabrique de la potasse qu'il vend d'abord à ses correspondants de Montréal, comme nous le verrons. Petit à petit, il tient la région bien en main avec les prêts qu'il multiplie. Il traite même d'égal à égal avec le seigneur, qui accepte d'être le parrain de son fils, alors que, lui, agit comme arbitre avec Pierre Foretier, au moment de l'inventaire des biens du seigneur de Lotbinière en 1800, après la mort de sa première femme. Bref, Trestler est devenu un personnage dans cette seigneurie qu'il a parcourue ballot sur l'épaule d'abord, puis à cheval et en voiture.

Peut-être nous reprochera-t-on d'accorder à Jean-Joseph Trestler — marchand — une place trop grande dans notre étude. À notre avis, il est le personnage le plus marquant de la seigneurie, à côté du curé et du seigneur. S'il agit pour le profit dans l'immédiat, on ne peut le blâmer, car il fait bien son métier. Ses contemporains lui ont reproché une certaine dureté. Mais cela est une autre histoire sur laquelle nous reviendrons. Pour l'instant, nous le jugeons sous le seul angle du métier. Travailleur, astucieux, il est marchand et il s'enrichit. Nous ne voulons le voir que sous cet aspect.

Nous aurions pu présenter d'autres marchands de l'époque, comme les Rocheblave, Frobisher, McTavish, Mackenzie et Peter McGill, qui faisaient le commerce des fourrures sur une grande échelle, tandis que Trestler attendait le trappeur, bien installé dans sa maison de Quinchien. En descendant l'Outaouais, celui-ci passait devant son établissement où la pacotille voisinait avec l'alcool, qui attirait des hommes rudes. Le clergé protestait et tonnait contre la vente de l'alcool. Mgr de Laval avait été un des premiers à la condamner comme instrument de troc. Comment le curé Deguire réagissait-il, de son côté? Il ne pouvait approuver son pénitent. Mais cela également est une autre histoire.

### 1. Johann Joshef Tröstler, soldat immigrant et colporteur[87]

Il s'appelait, en effet, Johann Joshef Tröstler et non Trestler, comme on disait à Montréal d'abord, puis à Vau-

---

87. Né en 1757 à Mannheim, il meurt à Quinchien (Vaudreuil) en 1813. L'évolution du nom de Tröstler à Trestler provient surtout du fait que celui-là se prononce à peu près *Treustler* en Allemand, d'où Trestler pour ses clients et ses amis. Lui-même cédera, à un moment donné: il ne signera plus que Jean-Joseph Trestler.

dreuil où il demeura durant sa vie d'adulte. Dans l'armée, simple soldat engagé de la veille, il était connu sous le nom de Tröstler. Car il fut soldat avant d'être colporteur, puis marchand. Il s'était engagé un jour d'enthousiasme, plus ou moins forcé ou convaincu par un sergent recruteur qui l'avait peut-être fait boire avant de signer; ce qui se faisait couramment. Il faisait partie du régiment de Hesse-Hannau[88], dont le colonel avait accepté de combattre dans les Amériques, au cours de la guerre de l'Indépendance. Par la suite, on avait fait venir à Québec ce qui restait du régiment.

Le général Arnold s'était fait battre dans les circonstances que l'on sait et Montgomery était mort sous le cap à Québec. Les troupes américaines s'étaient alors retirées derrière la frontière. Un peu plus tard, on décidait de licencier graduellement le régiment devenu coûteux pour l'Angleterre qui en payait les frais et qui, bientôt, allait devenir le banquier de l'Europe dans sa lutte contre «l'Usurpateur». C'est ainsi que Johann Joshef Tröstler se trouva du jour au lendemain sur le pavé à Québec. On lui avait bien offert une terre lointaine à défricher, mais d'esprit nomade, il ne voulait ni errocher, ni abattre des arbres pour *faire de la terre*, comme on disait autrefois. Le commerce des gens et des choses l'attirait. Il se fit colporteur. On le vit alors sur les routes allant d'une maison à l'autre et offrant sa marchandise qu'il portait sur son dos dans un ballot. Sur place, il le déployait devant le *chaland*: les femmes surtout ayant le goût de ce qu'elles n'avaient pas. Si elles faisaient bien des choses, les vêtements les plus simples, les catalognes, les robes, par exemple, il y avait les aiguilles, le fil, la laine et puis ces indiennes aux couleurs vives, bien tentantes et tant d'autres choses qui rendaient leurs yeux brillants.

Le mari bougonnait sans doute devant la dépense en perspective mais, comme c'est elle qui avait l'argent et décidait, il s'inclinait. Pour lui, une pipe peut être un outil, mais sûrement pas du tabac, car il le faisait pousser lui-même, à côté des légu-

---

88. Le régiment faisait partie d'un contingent connu sous le nom de Brunswick, placé sous le haut commandement du baron et major-général Frédérick-Adolph Von Reidesel, note Yves Quesnel dans un mémoire qu'il a intitulé «*Du Saint-Laurent aux Sources françaises*». Du Fonds Quesnel, aux soins de Mme Anne-Marie Quesnel, à qui, nous le notons ici, nous devons beaucoup.

mes dont sa femme se chargeait et qui apportaient un peu de variété à l'ordinaire. Le colporteur n'avait pas très bonne réputation. En parlant de ceux qui circulaient vers le même moment de l'autre côté de la frontière, Robert Lacour-Gayet a écrit pis que pendre de «ces marchands de la grande route, ces voleurs ambulants»[89].

Trestler était-il ainsi? On peut lui donner le bénéfice du doute. Il a vingt ans ou à peu près, l'âge où l'on n'est pas encore déformé par un métier qui fait passer rapidement à travers la campagne et se prête sinon à mentir et à piper les dés, comme dit Lacour-Gayet, du moins à tirer le maximum de gens qui n'ont aucun autre contact avec l'extérieur. Trestler est jeune, souriant, pas bien mis, ni bien beau, mais intelligent. Il plaît. Bientôt, il a une voiture et un cheval. S'il habite à Montréal, il faut qu'il en sorte, en effet.

Il s'intéresse aux gens, se mêle à eux forcément et, dans ces deux seigneuries de Vaudreuil et de Rigaud qu'il parcourt d'est en ouest, il apprend leurs petites misères, leurs besoins. À sa manière, il les satisfait, tout en apportant des nouvelles qu'avec une meilleure connaissance de la langue, il apprend à transmettre de l'un à l'autre.

Et puis un jour, il troque cheval et voiture contre une maison de bois; il devient *marchand général*, ce qui est une traduction littérale de l'anglais, utilisée par des gens qui ne le parlent pas ou guère. Au *general store* — bazar de type américain — on vend de tout. C'est de là que part la fortune de l'immigrant, qui cesse d'être constamment sur la route, pour attendre le chaland — trappeur ou passant — et pour fabriquer la potasse dont l'Angleterre a un grand besoin. On la prépare sur place avec ces arbres que l'on brûle, tout en recueillant les cendres. Mais cela est une autre histoire qu'on abordera plus loin[90].

---

89. Dans *La vie quotidienne aux États-Unis, à la veille de la guerre de Sécession*, Paris, Hachette, p. 120.

90. Sous Jean Talon, on en faisait déjà en Nouvelle-France, pour le marché de la métropole. Voici comment Thomas Chapais s'exprime à ce sujet:
«On voit que cette fabrication (la potasse) était très utile à l'ancienne France qu'elle affranchissait du tribut payé à l'Espagne pour ses soudes. Elle ne l'était pas moins à la

Portrait de Johann Joshef Tröstler, d'après une miniature faisant partie de la collection Michel Chevalier.

## 2. Trestler, l'homme

Trestler était décidé, sinon entêté, têtu peut-être. Il l'a démontré une première fois en refusant la terre qu'on lui offrait, ce qui aurait été la solution immédiate à son problème de gagne-pain, à la sortie du régiment. Il a préféré parcourir les routes, ballot au dos, colporteur, lui qui baragouinait le français. C'était une première preuve de volonté, de ténacité. On le voit aux prises avec ses premiers clients: le mari, pipe de plâtre au bec, prêt à dire non à tout; avec la femme, comme nous l'avons dit, c'était différent. Tout ce qui brille n'est pas or, mais le ballot contient des choses bien tentantes pour elle qui, avec son mari, a fait à peu près tout ce qui les entoure. Et ce qu'ils n'ont pas fait eux-mêmes, ils l'ont eu chez l'artisan du village: ce bahut, ce meuble d'angle, cette table et ces chaises, ce lit à poteaux ou ce banc-lit, au-dessous duquel se trouve un tiroir fourre-tout, ce métier[91] avec lequel on a tissé ceintures fléchées, tissus de laine, et ces tapis de *catalogne*, ces couvre-pieds ou ces courtepointes, dont certains sont bien jolis. Il y a aussi le ber[92], dans lequel ont couché les enfants et, à côté du foyer, de l'âtre comme on dit à l'époque, petit à petit se sont accumulés les instruments dont le musée de Vaudreuil et certains auteurs[93] nous conservent le souvenir. Cela, c'est le

nouvelle, car elle mettait les colons, les gens de peine, à même de réaliser un gain très appréciable soit en coupant, soit en brûlant les bois. Elle encourageait les habitants à défricher incessamment leurs terres, parce qu'elles leur fournissaient le moyen de payer aussitôt leurs dépenses. En effet, on évaluait à quarante francs le coût du défrichement d'un arpent de terre. Or, chaque arpent d'abatis rendait de vingt à vingt-quatre barriques de cendres qui, remises au magasin établi sur le bord du fleuve pour en faciliter le transport, étaient payées à raison de trente sous ou deux francs la barique, ce qui compensait et au-delà la dépense du défrichement.» (Thomas Chapais, *Jean Talon, intendant de la Nouvelle-France*, Québec, Imprimerie S.-A. Demers, 1904, p. 40.)

91. Mais peut-être pour le métier, nous avançons-nous un peu, car il s'agit d'un appareil demandant une certaine habileté, une certaine connaissance technique que ne donnent que l'habitude et la technique.

92. Berz, note *Robert* qui fait remonter le mot à la fin du XVIIe siècle. Certains sont montés sur des *berces* ou des patins, pièces de bois placées sous le ber et qui lui donnent la mobilité du berceau. D'autres sont munis d'un embryon de toit qui protège le bébé contre le courant d'air, comme celui qu'on trouve au Musée d'art de Saint-Laurent, près de Montréal. Certains sont en bois blanc; d'autres sont teintés; d'autres sculptés naïvement.

93. Cf. en particulier, *Les meubles anciens du Canada français*, par Jean Palardy ou l'*Encyclopédie des antiquités du Québec*, par Michel Lessard et Huguette Marquis.

nécessaire. Or, ce qui est devant la fermière, c'est le superflu que la curiosité seule ne satisfait pas.

Trestler à ce moment-là est d'esprit entreprenant et plein d'allant. Plus tard, il évoluera — de tenace il deviendra têtu quand, par exemple, sa fille Catherine voudra épouser son commis. Alors, il protestera avec vigueur, comme l'indique son opposition écrite au mariage: document que lui fait signer son notaire[94].

Tenace, entêté, Trestler se montrera à nouveau, dans ses relations avec sa seconde fille à qui il reproche également son mariage. Dans son testament, s'il comble son fils Curtius, il laissera cinq chelins à chacune de ses filles. Furieuse, Catherine, mariée, poursuivra son père. Celui-ci se contentera de faire remettre la cause presque *ad infinitum* jusqu'au moment où il réglera. Buté souvent dans sa carrière, mais aussi intelligent il démontrera que le petit commerce peut être florissant quand il est conçu par un esprit ouvert sur la réalité. Il n'entrera pas en lutte contre les *Bourgeoys du Nord-Ouest* non plus que contre les associés qui formeront la Compagnie XY et qui vont chercher loin, très loin vers l'Ouest, ce qu'on lui offre à sa porte. Aussi ne sera-t-il pas du Beaver Club[95], qui réunit les «barons de la fourrure», ceux qui ont fait le voyage de l'Ouest.

Il est audacieux, comme il le montrera plus tard dans son projet de commerce à Montréal. Courageux aussi quand il votera en Chambre pour l'élection de Jean-Antoine Panet à la présidence, malgré ses amis anglais.

Il est dur, paraît-il, dans son métier de prêteur. Dans cette seigneurie de Vaudreuil qu'il connaît comme sa poche, chacun

---

94. Fonds Yves Quesnel.

95. Le *Beaver Club* a été fondé en 1785 à Montréal. Pour en faire partie, il fallait avoir «hiverné au pays des trappeurs». La devise de ses membres était «Courage dans l'adversité». À Montréal, ils se réunissaient régulièrement. Seuls pouvaient assister aux réunions ceux qui en faisaient partie officiellement, après avoir fait le voyage de l'Ouest. C'est au Beaver Club que l'on trouvait la riche bourgeoisie de Montréal: première génération d'une coterie qui, plus tard, habitera la partie de Montréal connue sous le nom de «The Golden Square Mile». C'est celle qui tiendra solidement la banque, les transports et le grand commerce durant le XIXe siècle et, plus tard, au XXe. Mais alors, elle aura émigré au Mount Royal Club et, dans une moindre mesure, au St. James Club.

lui doit quelque chose — à partir du seigneur qui, à certains moments, vit au-dessus de ses moyens, jusqu'à Charles Vallée qui lui cède son troupeau en paiement de sa dette: veaux, vaches, cochons en échange des espèces sonnantes et trébuchantes avancées par Trestler, mais que Vallée ne peut remettre autrement qu'en nature.

Si Trestler était dur parfois pour ses débiteurs, il n'était pas trousseur de jupes ou de cotillons, comme certains autres. Dans la seigneurie de Vaudreuil et de Rigaud, on ne lui attribue aucun enfant illégitime, comme on le fait dans d'autres seigneuries, où le seigneur a la réputation d'exercer l'ancien droit de cuissage un peu trop facilement.

Dans la région, il jouit d'un prestige certain. Ainsi en 1808, on l'élit dans York — comté très vaste.

Trestler est-il instruit? A-t-il la curiosité intellectuelle dont d'autres font montre à l'époque? Pendant longtemps, non! Car à Mannheim[96], d'où il vient, on ne s'occupe guère des petites gens. Il signe son nom, il sait lire et, surtout, compter. Il se complaît dans ses affaires, de petites affaires assurément, mais qui, en s'accumulant, feront de lui plus qu'un négociant à l'aise. Or, presque tout ce qu'il sait, il l'apprend à l'école de la vie auprès de ces gens également frustes qu'il fréquente, mais au-dessus desquels il s'élève rapidement, lui et les siens.

\*

---

96. Le bourg de Mannheim (sur la rive droite du Rhin, en Bade-Wurtemberg), mène une vie effacée jusqu'au début du XVIIe siècle. Voici comment on le décrit: «Jusqu'alors, Heidelberg est la cité dominante. L'évolution des techniques militaires fait rechercher un site de plaine, propice pour la défense. Mannheim va être la place forte de l'Union protestante dans les pays du haut Rhin. Mais, en 1716, elle n'a encore que 3 360 habitants. Pourtant, en 1720, elle est choisie par l'Électeur du Palatinat Charles-Philippe (1716-1742) comme résidence princière. Celui-ci transforme complètement la ville, y construisant de très nombreux monuments. La forteresse est démolie et cède la place à un grand château de style baroque. Mannheim devient la *Barockstadt*, titre qu'elle a gardé. La ville haute, ou *Oberstadt*, groupée autour du château, a un caractère plus monumental que la ville basse, ou *Understadt*, à l'aspect petit-bourgeois prédominant. La fonction princière entraîne le développement de la vie de cour et donc de la fonction culturelle. Mais, lorsque l'Electeur marque sa préférence pour Munich, un déclin provisoire atteint la cité. En 1819, Mannheim ne compte guère plus de 20,000 habitants», cf. *Larousse Universel*.

On a prétendu que Trestler était antisémite, raciste, dirait-on aujourd'hui, parce que, avec ses amis, il vota contre l'entrée à la Chambre d'Ezéchiel Hart, dont le père était arrivé dans le Bas-Canada de nombreuses années plus tôt avec les armées anglaises. Par son travail et son intelligence, il était devenu riche et très influent dans la région de Trois-Rivières. Son fils Ezéchiel avait été élu député mais, parce que Juif, on lui refusait l'entrée de la Chambre, malgré deux élections consécutives qui lui avaient été favorables. Trestler n'était pas le seul à agir ainsi puisque la majorité fut longue à changer d'avis. Avant de juger, il ne faudrait pas oublier que, dans la métropole à la même époque, on refusait d'accueillir à la Chambre des communes les papistes irlandais. On en était encore à une époque où les droits de l'homme étaient trop souvent réduits à leur plus simple expression.

Dans la Chambre coloniale, on ne voulait pas de Juifs. Ce n'est qu'après une troisième élection qu'on en acceptera l'idée, imposée d'ailleurs par le gouverneur Craig, qui ne veut voir en Hart, avec raison, qu'un député élu[97]. À ce moment-là, Hart lui-même renoncera à son siège. On est tenté de se voiler la face. Mais il ne faut pas oublier que, plus tard dans notre pays, au Sénat, dans les grandes banques et aussi dans les établissements financiers importants, on refusera longtemps aux Juifs l'accès aux conseils d'administration. On ne les accueillera qu'en très petit nombre, avant la deuxième partie du XXᵉ siècle. Et pendant ce temps à Londres, si la reine Victoria avait accepté d'être conseillée par son ministre Disraeli, c'est simplement après des années de fidèles services et, surtout, après la mort du prince Albert qui ne l'aimait pas.

Autre critique de Trestler: il était *serré, radin*, dur en affaires. Mais ne doit-on pas accorder quelque crédit au témoi-

---

97. Après un débat prolongé, la majorité avait voté l'expulsion, Trestler appuyant la résolution.
Dans son *Cours d'histoire du Canada* (vol. 2, p. 196), Thomas Chapais écrit: «Sir James Craig estimait que, sur ce point encore, la Chambre outrepassait ses droits. Et sous l'empire de ce double grief, il cédait aux impulsions de son tempérament autoritaire; il s'était résolu à faire un petit coup d'État sous forme de prorogation *ab irato*.» Ce dont il ne pouvait se douter, c'est que les électeurs lui renverraient à peu près les mêmes députés.

gnage qu'un journaliste lui rend ainsi au moment de sa mort[98]: «... il fut époux fidèle, ami sincère, tendre, cœur généreux, marchand très honnête, charitable envers les pauvres dont il leur a donné bien des fois des marques.» Il venait de mourir, il est vrai. Or, si ce n'est pas l'usage de dire du mal de celui qui est décédé, pourquoi cet homme qui était bien près de ses sous et qui tenait à être remboursé par ses emprunteurs, n'aurait-il pas eu ses pauvres, ses *quêteux*, comme on disait, à propos de ces êtres en guenilles qui parcouraient les campagnes allant d'une maison à l'autre: sorte d'abonnés venant à date à peu près fixe et à qui on donnait, en pensant, selon l'Église: «qui donne aux pauvres, prête à Dieu»?

Pourquoi, en terminant cette présentation du personnage, ne dirait-on pas de lui ce qu'un contemporain a écrit: «S'il était dur, il était aussi généreux»? Moments de faiblesse chez lui? Peut-être, mais pas nécessairement. Il faut souligner, cependant, que le souvenir qu'il a laissé auprès de certains était bien détestable. Mais à quel prêteur accorde-t-on la réputation d'être généreux? En nous exprimant ainsi, nous ne le défendons pas, nous essayons de le comprendre.

### 3. Trestler, petit commerçant

Colporteur, Trestler laisse bientôt derrière lui ballots, voiture, cheval quand, en 1786, il achète une maison à Vaudreuil[99], au-dessus du rapide de Quinchien — ce qui deviendra Dorion. Le bâtiment est modeste; il s'agit d'une maison mesurant trente pieds par trente, faite «de pièces sur pièces», comme on dit à l'époque. Le vendeur se garde la jouissance de la moitié des lieux jusqu'en 1788. L'installation est simple. Elle comprend une de ces constructions dont on a gardé la tradition: billes équarries grossièrement à la hache et reposant l'une sur l'autre, avec du mortier qui les consolide et empêche l'air de circuler librement à travers quand arrivent l'automne et surtout l'hiver avec ses chutes terribles de température. À côté de la maison, il y a un poulailler, une soue à cochons, un four et quelques autres bâtiments.

---

98. Cité dans *Les Traces du passé*, numéro 49.

99. Contrat passé devant le notaire Joseph Gabrion, Acte numéro 4067.

Les vendeurs, Augustin Brisebois et sa femme, donnent quittance finale le 30 juin dans un document dont le greffe de Me Gabrion[100], notaire royal nous a gardé la trace[1]. L'acte se termine par la mention suivante: «... (lesquels) ayant déclaré ne savoir signer, ont fait les marques ordinaires après lecture faite». Il ne s'agit pas de l'acheteur, mais des vendeurs. Si nous en faisons mention ici, c'est pour indiquer comment les analphabètes procédaient à l'époque:

«Augustin Brisebois: sa marque, X
Marguerite Brisebois: sa marque, X»

Pour que la vente fût valide, mari et femme devaient signer en conformité de l'usage imposé par la communauté de biens. Lorsque le mari n'en tenait pas compte, il s'exposait à des ennuis sérieux, comme le constatera Trestler plus tard quand sa fille mineure, Catherine, lui intentera un procès par le truchement de son mari. La même mésaventure arrivera à Pierre Foretier, dont les exécuteurs auront à subir un procès qui durera vingt ans[2].

*

Trestler connaît la région. Aussi, rapidement ses affaires vont-elles bien. Il a compris que, s'il y met le prix, ou tout au moins s'il n'exagère pas ses exigences, les trappeurs, venus du haut de l'Outaouais, s'arrêteront tout simplement chez lui pour échanger leurs fourrures contre ce dont ils ont besoin. Leur parcours les conduit devant sa maison avant le saut du

---

100. L'inventaire dressé par le notaire Desève le 18 février 1794, après la mort de Marguerite Noël, décrit ainsi la propriété: «Maison de pièces sur pièces, lambrissée en planches peinturées, en bon état, de trente pieds en quarrées». Il énumère aussi le reste de l'établissement:
«Un hangar de pièces sur pièces d'environ vingt-six pieds sur quinze dont la couverture est vieille;
«Une boulangerie Idem de 20 pieds sur 18 en bon état;
«Une écurie Idem environ 18 à 20 pieds carrés en bon état;
«Un bâtiment à potasse de 65 pieds sur 26, dont treize pieds en pierre. Le reste en bois exigeant des réparations».

1. Greffe Gabrion, numéro 4332, Archives nationales du Québec à Montréal.

2. Procès qui sera intenté par Denis-Benjamin Viger et son épouse, Marie-Aimable Foretier.

rapide qui les mène vers le lac Saint-Louis et La Chine, point de départ et d'arrivée du grand commerce des fourrures. C'est l'époque où les Bourgeoys de la Compagnie du Nord-Ouest et ceux de la Compagnie XY en sont les maîtres, face aux Gentlemen Adventurers of the Hudson Bay, qui vivent en paix relative avec les Français installés à l'est des baies d'Hudson et de James.

Trestler a remarqué qu'après le lac des Deux-Montagnes, les eaux de l'Outaouais se divisent en deux courants qui contournent l'île Perrot, l'un passant à Sainte-Anne et l'autre à Quinchien[3]. Ce dernier étant plus accessible les *voyageurs* l'empruntaient tout naturellement; ils arrêtaient donc chez ce marchand pour y échanger leurs pelleteries. Par contre, les *voyageurs*[4] des grandes compagnies passaient du côté nord de l'île Perrot, par Sainte-Anne, en allant vers l'ouest chercher les fourrures par la voie de l'Outaouais, de la rivière des Français et des Grands-Lacs, jusqu'aux immenses plaines de la Saskatchewan.

S'arrêtaient également chez Trestler les trappeurs isolés qui descendaient l'Outaouais au printemps ou durant le reste de l'année et qui, au lieu d'aller jusqu'à La Chine, trouvaient à Quinchien un marchand accueillant qui achète leurs peaux en échange de ce dont ils ont besoin, souvent, sinon toujours, par le truchement du troc. Trestler leur vend-il aussi de l'eau-de-vie? L'inventaire de 1794, dressé après la mort de sa première femme, est précis sur la nature des marchandises qui font l'objet du commerce de Trestler. Or, on y trouve du vin et du rhum.

---

3. D'après une vieille carte, avant de devenir Dorion, un quartier de Quinchien se serait aussi appelé Mannheim, sans doute sous l'influence de Jean-Joseph Trestler, qui aurait voulu ainsi rappeler sa ville d'origine, note M. Jean-Marie Léger. Une ancienne carte du ministère de l'Intérieur le mentionne.

4. Le comté de Vaudreuil est un important centre de recrutement pour la Compagnie du Nord-Ouest et pour la Compagnie XY, à une époque où les jeunes ont encore le goût des courses lointaines et des pays nouveaux. Même si le travail est fatigant, il est très attirant pour ces hommes durs à la tâche et qui aiment l'eau courante, note Robert Rumilly, qui a très bien décrit leur vie dans *La Compagnie du Nord-Ouest*, 2 vol., paru chez Fides, en 1980. De son côté, Léo-Paul Desrosiers a raconté leurs joies et leurs misères dans *Les Engagés du Grand Portage*, Collection du Nénuphar, chez Fides. Quant à Rodrigue Masson, il a longuement exposé leur aventure dans son ouvrage *Les Bourgeois du Nord-Ouest*, dans ses volumes parus en 1889-1890, chez Augustin Côté.

Comme sont précieux ces relevés que font les notaires de l'époque, quand le *de cujus* n'a pas qu'un seul héritier! Ils les dressent à la mort de gens qui ne se sont pas méfiés de la communauté de biens: institution de la Coutume de Paris et qui accorde à chacun des conjoints la moitié des biens. Ce en quoi on reconnaît l'effort de la femme à côté de son seigneur et maître, au cours de leur vie. La Common Law des Britanniques, au contraire, accorde toute liberté à l'homme de disposer de ses biens.

*

Dans l'ensemble, Trestler profite abondamment de son négoce. Si, à ce moment-là il doit une forte somme aux frères Robertson de Montréal, au point de faire croire que ce sont ses bailleurs de fonds, il les remboursera rapidement. Dans le second inventaire, celui de 1814 fait après sa mort, l'on trouve trace de nombreux débiteurs, mais on constate qu'il s'est débarrassé de sa lourde dette envers les frères Robertson[5], ceux-là mêmes dont plus tard Joseph Masson deviendra l'associé. C'est donc entre 1795 et 1813 que la fortune de Trestler s'édifia.

La maison de bois et le terrain cédés par Augustin Brisebois avaient été la première étape. La seconde fut la grande maison que Trestler construisit en trois phases sur le bord de l'Outaouais[6] et qui, résistant jusqu'à nos jours, malgré la dureté des temps et la négligence de certains de ses propriétaires, est devenue le domaine de la fondation Trestler. Jamais Johann Joshef Tröstler n'aurait pu croire qu'un jour son domaine serait un centre culturel. Commerçant très près de ses sous, aurait-il pu penser qu'on y viendrait faire des recherches sur ses affaires et sur son temps? Et surtout qu'on donnerait des concerts dans sa maison restaurée? Il n'aurait pu l'imaginer car ce qu'il avait voulu et ce qu'il avait réalisé, il l'avait fait en pensant à ses affaires et sûrement pas à la musique. Et

---

5. 60,587 livres, selon l'inventaire de 1794 fait par le notaire Jean-Baptiste Desève, le 18 février.

6. Sur le lot numéro 347.

cependant vers la même époque, il y avait à Mannheim[7], sa ville natale, un orchestre devenu fameux avec les années, à cause de ses exécutants et de ces compositeurs qui ont exercé une influence profonde sur l'évolution de la musique en Allemagne et en Europe. Mais pour lui, le temps n'était pas encore venu de s'occuper de musique, même s'il en eût eu le goût. Ce sera sans doute sa seconde femme et ses filles qui l'y inciteront, ce qui explique la présence d'un piano dans l'inventaire de 1814.

## 4. Trestler, commerçant habile et audacieux

Trestler songeait sans doute à autre chose qu'à un petit commerce local et bien limité. C'est avec sa nouvelle maison qu'il réalisera ses projets. Il la construira sur ce lot qu'il a acheté et qui se trouve à côté de ce que l'on appellera longtemps la commune ou le pré communal, suivant une coutume venue de très loin derrière. À Quinchien, il s'agissait d'un grand terrain enclos, appartenant au seigneur où les cultivateurs des environs faisaient paître leurs troupeaux. Chose curieuse, il semble que le droit de propriété se soit bien emmêlé par la suite au point qu'un voisin a pu se porter acquéreur du terrain, malgré certaines oppositions.

Dès 1798, Trestler décide d'avoir une maison de pierre qu'il commence avec des moyens limités et qu'il terminera en 1805 et en 1806, chaque section étant marquée d'une pensée pieuse et d'une pierre qui rappelle l'événement.

Ce qui indique, outre une date, un sentiment religieux assez curieux chez ce négociant pour qui comptent d'abord les

---

7. Mannheim a joué un rôle important dans l'histoire de la musique au XVIII<sup>e</sup> siècle en raison de l'orchestre du duc Charles-Théodore et des musiciens qui travaillèrent pour lui; ce sont eux que l'on désigne couramment sous le nom d'*école de Mannheim*. Voici ce qu'en dit Larousse: «... Il nous est difficile, aujourd'hui, de déterminer si c'est le style instrumental des musiciens venus de Bohème qui influença les compositeurs ou si, au contraire, c'est l'écriture de ceux-ci qui influença le style d'interprétation de l'orchestre. Il est certain que l'école de Mannheim fut le creuset de l'esthétique symphonique nouvelle. À Mannheim, le quatuor des cordes, où dominent les premiers violons, devient prépondérant, cependant que les vents se voient attribuer un rôle de timbres et de pédales. Les paliers dynamiques de la polyphonie (*Terrassendynamik*) sont remplacés par les oppositions violentes entre *ff* et *pp*, ainsi que le *crescendo* ou le *diminuendo* expressifs» (Extrait du *Grand Dictionnaire Encyclopédique Larousse*.)

affaires qu'il mène avec succès aussi bien à Quinchien qu'aux Cèdres, où il traitait avec Hubert-Jacques Lacroix et avec d'autres commerçants, comme ce Charey dont la maison a résisté au temps. Il y a là un autre établissement où trappeurs et gens venus d'en haut s'arrêtent, après avoir traversé le lac Saint-François, pour troquer leurs pelleteries contre des marchandises[8]. Ainsi, les commerçants ne laissent rien passer des échanges possibles. Il ne reste à Trestler qu'à organiser l'expédition de ces produits qu'il amasse autour de lui: fourrures, mais aussi céréales que l'on produit dans la région et qui, en excédent des besoins, doivent être vendues à l'extérieur de la seigneurie[9]. Si les modes de transport ne sont pas rapides, ils existent. Dans cette seigneurie de Vaudreuil, il y a la route principale, rompue par l'Outaouais, mais qu'on rétablit d'abord par le transport en bac entre Quinchien et Sainte-Anne. On contourne ainsi l'île Perrot, tant que le gouvernement n'aura pas tracé de routes carrossables permettant de passer à travers l'Ile et qu'on n'aura pas à Sainte-Anne et, à ce qui deviendra Dorion, les bacs transbordeurs nécessaires. Plus tard, en effet, la route traversant l'île Perrot n'exigera que deux transbordements par traversier ou *ferry boat*, comme on dira longtemps en France. Plus tard, encore, les ponts du chemin de fer, puis ceux de la voirie provinciale établiront le contact sans rupture[10].

*

Trestler ne limite pas son négoce aux fourrures ou aux produits de la terre. Il y a la potasse ou *perlasse*[11], comme on

---

8. Il ne pouvait pas non plus se douter qu'un jour, au XXᵉ siècle, le gouvernement de la province de Québec, successeur de la colonie du Bas-Canada, accueillerait sous son toit le premier ministre de France, venu au Québec rendre visite à ces gens tenaces qui redressaient la tête et parlaient — ô horreur! — d'indépendance.

9. Il ne laissait rien passer, comme nous le verrons plus loin; un jour, il sera fournisseur des troupes britanniques.

10. Les problèmes de transport sont à peu près semblables à ceux que présente la campagne française, la Touraine, par exemple, au début du siècle, après l'effroyable bouleversement qu'a entraîné la révolution: la voie d'eau suppléant à la voie de terre.

11. Assez curieusement, cependant, Joseph Bouchette fait une distinction entre la *potasse* et la *perlasse*. *Perlasse* venant, semble-t-il, de *pearl ash*, selon le chimiste René Samson.

dit, dont l'Angleterre a un grand besoin. Malgré des prix fluc-
tuant comme une cote en folie, en période de crise, Trestler
s'organise. Ainsi, à la fin du siècle, son établissement comprend une fabrique mesurant soixante-cinq pieds par vingt-six,
un entrepôt de vingt-six pieds par quinze et une étable de vingt
pieds par dix-huit. Dans la fabrique se trouve une machinerie
très simple, mais relativement efficace pour l'époque: cuves et
chaudières dans lesquelles on sépare la potasse des cendres par
un procédé très simple.

Il serait intéressant de voir exactement comment on
extrayait le produit qui, mis en barils, était ensuite expédié en
Angleterre par Montréal ou par Québec, selon les moments et
les départs. Nous n'avons rien de précis sur le procédé employé
par Trestler à Quinchien, sauf que le produit obtenu, qu'on
l'appelle *perlasse, potasse* ou *vidasse*, était extrait des cendres
d'arbres ou de souches brûlées sur place, et transportées dans
le grand bâtiment de bois situé à côté de sa première maison par
les soins de Trestler lui-même. Nous savons, cependant, que
l'extraction se faisait sous la direction d'un maître-potassier,
dont Trestler avait retenu les services pour une période de cinq
ans à partir de novembre 1791, avec l'entente que le travail
véritable ne devait commencer qu'en avril.

Nous connaissons les conditions d'emploi de ce maître-
potassier par un contrat passé devant le notaire Joseph
Gabrion[12] et dont voici les points principaux:

a)  Hugh Fraser, maître-potassier habitant Vaudreuil, s'en-
    gageait pour cinq ans à partir du 15 avril 1792 à produire
    de la potasse pour le compte de Jean-Joseph Trestler.

b)  Avec l'entente que celui-ci «fournirait les bâtiments,
    fourneaux, chaudières avec le matériel nécessaire et tou-
    tes autres matières indispensables à la fabrication des
    dites potasses à pied d'œuvre à la main». Fraser, de son
    côté, s'engageait à avoir un homme pour l'aider dans son
    travail.

c)  Trestler convenait de loger et nourrir ce personnel et à
    payer «trente schelings, anciens cours de la province, par
    tonneau de potasse que Fraser lui livrait».

_____

12. Acte numéro 4741, Fonds Yves Quesnel.

d)   Par contre, si Trestler ne pouvait fournir les cendres[13] voulues, Hugh Fraser serait libéré de son engagement et pourrait aller travailler où bon lui semblerait sans dédommagement aucun. Hugh Fraser convenait aussi de ne travailler pour personne d'autre pendant la durée du contrat[14].

Sous le régime anglais, comme sous l'occupation française, la production de la potasse était très répandue dans le Bas-Canada. Plus tard, Joseph Masson en exportera directement en Angleterre; sa seigneurie de Terrebonne lui permettant de centraliser la production des environs qui venait s'ajouter à celle de sa propre fabrique.

Si on ne connaît pas le mode de procéder de Trestler et de son maître-potassier, on a le témoignage de l'abbé Edmond Langevin-Lacroix qui nous éclaire un peu sur la manière dont ailleurs on produisait la potasse. Dans son livre[15], l'abbé parle des cultivateurs ayant leur propre production et la transportant à Montréal à une époque où le voyage de la région de Sainte-Adèle à Montréal prenait deux à trois jours. Voici comment il a résumé l'opération suivant le témoignage des *anciens* de l'endroit:

> La *perlasse*, on le sait, est un produit de la cendre de bois. On la met d'abord dans de grandes cuves et on l'arrose abondamment. La partie soluble descend avec l'eau dans des auges qui la conduisent aux chaudières disposées pour la recevoir. C'est la lessive que l'on fera bouillir dans des chaudrons jusqu'à ce que l'eau soit complètement évaporée. Il faut pour cela huit à quinze jours d'un feu régulier. Le sel qui reste, c'est la perlasse. On le met en tonneaux pour l'expédier à Montréal, à petite vitesse, c'est le cas de le dire. Le voyage aller et retour prenait trois ou quatre jours. Trois tonneaux faisaient un bon voyage qui rapportait de quarante à cinquante piastres. Une famille pouvait faire trois ou quatre de ces voyages par année.

---

13. Dans l'inventaire de 1794, le notaire note l'existence de cinq mille minots de cendres dans la fabrique; ce qui indique que Trestler prenait au sérieux l'engagement qu'il avait de fournir le matériau nécessaire.

14. À un moment donné, les choses se gâteront entre le patron et son maître-potassier. Il y a, en effet, dans l'inventaire de 1794, une note du notaire Desève à l'effet qu'un procès est engagé entre Trestler et Hugh Fraser en «Cour d'appelle».

15. *Histoire de la paroisse de Sainte-Adèle*, s. éd., 1927.

Il y avait des *perlasseries* à différents endroits un peu comme nous voyons aujourd'hui les fromageries ou les beurreries dans les rangs de nos paroisses. Celle de la montagne du Sauvage avait trois cuves. M. Auguste Labrie en avait établi une au village, à peu près à l'endroit où se trouve la vieille école.

*

Trestler allait-il jusqu'à exporter le produit lui-même[16]? Il est probable que, marchand régional, il n'était pas organisé, au début tout au moins, pour l'expédier dans la Métropole; ce qui aurait demandé à la fois une organisation commerciale au port d'expédition et des ressources financières qu'il n'avait pas, tout au moins au début de sa carrière. Il est probable qu'il passait par l'entremise des frères Robertson de Montréal qui, au début tout au moins, lui apportaient l'appui financier dont il avait besoin. Étaient-ils même ses bailleurs de fonds? On serait tenté de le croire par l'inventaire de 1794.

Il faudrait savoir également comment il procédait pour la vente des fourrures dont il faisait un commerce assez considérable. Un indice de l'importance de ses affaires nous est fourni par la dimension de cette pièce voûtée, où sont encore les crochets auxquels les peaux étaient suspendues, dans la deuxième section de la maison de pierre de Quinchien.

*

---

16. Une note apparaissant dans l'inventaire de 1794 pourrait faire croire que Trestler expédiait lui-même ses barils de potasse à Londres à ce moment-là. Voici, en effet, ce que mentionne le notaire Desève:

| | |
|---|---|
| «63 quarts potasse envoyés à Londres, pesant | 216 livres; |
| 21/12 | 4,665 livres; |
| 24 Ditto | 888 livres.» |

Ce qui indique, à la fois l'importance des expéditions et leur valeur. Un doute subsiste cependant. Si l'expédition est vraiment faite en décembre, elle ne peut gagner que Montréal, en attendant que le fleuve soit libre. L'exportation était-elle faite par les frères Robertson, par Hubert-Joseph Lacroix ou par Trestler lui-même? L'inventaire ne le dit pas. Nous tendons plutôt à la première solution car, au début tout au moins, Trestler n'a pas les moyens matériels d'emmagasiner à Montréal, puis d'expédier en Angleterre, le printemps venu. Débiteur des frères Robertson, il subissait certaines contraintes.

La fortune de notre personnage se bâtit vraiment pendant cette période où il passe, pour son établissement, de l'âge du bois à celui de la pierre, pourrait-on dire[17]. C'est par l'inventaire que le notaire Joseph Papineau a fait après sa mort, en 1814[18], qu'on peut juger l'étendue de ses ressources. S'il a encore les dettes ordinaires du marchand, il n'a plus le lourd fardeau que font peser sur ses épaules les avances des frères Robertson. Ils sont deux, l'un habitant Montréal et l'autre, l'Angleterre. À Montréal, Hugh Robertson achète sur place et expédie; en Écosse, John approvisionne la maison et vend les produits exportés de Montréal. Plus tard, les frères Robertson feront leur associé de Joseph Masson, qui mettra de l'ordre dans leurs affaires et, après quelques années, deviendra le seul propriétaire de leur entreprise, avant d'être victime du typhus, en 1847.

Trestler ne se contente pas d'être le commerçant de Quinchien qui reçoit le chaland avec le sourire. À son magasin, il a des commis, dont deux épouseront ses filles, pour son plus grand dam, il est vrai.

Il est intéressant de voir quelles ententes il faisait avec son personnel. En voici une, par exemple, signée par Joseph Brodenoti-Mayer, «écrivain résidant à Vaudreuil», note le notaire Gabrion[19]. Mayer s'engageait pendant un an «à travailler tous les jours au service de Jean-Joseph Trestler en qualité de commis et de teneur de comptes et faire tous autres tra-

---

17. Au moment du premier inventaire, en 1794, Trestler est lourdement chargé de dettes. S'il a des biens-fonds évalués à 8,700 livres, des marchandises et des effets de commerce s'élevant à 32,214 livres, il a des dettes «actives» de 48,000 livres et «passives» de 68,041 livres, d'après le notaire Desève. On pourrait le considérer en faillite au sens comptable actuel, s'il n'y avait l'homme lui-même, avec son habileté, son énergie, son sens des affaires, qui détonne dans le milieu où il vit, mais qui fait sa force. Il inspire confiance et on a raison de croire en lui.

Une note du notaire Desève indique que l'inventaire de 1794, pour les marchandises et les bâtiments, est fait par James Robertson de Montréal et par Joseph L'Ecuyer, marchand de Vaudreuil. Si l'un a intérêt à fixer le juste prix à Montréal, l'autre peut rétablir l'équilibre en tenant compte du coût, une fois les marchandises rendues sur place. C'est l'application de l'arbitrage dans toute sa valeur.

18. À partir du 3 janvier 1814. Le document est volumineux. Il compte 130 pages.

19. Acte numéro 4742. Presque toutes ces ententes se faisaient par acte notarié. Comme on le verra plus loin, Trestler est un important usager de papier timbré.

vaux concernant la dite qualité — sans pouvoir travailler pour aucun autre marchand (même à ses heures de loisirs), sous peine de perdre ses gages». Il devait être sur place de huit heures du matin jusqu'à cinq heures du soir en hiver. Et du printemps jusqu'à l'automne, «depuis sept heures du matin jusqu'à sept heures du soir». De son côté, Trestler convenait de fournir «son dîner pour chaque jour à la table ordinaire et à lui payer la somme de soixante schellings (anciens cours)».

*

Fraser, Mayer et Trestler ont donc signé un contrat qui les lie pour la fabrication de la potasse, et, dans le cas de Mayer, pour la tenue des livres. Trestler signe encore Johann Joshef Tröstler à ce moment-là; ce qui indique qu'il n'avait pas encore accepté le nom qu'on lui prêtait dans la seigneurie de Vaudreuil[20].

*

Deux autres contrats méritent qu'on s'y arrête. Celui que Trestler signe pour trois ans avec Jean Bruno et un autre avec la mère de François Lefebvre âgé de huit ans. Le premier est daté du six janvier 1798. Passé devant le notaire Louis Chaboillez, il précise les droits et devoirs du commis. Plus curieux, le second fait l'objet d'une minute du notaire Joseph Gabrion du 17 juin 1797. Il a trait à François Lefebvre que «sa mère Angélique Bourdon, femme de Charles Lefebvre, demeurant à Soulanges», confie à Jean-Joseph Trestler parce qu'elle est «hors d'état de soutenir ses enfants». Trestler s'engage à traiter le bambin «doucement et humainement» comme il convient, «à le faire instruire de la religion catholique et lui procurer l'avantage de faire sa première communion...» Au petit *engagé*, il donnera «un habillement propre de pied en cap, avec l'assortiment en linge suivant son état et condition». À son départ,

---

20. Comme nous l'avons noté précédemment, la corruption du nom provient sans doute de la prononciation des trois lettres *öst* en Allemand, qui se rapproche de *est*. Au fur et à mesure que les années passaient, Trestler aurait accepté de *canadianiser* son nom; ce qui facilitait ses relations avec la clientèle et les gens du cru.

l'enfant pourra apporter toute chose «qui lui aurait été fournie auparavant pour son entretien». Il s'engage de son côté, «jusqu'à ce qu'il ait atteint sa majorité en qualité de serviteur».

Avec le consentement de sa mère, l'enfant convient «de servir fidèlement ledit sieur, son maître, à travailler à son service selon ses forces et capacités, à lui obéir et à exécuter fidèlement et diligemment tout ce qui lui sera commandé de licite et d'honnête... et généralement faire tout ce qu'un bon et fidèle engagé et serviteur est obligé de faire pour les biens et avantages de son maître».

Pourquoi Trestler s'intéresse-t-il à un enfant de cet âge? Pour rendre service à une mère de famille nombreuse sans doute, mais aussi parce qu'il se sent bien seul. Sa première femme, Marguerite Noël, est morte en 1793. Et en 1794, deux de ses filles sont décédées: il lui en reste deux en bas âge. La même année, il s'est remarié, mais il n'a personne pour l'aider dans les petites besognes de son commerce. En 1797, il a bien eu un fils. Michel-Joseph, mais celui-ci n'est encore qu'un nourrisson. Et que de choses il y a à faire dans ce magasin où le *chaland* arrive quand on ne l'attend pas. Il ne faut pas l'accueillir à la fourche ou comme un intrus. Trestler a un commis qui tient ses comptes et d'autres qui l'aident dans son travail, mais François Lefebvre fera d'abord les petits travaux qui demandent du temps. On le formera petit à petit même si, à cause de son âge, on ne peut pas lui confier de lourdes tâches. Il faut lui apprendre à compter, à lire et à écrire. Et puis, Trestler s'est engagé à lui faire donner une instruction religieuse et, plus tard, à lui faire faire sa première communion. Il est vrai qu'à l'époque, on la fait vers l'âge de douze ans. Ce n'est qu'au vingtième siècle qu'un pape plus éclairé demandera que la première communion ait lieu beaucoup plus tôt.

François Lefebvre donnera donc un coup de main. Il fera les courses, la livraison dans les environs immédiats; il aidera aussi sa patronne, Marie-Anne Curtius. Et puis, il accompagnera les bêtes aux champs ou à la commune, en face. Car, si Trestler est commerçant, il reste très près de la terre, comme l'indique l'inventaire de 1814: ses cinq bœufs et ses chevaux en témoignent.

*

Dans ces contrats de travail, il y a un aspect caractéristique de l'époque: le patron ne pouvait voir à tout. Il retenait les services d'un personnel, le logeait, le nourrissait à cause de l'éloignement des lieux. Par ailleurs, le maître-potassier, lui, n'était lié que dans la mesure où on lui fournissait la matière première, c'est-à-dire les cendres, le matériel et les matières nécessaires à l'extraction du produit.

Les Trestler se sont engagés à préparer François Lefebvre à sa première communion. L'instruction religieuse, c'est le premier curé de Vaudreuil, M. Deguire, qui la lui donnera, aidé sans doute, plus tard, par son fils, devenu son vicaire et par Madame Trestler. Il lui enseignera le catéchisme comme aux autres enfants du village, tout comme, attristé, il avait chanté le service des enfants Trestler, qui étaient morts en bas âge.

*

Le curé lui-même, Jean-Baptiste Deguire, était un personnage intéressant, comme nous l'avons vu. C'est dans son presbytère qu'il accueillait les enfants du voisinage, assisté plus tard par son fils, devenu à son tour vicaire de la paroisse de Vaudreuil. Le curé, son fils et, plus tard, Frédéric Curtius, instituteur à Vaudreuil, formeront, tout à tour, les enfants venus de tous les coins de la paroisse, qui, au début, s'étendait jusqu'à Rigaud. Avec le concours d'une bonne sœur[21] ou de quelque aimable femme de bonne volonté, on les préparait à la première communion, événement important dans la vie d'un enfant, à cette époque. Pour la confirmation par l'évêque, il fallut attendre que le gouvernement anglais autorisât l'existence d'un coadjuteur, malgré l'opposition du clergé anglican, déchaîné. Le premier fut Mgr Denaut, curé de Longueuil et le second, Mgr Lartigue, à qui il fallut bien des années pour s'imposer aux Sulpiciens de Montréal et pour être reconnu par le milieu de Londres[22].

_____

21. C'est à Vaudreuil, en effet, que se regroupèrent les fondatrices de l'Institut des Soeurs de Sainte-Anne, qui fut reconnu en 1850, grâce au curé J.-L. Archambault. (Cf. Chanoine Jeannotte, *op. cit.*)

22. Une note très curieuse de l'abbé Auclair à propos de la paroisse des Cèdres, nous renseigne sur la manière dont on procédait à l'époque. «Quatre ans se

Trestler, commerçant, est rapidement devenu un négociant assez fortuné, un fabricant de potasse, un fournisseur de
l'État et, aussi, un prêteur sur gages. Car tout ce monde qui
l'entoure lui doit quelque chose, y compris le seigneur. Rapidement, des liens d'amitié se nouent entre Alain Chartier de Lotbinière et son voisin, Jean-Joseph Trestler. Lotbinière accepte,
par exemple, d'être le parrain de son fils Michel-Joseph, né en
1797 et qui, huit ans plus tard, se noiera dans les eaux traîtresses de l'Outaouais. Si la seigneurie de Vaudreuil et celle de
Rigaud appartiennent encore à M. de Lotbinière, les fins de
mois ne sont pas toujours faciles. Il s'adresse alors à son ami
Trestler qui a toujours quelque fond de tiroir disponible.

Trestler achète ou reprend les terres données en garantie
de ses prêts. Et, d'année en année, il devient un propriétaire
foncier d'une certaine importance. Oh! pas au point de certains de ses contemporains, comme Pierre Berthelet, Pierre
Foretier ou Denis-Benjamin Viger, il est vrai. Comme eux,
Trestler achète et paie. Pas nécessairement au comptant, mais
suivant ses disponibilités; tandis que ses débiteurs, liés à des
terres de rendement variable, ont beaucoup de difficulté à faire
face à leurs échéances, surtout dans les années de disette
comme 1781 où, selon le chanoine Jeannotte, la fabrique est
venue en aide aux ouailles nécessiteuses.

*

Les prêts se font à des taux variables, mais à des conditions précises. Et si on ne peut rembourser, Trestler saisit. Parfois, il hésite à mettre son emprunteur «dans le chemin», soit
qu'il ne sache que faire des animaux ou de la terre qui restera en
jachère, soit qu'il ait pitié. Il y a, par exemple, le cas de Charles
Vallée dont nous avons dit un mot déjà, mais qui nous paraît
être un exemple à citer pour illustrer notre propos. Pour s'acquitter de sa dette, Vallée cède tout son troupeau[23]. Comme

---

passèrent, sans qu'aucun événement saillant ne vînt interrompre la vie normale de la
paroisse, jusqu'à la visite pastorale de juin 1822. Le 13 de ce mois, Mgr Lartigue, évêque de Telmesse et auxiliaire de Québec pour la région de Montréal, était en visite aux
Cèdres. Il y confirma 353 enfants et donna de sages avis aux paroissiens» (Abbé
Élie-J. Auclair, *op. cit.*, p. 122).

23.  Qui consiste en une paire de boeufs, trois vaches à lait, un cheval, un pou-
lain, deux brebis, un agneau, une génisse. Or, la dette n'était que 281 livres, anciens
cours.

Trestler n'a pas le loisir d'en tirer grand-chose lui-même, il préfère laisser à son débiteur le soin de s'occuper de la ferme, pour un an tout au moins. C'est ainsi que Charles Vallée devient son fermier pendant le temps où il pourra économier suffisamment pour rembourser sa dette, comme il est indiqué dans l'acte[24].

L'histoire ne dit pas ce qu'il advint de l'emprunteur et de ce que le prêteur fit par la suite. Mais le cas nous paraît digne d'être noté soit comme une opération avantageuse, soit comme un geste de pitié intéressé, selon l'angle où l'on se place.

Trestler avait la réputation d'être âpre au gain. L'était-il vraiment ou était-ce un de ces ragots qui courent dans la campagne, où l'on exagère facilement le vice comme la vertu? Ce qu'on sait, c'est que beaucoup de gens le détestaient parce que, pour l'exemple, il avait dû sévir maintes fois. Malgré cela, il était devenu l'ami de son curé. Au nom de la charité, celui-ci intervenait parfois, tout en faisant attention de ne pas blesser un paroissien dur à la besogne, dont la fortune s'arrondissait chaque année, il est vrai, mais dont les malheurs familiaux attiraient aussi sa commisération. Et puis, il y a cet éloge *post mortem* dont nous avons parlé, qu'il ne faudrait pas oublier.

Assez rapidement, Trestler s'enrichit par ses affaires, ses achats de terrains et ses prêts[25]. Quand on ne le paie pas, il saisit la terre ou la maison qui garantit l'avance[26]. Il achète aussi

---

24. Acte numéro 4456, Greffe du notaire Joseph Gabrion, 31 mars 1789, A.N.Q.M.

25. Le notaire Augustin Dumouchelle a laissé une liste assez impressionnante des opérations traitées par Trestler du premier avril 1811 au 21 janvier 1813. On trouve l'original du document à son greffe déposé au Palais de justice de Saint-Jérôme. Le lecteur curieux y constatera des prêts variant de trois cent soixante-quatre livres à deux mille deux cent trois. Ce qui, en tenant compte du nombre, représente des affaires actives dans ce domaine. Comme beaucoup d'autres documents utilisés dans notre étude, la nomenclature provient du Fonds Yves Quesnel.

26. Voici quelques exemples de saisies pratiquées pour le compte de Trestler. Extraits de *La Gazette de Québec* à diverses dates: ils nous ont été aimablement communiqués par M. Raymond Denault:

«Propriété d'Augustin Roy et de Marie Josette Laviolette, le 6 mars 1800 (numéro 1819, numéro de bobine N-32);

La propriété abandonnée par Elen Lee, d'Argenteuil, et confiée au curateur John George Degen, le 28 mars 1811 (numéro 2401, numéro de bobine N-35);

beaucoup: aux Cèdres, par exemple, il a une autre propriété qu'habite son associé Jacques-Hubert Lacroix. Celui-ci procède comme il le fait lui-même, c'est-à-dire qu'il accueille les trappeurs du haut Saint-Laurent qui, après avoir traversé le lac Saint-François, viennent chez lui troquer leurs pelleteries contre des marchandises; ce qui leur évite de *sauter* le rapide très violent de Soulanges. Aux Cèdres, en effet, Lacroix a un magasin général et des comptes ouverts aux trappeurs (Indiens ou Blancs) et aux gens des environs.

*

À un certain moment de sa vie, Trestler a une maison de pierre et quelques bâtiments à Québec. À Beauharnois, il possède une île de trente arpents avec deux maisons. À Montréal, il veut ouvrir un grand établissement commercial. En 1813, un an après la guerre qui a failli amener les Américains une seconde fois à Montréal, il y commence la construction d'un immeuble mesurant quatre-vingt quatre pieds sur trente-six, qui doit lui servir d'entrepôt et de magasin. Devant l'expansion de ses affaires, il songe sans doute à se lancer dans un commerce d'export-import, comme ses amis Robertson, maintenant qu'il a les mains libres. Et puis, un peu partout, il lui reste quelques-unes de ces terres, qu'il a achetées ou saisies par l'entremise d'un des nombreux notaires qu'il utilise dans le cours ordinaire de ses affaires. Il a aussi, dans la baie de Vaudreuil, au large de l'île Perrot, une grande île que le notaire appelle «l'île à Gueules» dans un de ses actes et que, par la suite, on connaîtra sous le nom d'île Trestler. Périodiquement, on y coupera du bois, comme l'indique la mention qui se trouve dans un autre contrat, extrait du greffe du notaire Joseph

---

Propriété de Jean-Baptiste Lecuier, le 12 septembre 1811 (numéro 2425, numéro de bobine N-36);

Propriété de Nicholas Kinsler, de Rigaud, le 3 juin 1813 (numéro 2519, numéro de bobine N-36).»

Cela nous permet également d'affirmer que quand le débiteur ne payait pas, Jean-Joseph Trestler saisissait tout simplement les biens servant de garantie; ce qui est la procédure ordinaire du prêteur, quand l'emprunteur ne satisfait pas aux exigences du prêt. Si nous citons ces cas, c'est pour illustrer un fait, sans tirer de conclusion sur l'âpreté ou la dureté du prêteur. Source: Archives publiques du Canada.

Papineau. L'île et les îlots qui l'entourent auront longtemps une valeur commerciale à peu près nulle. Si, un siècle plus tard, des maisons secondaires seront construites sur certains des îlots, la grande restera inutilisée parce qu'elle est trop loin de la côte, trop basse pour être à l'abri des crues du printemps et parce qu'elle est infestée de moustiques. En 1814, elle faisait partie de la succession de Jean-Joseph Trestler. Au point que le notaire Papineau la mentionne dans les biens du *de cujus* tout en ignorant les autres.

Dans l'inventaire de 1814, le notaire énumère les marchandises qui se trouvent dans l'établissement de Vaudreuil ou dans celui des Cèdres[27]. Sans entrer dans les détails, en voici une mention rapide qui n'a d'intérêt que parce qu'elle en indique la variété: tissus, mercerie, vêtements, outils, poêles, porcelaine, argenterie, faïences, cristaux, nappes et linges de table, cadres, miroirs, chandeliers d'argent, cages d'oiseaux, violons et cordes, papier, parapluies, fer blanc et aliments: café, épices, alcool, vins, vinaigre et cidre. Et dans la voûte, des peaux de chevreuil, de castor, de rat musqué, de mouton, de boeuf, suspendues aux crochets de la section médiane. Et puis, il y a la caisse qui contient des pièces de monnaie de tous genres, comme on en trouve en circulation à une époque où le pays n'a pas encore opté pour le dollar, mais le fera malgré les protestations de la métropole britannique qui craignait que le Canada ne se rangeât du côté des États-Unis.

Il y a aussi les comptes à recevoir exprimés en livres et *chelins* et dont les exécuteurs testamentaires assureront la rentrée. Car Jean-Joseph Trestler, à sa mort en 1813, ne laisse derrière lui que des enfants en bas âge (Jean-Baptiste Curtius n'a pas seize ans et il est l'aîné). Par ailleurs, il n'est pas question que ses gendres, auxquels il s'est tant opposé, prennent sa succession. Son ami Lacroix le pourrait peut-être mais le testament et la coutume imposée par la communauté de biens ne le permettent guère.

\*

27. Le notaire y mentionne, par exemple, cinquante-trois pièces de drap, indice d'un stock assez abondant pour un magasin de campagne dans une région, somme toute, relativement peu peuplée.

Par ce qui précède, on peut juger l'étendue de la fortune que laisse derrière lui l'ancien soldat-colporteur, outre des meubles, des effets, des créances et surtout — chose qui est presque une énigme — des livres, un piano à queue, de la musique en feuilles et de l'argenterie que le notaire énumère complaisamment. Leur présence était sans doute due à l'influence de Marie-Anne Curtius, élevée dans l'atmosphère créée par son père, une fois qu'il fût devenu instituteur. Elle n'était pas la grande dame qu'était sa voisine, Madame de Lotbinière, et que sera, un peu plus tard, Madame Joseph Masson, seigneuresse de Terrebonne. Elle ne laissa pas dans la région le même souvenir que cette dernière, avec sa dignité, son équipage, son cocher volumineux, sa domesticité, son manoir et ses manières rigides, victoriennes, dira-t-on, tant l'influence de la reine d'Angleterre est forte sur la bourgeoisie canadienne, à cette époque. Par ailleurs, l'inventaire évoque un climat auquel on ne s'attendrait pas dans l'entourage de l'ex-colporteur.

Une miniature nous laisse le souvenir d'un être gros et un peu rustaud, mais dont l'intelligence et l'astuce expliquent l'aisance. Oh! ce qu'il laissait, ce n'était pas la fortune foncière de Denis-Benjamin Viger, que celui-ci tenait partiellement de sa famille et qui lui permit d'avoir une carrière politique de premier plan. Trestler n'avait pas non plus la réputation d'un *baron* de la fourrure, comme George Simpson, ou Roderick Mackenzie, Benjamin-Joseph Frobisher, Simon Fraser ou Simon McTavish[28]. Il ne jouissait pas de la considération qu'on montrait à un Hugh Allan, armateur et constructeur de

---

28. À la fin du dix-huitième siècle, Simon McTavish était à Montréal l'un des *barons* de la fourrure les plus influents et les plus riches. Longtemps, il avait été l'âme dirigeante de la Compagnie du Nord-Ouest. Il avait une vaste propriété qui englobait la rue McTavish actuelle et qui escaladait le flanc de la montagne. C'est là qu'il commença à faire construire une vaste maison dont on a gardé le souvenir. Dans son esprit, elle devait être le *château* McTavish à cause de ses dimensions et de la qualité de son architecture. Comme dans le cas de l'établissement de Jean-Joseph Trestler à Montréal, la mort l'empêcha de terminer ses travaux. Pendant longtemps, il n'est resté sur le flanc de la montagne que des ruines et un monument rappelant le souvenir de l'homme qui avait mené la rude bataille contre les Gentlemen Adventurers of the Hudson Bay. Écossais, comme plusieurs autres, il avait épousé une Canadienne française, Marguerite Chaboilley. Il mourut en 1804, à l'âge de cinquante-quatre ans, usé prématurément, comme Trestler par cette vie très rude qu'il avait menée au cours de sa carrière. Cf. Edgar Andrew Collard, *Montreal Yesterdays*, Toronto Longman's 1962, p. 26.

chemins de fer, avant que certaine mésaventure politique n'ait terni son nom. Il n'avait pas non plus les initiatives spectaculaires des Molson, à la fois brasseurs et, plus tard, armateurs et banquiers. Avec lui, on est loin aussi de Joseph Masson, qui devait être un peu plus tard vice-président de la Banque de Montréal et un homme d'affaires dont l'opinion comptait parmi ces gens rudes, habitués à l'effort, mais capables d'apprécier celui qui avait réussi, tout en établissant le lien avec un milieu qu'ils comprenaient mal.

Trestler n'avait pas été du Beaver Club non plus puisqu'il n'avait pas fait le voyage de l'Ouest. Mais comme tous les autres, il avait mis la main à la pâte et, comme eux, il avait agi et fait agir les autres à son plus grand avantage. Sa mort prématurée l'avait empêché de franchir d'autres étapes et d'atteindre sans doute un niveau plus élevé dans cette société où l'effort intelligent et soutenu comptait d'abord: le profit n'étant taxé par aucun gouvernement goulu, à une époque où le travail manuel était bien mal rémunéré et bien mal protégé contre les abus. À ce moment du capitalisme triomphant, le résultat récompensait l'effort individuel sans aucune de ces contraintes que le siècle suivant connaîtra, avec des mesures correspondant à l'excessive liberté antérieure.

\*

Les affaires de Jean-Joseph Trestler et celles de Joseph Masson sont un autre exemple de ce qu'auraient pu être des entreprises créées et développées par un homme, mais qui, après sa mort, ont cessé d'exister ou sont sorties de la famille parce que leur fondateur n'avait pas pu préparer un successeur. Individus agissant isolément, ils avaient tenu le coup jusqu'au moment où, terrassés par le typhus, le choléra ou le cancer, ils avaient dû s'incliner devant le sort qui les desservait après que la vie les eût si bien servis jusque-là. Un des fils de Joseph Masson devint député, puis ministre, puis lieutenant-gouverneur de la province; les autres ne firent pas grand-chose parce qu'on ne les avait pas préparés ou parce qu'ils n'avaient pas voulu travailler. Trestler, lui, refusa de reconnaître ses gendres qu'il ne jugeait pas d'un niveau assez élevé pour ses affaires. Quel malheur qu'il n'ait pas su les former! Son fils Curtius devint médecin, puis vaguement professeur à ce qui tenait lieu d'université. Il s'orienta vers ce qui lui plaisait, mais à la mort de son père, l'entreprise disparut. C'est, hélas! l'histoire de bien des affaires au Canada français.

Avec Curtius Trestler, comme avec Rodrigue Masson, on franchit un autre échelon de la bourgeoisie naissante, mais l'entreprise créée par leur père au prix d'un grand effort, d'une grande persévérance et d'une intelligence soutenue, disparaît ou passe à d'autres, tandis que les Molson et certains autres assurent, pendant ce temps, la pérennité de l'initiative familiale.

Tandis que les Allan, les Molson, les Morgan et, longtemps plus tard, les Birks gardaient leurs entreprises, la plupart des familles francophones se contentaient de franchir l'étape qui sépare le peuple de la bourgeoisie. Elles y jouèrent un rôle plus ou moins important selon les générations, comme le feront Curtius Trestler et, plus tard, les Dorion et les Geoffrion, mais les fonctions honorables qu'ils ont remplies étaient, somme toute, dans ce domaine que les économistes appelleront plus tard le secteur tertiaire, c'est-à-dire celui des services. On y est médiocre ou l'on y brille, mais l'on ne crée rien dans un pays qui, pour jouer un rôle dans un monde nouveau, exige des entrepreneurs, dans le sens qu'on donnait à ce mot au XIXe siècle.

Cela, nous l'avons noté déjà; nous y revenons en tournant cette dernière page sur Trestler, homme d'affaires.

### 5- L'homme et sa famille

En 1793, Johan Joshef Tröstler est encore colporteur; il habite Montréal, entre ces courses qui le font parcourir le Bas-Canada et, en particulier, les deux seigneuries de Vaudreuil et de Rigaud. Il a connu à Québec une jeune fille, orpheline de père, mais qu'élève sa mère, née Marguerite *Portugaise* dit Silva, notent le curé dans le certificat de mariage et le notaire dans le contrat auquel les fiancés apposent leur signature. Elle s'appelle Marguerite Noël, mais parfois on la nomme aussi Charlan dans des textes où curé et notaire font preuve d'une certaine fantaisie. Elle est la fille de Jean-Baptiste Noël, dont le souvenir reste très vivant dans la famille. Marguerite est bien jeune pour fonder un foyer. Elle n'a que seize ans[29]. Qu'à cela ne tienne, sa mère et son tuteur donneront les autorisations nécessaires. Le mariage ne fait pas exception à la règle[30]. Il est fréquent, en effet, que de très jeunes couples s'unissent ainsi, non forcés nécessairement — même si la chose se produit parfois, malgré la très stricte surveillance qui existe dans la famille et malgré le curé de la paroisse, qui n'aime pas que l'on «mange le blé en herbe», comme devait l'écrire longtemps plus tard un écrivain français de grand renom qui, lui, n'y voyait pas une habitude condamnable. Marguerite et Jean-Joseph s'épousent donc «le plus tôt possible que faire ce pourra et qu'il sera avisé et délibéré entre eux, leurs parents et amis». Le contrat de mariage précise ceci qui aura par la suite une grande importance: «Les futurs époux seront communs en tout bien, meubles et conquets, immeubles qu'ils feront pendant leur mariage, suivant la disposition de la coutume de ce pays; selon laquelle les conventions apposées en leur contrat de mariage seront réglées et à laquelle ils se sont soumis, dérogeant ou renonçant pour cet effet à toutes autres coutumes. Ne seront néanmoins tenus, ajoute le texte, des dettes l'un de l'autre, faites et créées avant leur mariage et si aucunes se trouvent, elles seront payées et acquittées par et sur les biens de celui ou celle qui les aura faites et créées, sans que ceux de l'autre en soient aucunement tenus». Ce paragraphe du contrat de mariage interviendra par la suite dans les relations entre Trestler et sa fille Catherine. Mais cela est également une autre histoire.

Si nous mentionnons cet extrait du contrat de mariage, tiré du greffe du notaire François Leguay, en 1785, c'est qu'il est un exemple de la rédaction de l'époque; c'est aussi qu'il sera au point de départ d'une longue chicane familiale à laquelle prendront part le bourricot qu'était devenu Trestler avec les années, sa fille et son gendre.

---

29. Selon le contrat de mariage du 20 novembre 1785.

30. En 1866, le Code civil ne prévoit-il pas ceci, à l'article 115: «L'homme avant quatorze ans révolus, la femme douze ans révolus, ne peuvent contracter mariage»? Or, le Code ne crée pas; il précise un état de choses ou une disposition existants. C'est ce que fera valoir Augustin-Norbert Morin quand, à titre de commissaire, il aura à le défendre auprès des autorités religieuses.

Trestler garantit également à sa femme un douaire de deux mille livres, qu'il n'a pas, mais auquel il consent volontiers avec cette inconscience devant l'argent qu'a le fiancé, avant que la vie lui ait donné la leçon qui s'impose.

*

Le mariage a lieu à la fin de 1785. Les jeunes époux demeurent à Montréal jusqu'à l'année suivante, moment où, pour se rapprocher de ses affaires, Trestler achète une maison à Vaudreuil. L'histoire ne dit pas comment réagit la jeune femme qui, dès l'année suivante, est enceinte. On peut l'imaginer: elle est seule avec un mari qui l'aime, il est vrai, mais ils sont loin de tout, même si, près de la maison, il y a le manoir où habite le seigneur, dont la femme a pitié de cette petite. Elle lui donne quelques conseils, comme le font les femmes entre elles. Il y a bien aussi une sage-femme dans les environs. L'accouchement aura lieu chez les Trestler, dans une pièce isolée. Heureusement, pendant la grossesse, son mari est à ses côtés.

Et puis, pour distraire l'accouchée, il y a ces voyageurs que dépose tout près le bac de Saint-Anne ou ces trappeurs qui, avec leurs canots, assurent un va-et-vient qui empêche de s'inquiéter de l'enfant.

En prévision de l'événement, on a acheté ou on a fait un ber; de Montréal sont venus des layettes, des tricots faits par la future maman ou par sa mère ou ses voisines. Viennent aussi de Montréal les autres objets qui précèdent l'arrivée de l'enfant.

Marguerite et Jean-Joseph Trestler sont sans doute un peu désappointés de constater que le bébé est une fille, car ils espéraient un garçon qui continuerait le nom.

Le curé Deguire baptise le nouveau-né sous le nom de Marie-Marguerite, quand on pourra le transporter à l'église de Vaudreuil, emmailloté et emmitouflé. Sur son front, il déposera le sel et les saintes huiles qui le feront grimacer. On l'appellera Marie pour rappeler la mère du Christ et Marguerite pour évoquer le nom de la maman, qui vient de donner naissance à son premier enfant. En 1788, deuxième naissance à Vaudreuil toujours, dans la maison de bois, avec les mêmes allées et venues de la sage-femme et des trappeurs, avec qui l'on échange des pelleteries contre des marchandises dont on a la liste dans un premier inventaire que dresse le notaire à la mort de Marguerite Noël, en 1793. Car si celle-ci donne naissance à une quatrième fille nommée Catherine-Josephte en 1792, elle meurt l'année suivante, à la grande désolation de son mari, qui reste seul avec ses filles, bien isolé dans cette maison où le kérosène voisine avec les aliments et les peaux de bêtes. Marguerite Noël meurt à l'âge de vingt-deux ans, alors que, vigoureux, plein d'allant et de projets, Johann Joshef en a trente-six: l'âge où, pour agir, il ne faut pas avoir un fil à la patte, qui empêche les voyages à l'extérieur et tient forcément près de ses affaires et de ses enfants.

La guigne s'acharne sur Trestler. Il a fait enterrer sa femme le 25 octobre 1793, à la suite de la maladie subite qui l'a emportée. Dans le registre de Saint-Michel de Vaudreuil, on lit, en effet, à côté de son nom, la mention: «décédée avanthier (23 octobre), âgée de vingt-deux ans, munie seulement de l'Extrême-Onction, une mort subite l'ayant privée des autres». Crise cardiaque, fièvre puerpérale, épidémie qui court dans la colonie? Le document ne le dit pas. Le 26 février, Trestler perd sa deuxième fille Marie-Josephte, décédée à l'âge de cinq ans et huit mois; le 5 mars, c'est au tour de Marie-Marguerite, née le 20 mai 1787 et morte le 3 mars 1794, emportée, elle par une maladie de l'enfance sans doute, contre laquelle on ne peut pas grand-chose.

À l'âge de trente-six ans, le père reste avec Magdeleine, sa troisième fille, née en 1789 et la quatrième, Catherine-Josephte, venue au monde en 1792. Il y a aussi ce petit Lefebvre, qu'il s'est engagé à élever dans la religion catholique et à lui faire faire sa première communion. C'est une charge bien lourde. Il l'allégera en retenant les services de commis pour son magasin et sa fabrique de potasse, mais surtout il se remariera. Il épousera une jeune femme, Marie-Anne Josephte Curtius, âgée de vingt-trois ans, à l'époque presque une vieille fille puisqu'elle aurait coiffé Sainte-Catherine deux ans plus tard. Elle a habité la vallée du Richelieu, où son père Charles-Frédéric Curtius, d'origine allemande, avait lui aussi un magasin général. Né à Mayence, le père était venu dans le Bas-Canada en 1760. Comme son futur gendre, il avait ouvert un magasin où il vendait un peu de tout, mais sans faire la traite des fourrures; puis il était devenu instituteur.

La vallée du Richelieu était relativement peuplée pour l'époque. Entre Saint-Jean et Sorel, il y avait d'assez nombreux cultivateurs qui, eux aussi, avaient des besoins que le marchand satisfaisait à sa manière. Une des plus développées des environs de Montréal, la vallée du Richelieu a été de tous temps l'une des plus prospères. Au milieu de la région coule cette bien jolie rivière, qui a été le lieu de passage des Indiens et des troupes anglaises sous le régime précédent. Avec la paix, les habitants avaient acquis une prospérité que soulignent les très jolies maisons de pierre du XVIII$^e$ siècle, dont un grand nombre ont résisté au temps.

Et puis, un jour, Curtius (polyvalent, comme on l'était à une époque où toutes les audaces étaient permises) était devenu instituteur à Vaudreuil et à Montréal. C'est à ce moment-là que Trestler devint amoureux de sa fille et qu'il lui demanda de l'épouser.

Marie-Anne Curtius crée dans la maison de Trestler une atmosphère différente. C'est peu de temps après son mariage que son mari commence la construction de la maison de pierre bien placée pour ses affaires et plus agréable à habiter que l'autre. C'est là qu'un peu plus tard, à côté des peaux suspendues au plafond de la voûte et des marchandises qui font l'objet du commerce de son mari, il y aura des livres, un piano, de la musique en feuilles, des violons: toutes choses que révèle l'inventaire de 1814 et qui évoquent le souvenir d'une époque plus évoluée que la précédente.

*

Du second mariage, célébré en février 1794 à Notre-Dame de Montréal, datent la fortune de Trestler et l'accession à un autre échelon de l'échelle sociale.

Un peu plus de deux ans après son mariage, Marie-Anne accouche d'un fils, Michel-Joseph, dont le parrain et la marraine sont le seigneur de Vaudreuil, Alain de Lotbinière et sa femme, Louise Chassegros de Léry. Si le père est ravi, son voisin lui doit bien cette faveur, lui qui a souvent recours à son ami Trestler.

Alain Chartier de Lotbinière est un personnage intéressant, nous l'avons vu. S'il vit parfois un peu au-dessus de ses moyens, il est très mêlé au monde politique comme député, président de l'Assemblée, puis membre du Conseil législatif; et il est seigneur de Lotbinière, Vaudreuil et Rigaud. À l'église, il a droit au banc d'oeuvre et, chaque automne, ses censitaires viennent lui payer le cens et les autres droits que lui reconnaît le régime seigneurial institué par Jean Talon, mais que l'on fera disparaître plus tard en invoquant avec raison qu'il est devenu plus une gêne qu'une aide dans la Colonie.

Le 28 juillet 1798, a lieu un autre baptême à Saint-Michel de Vaudreuil: un second fils vient de naître chez les Trestler. Celui-là, on l'appellera Jean-Baptiste Curtius[31]: le premier prénom étant là pour évoquer le patron du Canada, avant d'être celui des Canadiens français. Le second rappelle la famille de la mère. Cette fois, le parrain est Messire Jean-Baptiste Deguire, curé de la paroisse et ami du père, et la marraine, Marie-Rose, autre amie de la famille, épouse de Louis Lefaivre.

Et puis, les années passent.

*

Au mois de février 1811, est baptisé un garçon que le vicaire Cornelier nommera Jean-Joseph-Amable, à la demande de son père qui a maintenant cinquante-trois ans. Souffre-t-il déjà de ce mal qui l'emportera? Nous ne savons pas. Notons simplement le prénom du nouvel enfant qui mourra célibataire beaucoup plus tard, après avoir vécu une vie sans histoire. Il sera inhumé à Vaudreuil dans cette église de Saint-Michel où l'on a accueilli jusqu'ici la plupart des Trest-

---

31. Cette habitude d'utiliser trois prénoms, aussi bien pour les garçons que pour les filles, vient soit des familles nombreuses, dont il faut distinguer les enfants entre eux, soit d'une coutume anglaise de même origine. C'est au siècle suivant qu'on débarrassera garçons et filles d'un triple prénom bien lourd à porter. On les mentionnera dans l'acte du baptême, mais on ne les imposera plus dans la vie courante, à de rares exceptions près.

ler, nés et décédés les uns après les autres. Il disparut sans bruit à l'âge de quarante-cinq ans et onze mois à Montréal, en laissant le souvenir d'un brave homme: autre exemple d'une vie qui aurait pu être féconde, mais qui fut neutre ou guère utile: il fut fonctionnaire. Mais ne sommes-nous pas dur ou injuste en le jugeant ainsi?

Seul de cette génération, Curtius devait contribuer à jeter un certain éclat sur la famille en gravissant un échelon dans l'échelle sociale d'une société en devenir. Et Henri-Daniel? Le pauvre petit s'était noyé dans les eaux traîtresses de l'Outaouais. En un jour de septembre (le 8), il avait coulé à fond dans les eaux dangereuses de Quinchien près de là où, tout comme au siècle suivant, en revenant de son travail, un citoyen de Dorion trouva étendus sur la berge, les corps de sa femme, de ses deux enfants et d'une nièce qui s'étaient risqués dans les eaux rapides à cet endroit, dont on ne se méfie pas suffisamment quand on n'en connaît pas le danger.

*

Comment Marie-Anne Curtius et Jean-Joseph Trestler ont-ils élevé tout ce petit monde dont ils avaient la charge? Trestler était assez argenté, mais il avait trop de fers au feu pour songer à s'en occuper; il aurait pu retenir les services d'une institutrice privée, vivant à demeure dans la grande maison de pierre, mais il jugeait la dépense trop forte sans doute. Oh! il aurait pu la loger, comme il le faisait pour ses commis: source de dépenses, mais indispensables dans son commerce. À Vaudreuil, il y avait bien eu des écoles plus ou moins éphémères, mais l'enseignement était surtout donné aux garçons, croyons-nous, par le beau-père Curtius et par ce nouveau vicaire qui, un jour, vint à la rescousse de son père, le curé Deguire, devenu prêtre à la suite du décès de sa femme.

Le curé n'était pas trop heureux de l'enseignement embryonnaire que l'on donnait dans la paroisse. Il lui arrivait de grogner au moment du prône et de reprocher à ses ouailles leur manque d'intérêt à la formation intellectuelle donnée aux enfants. Qui visait-il ainsi? Tous ces gens de la paroisse qui ne voulaient pas payer les taxes et dont les enfants aidaient aux champs ou le soir allaient chercher les bêtes pour les amener à la traite. En politique, ils étaient contre les *taxeux*, et les députés n'auraient jamais osé imposer une politique qui risquât de les mettre en mauvaise posture au moment du renouvellement de leur mandat. Le plus grand nombre de ces ruraux avaient été privés d'instruction jusque-là et, en toute simplicité, la plupart n'en comprenaient pas la nécessité[32]. Ils ne voulaient guère payer pour avoir un instituteur qui, en formant leurs enfants, leur apprendrait à mieux cultiver la terre et à tirer le maximum du milieu. Ils travaillaient le sol; ils semaient et récoltaient, mais, de moins en moins, comme partout où on se laisse gagner par la routine. Cela leur suffisait et il leur paraissait qu'un même sort devait attendre leurs enfants. Ils n'étaient pas prêts à faire les sacrifices matériels voulus; ils ne le seront jamais d'ailleurs[33], sauf quand le parlement le leur imposera. Longtemps, leur participation sera infime avec les résultats que l'on sait.

C'est le curé Archambault, successeur de l'abbé Deguire qui, le 9 juin 1822, avait encore adressé ce reproche aux parents[34]. Et cependant, d'après *l'Almanach de Québec*, il y avait eu à Vaudreuil une école qui, à un moment, accueillait soixante-seize élèves «pour la lecture et quatre-vingt-six pour l'écriture»[35]. Mais dans quelles conditions!

---

32. Assez curieusement à la même époque, en France, la réaction du paysan était la même au début du XIX$^e$ siècle. Voici, par exemple, ce qu'a écrit Michel Laurencin dans *La Vie quotidienne en Touraine au temps de Balzac* (Paris, Hachette, p. 129): «En 1808, un seul marié sur les trois mariages de l'année à Saché peut signer l'acte; il est agriculteur et a vingt-trois ans. En 1823, seul un tisserand de vingt-sept ans y parvient sur les quatorze mariages de l'année... D'ailleurs, dans certains milieux, l'école et l'instruction ont mauvaise presse.»

Ce qui était le cas également dans la plupart des campagnes des environs de Montréal. Le rapprochement est assez inattendu quand on sait l'éloignement des deux milieux.

33. Mais au début du XIX$^e$ siècle, étaient-ils en mesure de payer les frais d'une instruction publique en 1838, note l'abbé Lionel Groulx, dans *L'Enseignement français au Canada*, (Montréal, Éd. Albert Lévesque, 1931, vol. 1, p. 121): «Le Dr Meilleur juge le peuple du Bas-Canada hors d'état de s'imposer une taxe foncière pour le soutien de ses écoles», souligne-t-il.

34. Chanoine Adhémard Jeannotte, *op. cit.*, p. 17.

35. *Almanach de Québec* (1791-1798).

Conseillé sans doute par le seigneur Harwood et constatant que ses voisins de Como et de Hudson avaient obtenu une école à la faveur de l'Institution Royale en 1801, le curé Archambault avait fait adresser une requête au gouverneur général pour avoir une subvention en vertu de cette loi. Celle-ci avait été votée pour répandre l'instruction dans le Bas-Canada. Malheureusement, le gouverneur-général avait nommé au comité chargé de la direction une majorité anglophone protestante; ce qui avait tout de suite soulevé l'opposition des catholiques. En apprenant la demande faite par son curé, l'évêque avait insisté pour qu'il la retirât car, dirigée en majorité par des protestants, pour lui l'Institution Royale ne devait pas pénétrer dans le milieu[36]. Momentanément, on préférait des ouailles ignorantes à des fidèles qui risqueraient de devenir des protestants.

À la décharge du clergé, notons ici qu'il faisait lui-même un certain effort, mais bien insuffisant, tout au moins au niveau primaire.

L'évêque a grogné. Vaudreuil n'aura pas sa subvention de l'Institution Royale, et bien des gens continueront de faire suivre leur nom d'une croix pendant très longtemps.

*

Devant cela, comment raisonnent Marie-Anne Curtius et Jean-Joseph Trestler? Ils ont cinq enfants survivants. Relativement peu instruit, Trestler s'est formé au contact de la vie. Il avait quitté Mannheim tout jeune à une époque où l'on ne connaissait pas encore la démocratisation de l'enseignement. Marie-Anne Curtius pouvait le seconder auprès de ses enfants puisqu'elle avait reçu l'instruction donnée aux filles à cette époque, dans le Bas-Canada. Dans sa formation, le catéchisme, les bonnes manières, la révérence et l'obéissance à la claquette des bonnes soeurs avaient tenu, sans doute, plus de

---

36. Chanoine A. Jeannotte, *op. cit.*

La région de Como-Hudson est magnifique, surtout la partie qui longe la rivière des Outaouais. Au siècle suivant, elle devait donner lieu, à côté de la région rurale, à un véritable jardin entourant les résidences secondaires de gens du milieu financier de Montréal.

place ou d'importance que la littérature du Grand Siècle. Mais si elle ne s'était pas intéressée à cette bibliothèque dont l'inventaire de 1814 nous révèle l'importance, croit-on vraiment que son mari seul l'aurait constituée? Joseph Masson — peu porté à la lecture — en avait une substantielle que Louis-Joseph Papineau lui avait réunie, à la suggestion de sa femme. Mais ne peut-on imaginer que, sous l'influence de son père, Marie-Anne Curtius ait aussi désiré avoir, dans un lieu aussi éloigné, des livres qui servissent de maîtres à ses filles et à ses fils?

Et ces argenteries que mentionne l'inventaire de 1814 ne sont-elles pas une étape dans la formation et les goûts du couple?

Nous n'affirmons pas, car là aussi le vrai côtoie le vraisemblable. Nous cherchons à comprendre pour mieux décrire le climat de la famille.

*

En un peu plus d'un an, Jean-Joseph Trestler avait eu bien des malheurs familiaux: perdre sa femme et ses deux filles en bas âge avait dû être traumatisant pour un homme à qui tout avait réussi, dans un domaine assez étroit il est vrai. Trestler n'avait pas visé bien haut, mais il avait dépassé le but qu'il s'était fixé. Sauf que, devant ces morts successives et, surtout, devant la noyade de son deuxième fils, il avait dû constater, comme bien d'autres, que la vie est parfois dure, incompréhensive, indifférente, lui aurait dit certain dilettante, s'il eût vécu dans le même milieu un siècle plus tôt.

Avec son remariage, en 1794, la vie familiale de Trestler avait repris. Elle avait pris un autre aspect, un tournant.

*

Mais Trestler n'était pas au bout de ses tribulations familiales. En âge de se marier, ses premières filles devaient lui donner quelque souci, sinon quelque peine. Il y avait bien son fils Curtius que la médecine attirait à une époque où un *homme de profession libérale* était un être privilégié dans la société. Non pas que le médecin fût bien rémunéré et promis à une riche carrière dès qu'il avait un diplôme en poche, mais il jouissait de l'estime générale. Il devenait un notable. Tandis qu'être commis ou marchand, même important comme Trestler, n'était guère prestigieux. Et cependant, deux de ses filles ne pensent qu'à épouser, l'une Patrick Adhémar et l'autre, Joseph-Eléazar Hays, tous deux ex-commis de leur père. Même si Marie-Anne Curtius tente d'apaiser son mari en pensant au bonheur de ses belles-filles, plus qu'au prestige que le double mariage n'apporterait pas à la famille, Trestler, lui, se cabre, s'oppose et va même jusqu'à noter sa défense dans une déclaration notariée. Voici comment il exprime sa protestation, par la plume de son notaire en 1810[37], à propos de sa fille Magdeleine: «Aujourd'hui est comparu par devant les notaires publics de la ville et du district de Montréal dans la province du Bas-Canada, et résidant, le soussigné Jean-Joseph Trestler, écuyer, résidant à Vaudreuil, lequel a par la présente déclaré qu'il s'opposait à la célébration du mariage entre Patrick Adhémar avec la demoiselle Magdeleine Trestler, sa fille, pour les causes et moyens que ledit sieur Trestler déduira en temps et lieu...»

Trestler s'est opposé au mariage pour des raisons qui ne nous sont pas connues. Il aurait préféré sans doute un gendre plus en vue, plus intéressant. Au siècle suivant, dans une lettre adressée à une de ses amies, Mme Judith Dubuc — aimable hôtesse de la maison Trestler — mentionne, parmi les prétendants possibles: Hubert Leroux, lieutenant de milice, William Hunter, médecin des Cèdres, Dominique-André Pambrun, agent de la seigneurie de Vaudreuil et de Rigaud, juge de paix et major dans l'armée canadienne et peut-être aussi quelques autres célibataires disponibles. Mais les filles passèrent outre et la noce eut lieu quand même, les parents refusant d'y assister et de signer l'acte de mariage. Avec les quelques données que l'on a, on ne comprend pas. Patrick Adhémar a été un des commis de Trestler, il est vrai. Celui-ci a-t-il pour lui une inimitié qu'il ne veut pas déclarer ouvertement? Connaît-il quelque chose que nous ignorons? Souhaiterait-il un prétendant plus huppé? Tout ce que l'on sait, c'est que brutalement il fait valoir son

---

37. Greffe du notaire Jean-Baptiste-Hilaire Deguire, 29 janvier 1810.

opposition officiellement. Magdeleine a passé outre à l'opposition paternelle et le premier octobre 1810, le mariage a eu lieu à Saint-Michel de Vaudreuil devant le curé, fort embarrassé sans doute d'avoir à s'opposer ainsi à son ami, mais qui ne peut refuser à une de ses paroissiennes le droit d'épouser qui elle veut et quand elle veut, d'autant plus, encore une fois, qu'elle est majeure. Dans le cas de Catherine, Trestler a cédé sans doute, car sa fille est mineure. Elle lui fera payer cher son opposition, comme on le verra.

Trestler trouve-t-il les unions peu prestigieuses, lui qui aurait voulu pour ses filles quelque fils de famille ou tout au moins un avocat, un médecin? Patrick Adhémar est bien, semble-t-il, le fils d'un notable du Détroit, dont la mère — veuve — habite à Oka, mais il n'est qu'un de ses employés. Trestler s'oppose donc, le fait noter par son notaire et décide, en manière de représailles, de laisser cinq chelins à sa fille dans son testament. Il procède de la même manière envers Catherine-Josephte, sa quatrième fille, au moment de son mariage avec Joseph-Eléazar Hays, mais sans le même éclat. Il déshéritera Catherine quand elle aura autorisé son mari à poursuivre son père en recouvrement d'une partie de la communauté de biens que Trestler a refusé de lui remettre. Peut-être qu'à sa majorité, elle aurait accepté d'attendre que son père s'exécutât, mais la nouvelle des cinq chelins laissés par testament brusqua les choses, sans doute.

### 6. Trestler et le papier timbré

À l'occasion de la poursuite, intentée par le mari de sa fille Catherine, on assiste à un chassé-croisé de procédures dans lequel le père excelle. Qu'on en juge par ce jeu des remises d'une cause dont Trestler, bien conseillé, ne pouvait pas ne pas reconnaître le bien-fondé. Comme on s'en souvient, il s'était marié en communauté de biens avec Marguerite Noël, à qui il avait garanti la moitié des biens acquis de leur vivant.

Buté, Trestler s'obstine. Voici ce qui en résulte d'après les plumitifs dont le Fonds Quesnel a gardé la trace:

1- Six juin 1809: Joseph-Eléazar Hays (mari de Catherine), marchand de Vaudreuil, demandeur contre Jean-Joseph Trestler, marchand de Vaudreuil, défendeur.

2- La cause est remise au douze juin 1809.
La cause est remise au seize juin 1809.
La cause est remise au six octobre 1809.
La cause est remise au onze octobre 1809.

3- Le douze octobre 1809: la Cour, après avoir entendu les parties par leurs avocats, condamne le défendeur à faire procéder à l'inventaire exact de tous ses biens meubles et immeubles de la communauté entre lui et Marguerite Noël, sa défunte épouse.

4- La cause est remise au premier février 1810.
La cause est remise au douze juin 1810.
La cause est remise au premier octobre 1810.

Juin 1812. Après trois jours de recherches dans la voûte, le dossier est introuvable.

5- Après s'être fait tirer l'oreille, Trestler accepte de régler. Mais le dossier a disparu. La convention de règlement, signée par Joseph-Eléazar Hays pour sa femme et par Jean-Joseph Trestler, fait l'objet d'un document notarié; ce qui nous permet de savoir exactement ce que touche, pour sa femme, Hays, devenu marchand à Vaudreuil dans l'intervalle[38].

Trestler ne pouvait pas gagner; il ne pouvait que payer et, par son testament, se moquer de sa fille qui lui avait tenu tête.

*

Ce premier litige avec sa fille Catherine Hays montre assez bien comme Trestler — plaideur né — avait le goût du procès et de la chicane procédurière. Pour voir comme il les pratiquait tel un sport nécessaire à son bon état psychique, M. Yves Quesnel a fait un relevé des procès que Trestler a eus devant les tribunaux de février 1798 à octobre 1813. Il en a

---

38. Si le dossier a disparu comme l'encens dans la voûte de l'église après une cérémonie, un document nous permet de savoir comment le règlement s'est fait. Il précise qu'un versement de 4000 livres anciens cours «achète les droits de succession». Le dossier est classé dans le greffe du notaire Augustin Dumouchelle, qui obtient la libération de dettes, sous la signature de Catherine et de son mari. Intentée le 6 juin 1809, la cause est réglée le 27 octobre 1812.

constaté quarante-sept en quinze ans. Cela semble, au premier abord, plus qu'un goût, mais une habitude. Ce en quoi il ne se différenciait guère de ces Normands pour qui tout était prétexte à poursuite, à papier timbré et à plaidoiries faites à grands coups de manches de toges devant un prêtoir qui se prêtait alors à la mise en scène. En voici une énumération partielle qui indique aussi bien un état d'esprit que des faits:

*Poursuites intentées par Jean-Joseph Trestler auprès de la Cour du Banc du Roi à Montréal de 1798 à 1813*[39]:

| | | DEMANDEUR | | DÉFENDEUR | DOSSIER |
|---|---|---|---|---|---|
| Février | 1798 | J.J. Trestler | X | Harbic | 33 |
| Octobre | 1799 | J.J. Trestler | X | Roy & autres | 35 |
| Octobre | 1799 | J.J. Trestler | X | Fourbert | 136 |
| Octobre | 1800 | J.J. Trestler | X | Lacombe | 118 |
| Octobre | 1800 | J.J. Trestler | X | Bellefeuille | 119 |
| Octobre | 1800 | J.J. Trestler | X | Sauvé | 120 |
| Février | 1802 | J.J. Trestler | X | Reinboth | 53 |
| Avril | 1802 | J.J. Trestler | X | Poitras | 20 |
| Avril | 1803 | J.J. Trestler | X | Sabourin | 20 |
| Octobre | 1803 | J.J. Trestler | X | Hamel | 26 |
| Octobre | 1803 | J.J. Trestler | X | Curtius | 45 |
| Juin | 1804 | J.J. Trestler | X | Storey | 27 |
| Février | 1805 | J.J. Trestler | X | Châle | 11 |
| Octobre | 1805 | J.J. Trestler | X | Storry | 3 |
| Février | 1806 | J.J. Trestler | X | Lecuier | 17 |
| Février | 1806 | J.J. Trestler | X | Lalonde | 163 |
| Avril | 1806 | J.J. Trestler | X | Lecompte | 1 |
| Juin | 1806 | J.J. Trestler | X | Petit (dit Lamarche) | 13 |
| Juin | 1806 | J.J. Trestler | X | Haquin | 14 |
| Octobre | 1806 | J.J. Trestler | X | Hann | 68 |
| Février | 1807 | J.J. Trestler | X | Erminger | 37 |
| Février | 1807 | J.J. Trestler | X | Brabant | 40 |

---

39. Fonds Yves Quesnel, aux soins de Mme A. Quesnel, Rigaud. On pourrait ajouter à cette énumération les cas suivants relevés par M. Raymond Denault dans les Archives publiques du Canada:

«Poursuite intentée contre A. Roy et sa femme, à Vaudreuil, le 8 janvier 1800 (RG 4 B 17, volume 18);

Poursuite intentée contre Ignace Bellefeuille, à Vaudreuil, le 30 mars 1801 (RG 4 B 17, volume 20);

Poursuite intentée contre J.B.S. Mitron dit LaPlante, le 16 mars 1813 (RG 17, volume 20);

Poursuite intentée contre J.B. L'Écuyer, le 20 février 1812 (RG 4 B 17, volume 29).»

| DEMANDEUR | | | DÉFENDEUR | DOSSIER |
|---|---|---|---|---|
| Février | 1807 | J.J. Trestler | X | Deschamps | 41 |
| Février | 1807 | J.J. Trestler | X | Léger | 156 |
| Février | 1807 | J.J. Trestler | X | Bédard | 157 |
| Juin | 1807 | J.J. Trestler | X | Storey | 1 |
| Octobre | 1807 | J.J. Trestler | X | Storey | 1 |
| Février | 1808 | J.J. Trestler | X | Prévost | 156 |
| Février | 1808 | J.J. Trestler | X | Lefebvre & autres | 157 |
| Février | 1808 | J.J. Trestler | X | Heneau | 158 |
| Février | 1808 | J.J. Trestler | X | Moreau | 159 |
| Octobre | 1809 | J.J. Trestler | X | Lee | 102 |
| Février | 1811 | J.J. Trestler | X | Dager | 275 |
| Avril | 1811 | J.J. Trestler | X | Hilliman | 34 |
| Avril | 1811 | J.J. Trestler | X | Daurand | 35 |
| Avril | 1811 | J.J. Trestler | X | Lécuyer | 36 |
| Avril | 1811 | J.J. Trestler | X | Sauvé | 61 |
| Avril | 1811 | J.J. Trestler | X | Léger dit Parisien | 62 |
| Juin | 1811 | J.J. Trestler | X | Dubois | 45 |
| Février | 1812 | J.J. Trestler | X | Séguin | 292 |
| Juin | 1812 | J.J. Trestler | X | Kinsler | 61 |
| Juin | 1812 | J.J. Trestler | X | Bray, fils | 62 |
| Juin | 1812 | J.J. Trestler | X | Sauvé dit Mitron | 63 |
| Octobre | 1812 | J.J. Trestler | X | Mitron dit Laplante | 108 |
| Juin | 1813 | J.J. Tresler | X | Raymond | 82 |
| Octobre | 1813 | J.J. Trestler | X | Tillie | 361 |
| Octobre | 1813 | J.J. Trestler | X | Sauvé | 380 |

## 7. Initiatives diverses

À un moment donné, Trestler, dans son rôle de commerçant toujours, est fournisseur de foin aux armées de Sa Majesté dans le Bas-Canada. Oh! l'opération n'est pas bien compliquée, mais elle est d'un rendement intéressant à une époque où l'armée anglaise, stationnée dans le Bas-Canada, fait usage d'un grand nombre de chevaux.

Trestler, commerçant, achète et revend en surveillant la qualité et le prix car il a des concurrents qui ne demandent qu'à prendre sa place. Vers la même époque, il est député de York, pour peu de temps, il est vrai; ce qui lui ouvre des portes, tout en lui compliquant les choses. S'il s'approvisionne dans la région ou près du lieu de consommation, il lui faut songer au transport qui est bien long et peu facile. il y a là une source de bénéfices qu'il ne néglige pas, à une époque où le profit est jugé normal, même s'il atteint un chiffre élevé et si l'intendance a les moeurs de l'époque. L'important, c'est de réduire le nombre et l'appétit des intermédiaires.

*

En 1808, Trestler est élu député. Il s'est laissé gagner par un virus plus fort que bien des volontés. Peut-être ne savait-il pas exactement dans quoi il s'engageait! Il représente York, un grand comté qui englobe les seigneuries de Vaudreuil et de Rigaud aux contours mal définis[40]; mais à cette époque, on n'est pas difficile sur la définition des bornes géographiques des circonscriptions politiques. S'il accepte de se présenter, c'est sans doute qu'on l'en a prié, ou qu'il veut suivre l'exemple de certains de ses collègues et amis. Le poste n'a rien d'agréable, en effet. Être député — nous l'avons dit ailleurs — c'est devoir s'absenter plusieurs mois, à une époque, il est vrai, où le commerce intérieur est peu actif. Trestler a maintenant pour le remplacer des commis en nombre suffisant. Les clients se déplacent et viennent à lui sans qu'il ait à les voir lui-même. Et puis, les emprunteurs peuvent toujours attendre, comme on sait le faire à la campagne.

*

Trestler s'absente un seul hiver pour assister à la session, car élu en 1808, il ne siège qu'en 1809. En a-t-il assez des querelles auxquelles il assiste de son siège en Chambre? Ou déjà le mal dont il souffre lui fait-il renoncer à se représenter aux élections suivantes que sir James Craig a rendues nécessaires, en renvoyant tout son monde, à la manière d'un satrape auquel

---

40. Le comté de York comprend «toute cette partie de la paroisse sur le côté nord du fleuve Saint-Laurent entre les bornes supérieures d'icelles et une ligne courant ouest-nord-ouest de l'angle sud-est d'une étendue de terre communément appelée la seigneurie de Domont, ensemble les îles Perrot et Bizard et toutes les autres îles dans le fleuve Saint-Laurent et la rivière Ottawa les plus voisines et lui faisant face en tout ou en partie, excepté les îles de Jésus et de Montréal, y compris les Cèdres». (Chaque comté avait deux députés à l'époque).

«Plus tard, York devint en partie le comté de Vaudreuil» (l'abbé Élie-J. Auclair, *op. cit.*).

on a déplu? Nous l'ignorons, mais ce que nous savons, c'est la turbulence de ces francophones. Par la volonté du ministre Pitt, le parlement leur a accordé une forme de démocratie très avancée pour l'époque, en milieu colonial. Ces sujets d'Amérique viendront à nos lois, à notre langue et à nos coutumes quand ils se seront rendus compte qu'elles sont supérieures aux leurs, avait affirmé Pitt au moment où il demandait une loi constitutionnelle à la Chambre des communes anglaise. La loi de 1791 fut votée. Elle donnait des droits politiques aux habitants du Bas et du Haut Canada. Après avoir hésité à se servir d'une mesure qu'ils ne comprenaient pas, croyant à une chausse-trappe, ils l'avaient utilisée pleinement après avoir constaté que c'était en envoyant leurs représentants à Québec qu'ils avaient quelque chance de diriger leurs affaires eux-mêmes.

Dans sa circonscription, Trestler est bien connu, même s'il est *serré*, comme on dit, et pas toujours facile — mais on l'a élu. Sir James Craig le renvoie avec les autres quand il ne peut venir à bout de cette majorité qui ne veut pas reconnaître son autorité. Plus tard, il mettra en prison préventive les principaux meneurs. Trestler n'est pas parmi eux, même s'il vote avec ses amis pour l'élection de Jean-Antoine Panet à la présidence de l'Assemblée législative. Il ne fait pas beaucoup de bruit pendant son bref séjour à la Chambre mais, suivant son âme et conscience, il pense comme ses amis anglais quand ils veulent faire adopter des lois qui avantagent le commerce, lui qui en vit.

La navigation dans le Saint-Laurent, le port, la traversée du lac Saint-Pierre, l'ouverture de certains canaux, tout cela fait l'objet du vote anglais qui comprend mieux l'intérêt de tous ces projets, destinés à faciliter l'accès du port de Montréal de l'intérieur ou de l'extérieur. Avec son bon sens de négociant, Trestler réagit vite; il est favorable aux projets mis de l'avant, même si leur exécution entraînera une hausse des taxes, bien faibles, il est vrai. L'Angleterre paiera, pense-t-on du côté canadien, même si nous devons prendre notre part. Sans doute Trestler n'hésite-t-il pas, parce qu'il sait les difficultés de la navigation. Il accorde donc son appui à ses collègues Anglais, mais pas longtemps: la cession cette année-là est de peu de durée. Et puis, Trestler est inquiet de sa santé. Ce chancre[41] dont il souffre, semble-t-il, le préoccupe. N'est-il pas guérissable? On ne connaît pas encore l'aspect parfois cancéreux du mal[42]. À Rigaud, il y a un *pseudo-médecin*[43], du nom d'Antoine Hamel, plus ou moins rebouteux ou guérisseur non patenté, puisqu'il n'apparaît pas dans la «liste des licenciés des bureaux médicaux du Canada de 1788 à 1848». Hamel prétend guérir le chancre à l'aide d'une formule connue de lui seul. Trestler fait ni une ni deux, il lui offre une terre et une maison qu'il possède à Rigaud, en échange du *secret* de la guérison[44]. Pourquoi va-t-il jusque-là? Songe-t-il, en commerçant avisé, à l'utiliser pour lui ou pour les autres? Pourquoi ne se serait-il pas confié tout simplement à ce guérisseur, comme il consultera sans doute un peu plus tard François Blanchet, médecin à Québec depuis 1800, Wolfred Nelson, reçu médecin en 1811 ou Pierre De Salles Laterrière qui a étudié à Londres tout comme ces médecins qui exercent à Montréal: William Robertson, Daniel Arnoldi, ou Pierre Munro, par exemple. Ils sont un peu jeunets, il est vrai, mais a-t-il le choix? Le docteur Munro n'est-il pas le frère de sa voisine, Mme de Lotbinière? Peut-être aussi a-t-il demandé l'avis du docteur Jacques Labrie qui pratique depuis 1811 seulement, mais qui jouit d'une bonne réputation? Et puis, à Québec, il y a aussi le docteur Fargues, qui a un prestige certain.

Hélas! Trestler reste Gros-Jean comme devant, avec son chancre, mais sans sa propriété de Rigaud: étonnante aventure d'un homme qui aurait dû apprendre à se méfier. Mais que ne ferait-on pas pour éviter un mal qui menace les hommes comme les bêtes?

*

---

41. Le chancre peut être d'origine cancéreuse ou syphilitique.

42. Souvent chez ces fumeurs de pipe, le chancre se loge sur la lèvre.

43. Robert-L. Séguin mentionne le nom et le paiement de ses honoraires dans son article sur «L'apprentissage de la chirurgie en Nouvelle France» dans *Revue d'histoire de l'Amérique française*, XX, 4, mars 1967. C'est à lui que nous empruntons l'idée de ce mal dont aurait souffert Jean-Joseph Trestler.

44. La minute du notaire Jean-Baptiste Hilaire Deguire (numéro 1197) en fait foi, sauf que le nom y est épelé Antoine Âmell père, et qu'il n'y est pas question d'un titre de médecin.

Député en exercice du 18 juin au 21 octobre 1809, Trestler se fatigue vite de ces jeux politiques dont le meneur est le gouverneur général, représentant du roi George III, et les pions, ces députés et ces conseillers qu'il tente de diriger à sa manière, qui est forte. Certains ruent dans les brancards, se mâtent et sont renvoyés à leurs champs ou à leurs affaires. De 1809 à 1814, Pierre Saint-Julien remplacera Trestler.

Dans l'intervalle, Trestler songe même à bâtir à Montréal un grand entrepôt qui lui permettra de centraliser ses marchandises et, peut-être, de se livrer directement à des affaires d'import-export, comme ses amis, les frères Robertson, dont l'un est à Montréal pour les affaires du Haut et du Bas-Canada et l'autre à Glasgow où il centralise les commandes, achète au meilleur prix et expédie soit à Québec, soit à Montréal quand le bateau a un tirant d'eau qui permet de traverser le lac Saint-Pierre sans accrocher aux fonds sablonneux.

Trestler mourra sans avoir pu mettre son projet à exécution et, même, sans avoir terminé l'immeuble commencé à grands frais à Montréal. Seul l'inventaire de 1814 nous permet d'en imaginer l'ampleur.

## 8. L'homme et ses loisirs

Trestler se contentait-il de ses affaires ou, attiré par la forêt et l'eau qui l'entourent, allait-il à la chasse ou à la pêche à certains moments? Assurément. Oh! pas au début sans doute quand il devait parcourir les routes à la recherche d'une clientèle lointaine, à moins qu'il n'eût accompagné quelque client, amateur de chevreuil ou d'orignal, de petites bêtes qui se terrent ou d'oiseaux à la chair brune qu'on avait déjà appris à apprêter au chou ou aux légumes. Si on ne connaissait pas le canard aux navets, à l'orange, aux olives ou aux morilles, le canard au chou était déjà un plat recherché à l'automne. Cela venait à point briser l'ordinaire du lard, du porc, du poulet, du boeuf (quoiqu'on dût rarement abattre son compagnon de travail ou cette vache laitière qui alimentait la famille). On mangeait aussi de la dinde à l'occasion sauf quand, à Noël, on avait la bonne chance d'en vendre à ces Anglais qui avaient apporté d'Angleterre leurs habitudes et leurs goûts.

Dans l'ensemble, les Canadiens avaient une cuisine assez lourde que l'automne hâtif ou l'hiver très dur rendaient nécessaires, à un moment où une nourriture substantielle devait permettre de tenir le coup dans la froidure.

Plus tard, à l'automne, quand il eut de l'aide dans ses affaires, Trestler, de bon matin, devait longer les rives de l'île Perrot ou celles de son île des Gueules, située à un demi-mille de là environ. Peut-être aussi allait-il jusqu'à cette batture, vers le nord-ouest, où les canards se réfugient dès qu'ils se sentent pourchassés. Là comme au long de l'île Perrot, abondent les hautes herbes (folle avoine, comme on disait de cette plante aquatique) qui servent à la fois de nourriture et d'abri contre les chasseurs. Et puis, vers la fin de l'été ou tôt à l'automne, il y avait la chasse à la perdrix, que l'on apprêtait au chou également. Si la perdrix n'était pas un mets de roi, car celui-ci était bien loin de là, il était tout au moins celui du seigneur ou du manant plus ou moins braconnier à une époque où, théoriquement tout au moins, le seigneur se gardait encore quelques droits de chasse ou de pêche que le régime seigneurial lui garantissait.

Et puis, il y avait la pêche à laquelle se livrait Trestler sans doute, comme la plupart de ses clients avec ou sans l'accord du seigneur. Elle était fructueuse du côté de la baie, en haut ou au bas du rapide que sautaient allègrement petits ou gros poissons, entraînés par le courant. Sagement, les enfants pêchaient de la rive où abondaient perchaudes, dorés, *crapets-soleil* ou brochets attirés près de la rive par le menu fretin. Si le brochet, à la chair molle, était peu recherché au cours de l'été, il l'était davantage au printemps, à l'automne, ou encore à l'hiver quand ou trouait la glace un peu plus haut là où elle était assez épaisse pour supporter le poids du pêcheur, jusqu'au mois de mars quand l'eau commençait de refluer: premier indice d'une débâcle venant au début d'avril ou un peu plus tard, selon les années.

Si Trestler aimait les histoires de pêche ou de chasse que lui racontaient ses clients, lui aussi devait, à certains moments, exagérer la dimension des pièces qu'il prenait. Certains pêcheurs prétendaient avoir pris de l'esturgeon dans la baie de Vaudreuil. Or, si l'esturgeon fréquente les eaux du Saint-

Laurent, il ne semble pas qu'il aille jusqu'à l'Outaouais; mais tout cela n'était pas nécessairement de l'affabulation, sauf quand on évoquait la taille de ses prises longtemps après.

*

Déjà, une cuisine canadienne existait[45]. À l'automne, il y avait les cuissots de chevreuil ou d'orignal qu'il avait fallu manger rapidement, sauf au moment du gel. Et c'est ainsi que chez les Trestler l'ordinaire était varié, abondant. Était-il succulent ou attendait-on aux *fêtes* pour montrer la variété des mets? Venant d'un pays où l'on aimait bien manger et bien boire, Trestler devait avoir ajouté quelques recettes de son choix, aux *cretons*, aux ragouts de boulettes, au lard salé, aux tourtières, aux tartes à la ferlouche, aux galettes de sarrazin, aux crêpes au sirop d'érable, plus frustes que les crêpes Suzette du siècle suivant, mais bien bonnes. il y avait aussi les beignets

---

45. Une cuisine simple, mais bonne, était assez répandue dès le début du XIXe siècle dans le Bas-Canada. On peut en juger par un livre de l'époque qui se trouve à la Collection Gagnon (Bibliothèque municipale de Montréal) et qui s'intitule *La Cuisinière bourgeoise*. Il s'agit d'une troisième édition, parue à Québec chez Augustin Germain, libraire, en 1825. L'auteur note ceci d'abord: «Les recettes pour faire une bonne cuisine à peu de frais». On peut en juger par la variété des potages et des conseils donnés à la cuisinière: «La viande la plus saine et la plus fraîche tuée donne le meilleur goût au bouillon; la plus succulente est la tranche, la culotte, les charbonnades, le milieu du trumeau, le bas de l'aloyau et le giste à la noix; les pièces les plus propres à servir sur la table sont la culotte et la poitrine de boeuf: ne mettez du veau dans vos bouillons que pour quelque cause de maladie, et ne l'ajoutez que lorsque le boeuf aura bouilli une heure, autrement la viande deviendrait rouge. Quand la viande est bien écumée, salez le bouillon, mettez dans la marmite des légumes bien épluchés, ratissés et lavés, comme céleri, oignons, carottes, panais, poireaux, choux; faites-le bouillir doucement pendant cinq heures au moins, passez-le ensuite dans un tamis ou dans une serviette, laissez reposer pour vour en servir.»

Puis vient la liste des potages et leurs recettes: «potage au pain, bouillon de boeuf, riz au gras, au vermicelle, potage à la semoule, fécule de pommes de terre en bouillon, différents potages maigres, potage au lait, soupe au lait, potage aux choux et au lard, potage aux choux et au porc frais, potages aux herbes, julienne, potage à la jardinière, potage à la Vierge, potage à la citrouille, panade, potage maigre aux oignons».

Un chapitre est consacré au boeuf, un autre au gibier, etc. Bref, on est devant un petit ouvrage qui nous indique ce qu'était à l'époque la cuisine de nos grands-mères. On voit très bien Madame Trestler consulter le livre d'Augustin Germain, soit pour préparer le repas elle-même tant qu'elle n'eût pas le moyen d'avoir une bonne venue la remplacer devant l'âtre et la table où l'on apprêtait les mets suivant les conseils venus de France ou les recettes transmises de mère en fille.

et les beignes. Et puis, n'y avait-il pas aussi le sirop d'érable que le maître de céans faisait faire au printemps, au moment où l'on entaillait les érables et où les cultivateurs ou les *hommes engagés* allaient recueillir l'eau d'érable dans des chaudières ou des barils, montés sur des traîneaux, que tiraient les chevaux ou les boeufs enfoncés parfois dans la neige jusqu'au poitrail.

Et puis, les pains de sucre que l'on faisait quand on avait recueilli le premier sirop, le plus clair, le plus fin, le meilleur, avant que les moins délicats n'aient laissé au produit le temps de devenir du sirop ou du sucre de sève.

Et puis, à un moment donné, les jeunes et les moins jeunes ne se gavaient-ils pas d'oeufs au sirop d'érable ou de sirop coagulé sur la neige: palettes de bois sur lesquelles on étendait le sirop qui se durcissait en formant la *tire*.

Tout cela était jeux de printemps, auxquels s'adonnaient vieux et jeunes et que Trestler ne dédaignait sûrement pas. Car s'il était Allemand d'origine, il s'était à ce point assimilé au milieu qu'il en appréciait les avantages et les habitudes. On peut imaginer également qu'il avait ajouté quelques recettes de son pays, comme la choucroute faite avec les moyens de la soue et du jardin et qu'on arrosait de bière brassée chez les Molson de Montréal.

Les jours de fête, on imagine le maître de maison ouvrant une de ces bouteilles de vin du Rhin, venues par la voie de l'Angleterre et dont l'on trouve la trace dans l'inventaire de 1814.

Avec les clients, souvent on prenait le verre de rhum, importé des Antilles, que de rugueux palais appréciaient ou encore un verre de *petit fret*, mélange d'alcool et de sirop d'érable, ou du *caribou*, dont on gardera la recette longtemps, en bas de Québec comme on disait, et comme on dit encore.

## 9. Fêtes et réjouissances familiales

Elles sont nombreuses, comme dans toutes les familles canadiennes. Cornélius Krieghoff, notamment, en a rappelé le souvenir dans sa peinture, valable à notre avis, surtout pour ses qualités folkloriques, même si les arbres et les forêts y sont généralement fort bien rendus.

Parmi les fêtes, il y a d'abord les anniversaires, avec les bougies qu'on allume et qu'on soufle après le dessert, sous les yeux brillants des enfants. Si en France, on célèbre la fête du saint dont on porte le nom, au Bas-Canada, c'est la date de naissance de l'enfant qui fixe celle du repas pris en commun avec les *engagés*. Et puis, la Noël, dont on reconnaît l'esprit religieux en assistant à la messe de minuit. On se rend à l'église de Vaudreuil, emmitouflé dans des couvertures de fourrure, vêtu de draps épais ou de ces manteaux de chat sauvage, de loutre ou de rat musqué, fournis par les gens d'en-haut, avec à la taille, une ceinture fléchée pour que le vêtement adhère bien au corps et, sur la tête, une tuque de laine ou, chez les plus riches, un bonnet de loutre ou de chat sauvage.

Un peu avant minuit, les Trestler se rendent à l'église de Vaudreuil en voiture ou en traîneau suivant les saisons avec ou sans neige. Le curé y attend ses paroissiens. Il est vêtu de ses atours de fêtes. Au cours de la messe, quelques chantres à la voix forte, mais souvent pas trop juste, chantent les cantiques venus de bien loin derrière. On ne connaît pas encore *Minuit, Chrétiens* du siècle suivant, mais *Il est né le Divin Enfant*, *Les anges dans nos campagnes* et que d'autres évoquent une piété à la fois respectueuse et candide qui accompagne la foi du charbonnier. Si, à Québec et à Montréal, il y a certains esprits forts, nourris des encyclopédistes et de Voltaire, on n'en trouve guère dans cette société rurale, parfois divisée, souvent opposée à son curé ou à la fabrique pour des questions de gros sous, de prestige, de pain bénit, de préséance[46] ou d'emplacement d'église. Dans l'ensemble, les gens suivent leur pasteur et l'écoutent comme le représentant d'un Dieu dont parfois les desseins sont incompréhensibles, mais qui règne sur leur vie de façon quasi absolue.

Les nuits où il y a de la neige[47], c'est le retour à la maison, en *berlot*. Plus tard, on aura des voitures assez jolies, mieux suspendues[48] comme celles que Krieghoff a peintes en les enjo-

---

46. Dans son livre, déjà cité, l'abbé Louis-L. Paradis raconte des histoires de préséance qui seraient dignes de comédies à la Labiche ou à la Courteline.

47. Que les anglophones appellent très joliment *White Christmas*.

48. Carrioles et traîneaux.

livant peut-être, dans ses toiles faites à Longueuil où il habita, et dont on a retrouvé de nombreux exemplaires en Angleterre, apportées par des officiers venus en garnison à Québec, à Saint-Jean ou à Montréal. Et enfin, le réveillon à la maison, longuement préparé durant les jours précédents. On y sert des mets lourds, mais délicieux, issus d'une lointaine tradition.

Il y a aussi les fêtes du Jour de l'An, qui réunissent toute la famille, et la bénédiction paternelle qu'Henri Julien a dessinée avec amour tant elle lui rappelait de souvenirs agréables: les enfants à genoux et le père un peu gêné dans cette fonction, qui lui faisait souhaiter à la famille réunie un bonheur bien simple, celui auquel on tendait à cette époque: «le paradis à la fin de vos jours». C'est ce que disaient également les amis venus rendre visite ce jour-là, ou rencontrés ailleurs. Il y avait aussi *les Rois*: autre prétexte de fête avec les voisins, venus danser et manger le gâteau contenant la fève et le pois, l'un ou l'autre donnant pour un soir le titre de roi et de reine à celui qui les croquait.

\*

Les baptêmes donnent lieu également à des fêtes intimes, après que la marraine a tenu l'enfant sur les fonds baptismaux. On peut imaginer le seigneur de Lotbinière et sa femme, née Chaussegros de Léry, venant goûter chez les Trestler après le baptême de Michel-Joseph et buvant du vin du Rhin à la santé du nouveau-né et de la maman.

Et le mardi-gras, qui précède un long carême observé scrupuleusement, auquel succède la joie de Pâques, après les cérémonies de la Semaine sainte. L'Église ne plaisante pas avec la confession et la communion pascales. Il est vrai que certains font des *pâques de renard*, mais dans l'ensemble, on est pieux par conviction ou par habitude dans cette société où prêtres et fidèles sont du même milieu et prient pour des intérêts communs. Il y a bien la dîme qu'on verse irrégulièrement parfois et qui les sépare. S'il la paye en nature, ce ne sont pas toujours les meilleurs produits de la terre que le fidèle remet à son curé. Certains s'en plaignent amèrement mais, par la répartition des charges entre tous, la fabrique joint les deux bouts dans un milieu qui n'est pas gâté par la fortune ou la simple aisance de la plupart de ses membres. Toutefois, certains *se donnent* à la cure ou à la communauté religieuse; d'autres font des dons de terrains ou d'espèces à la paroisse.

\*

Pour la décoration de l'église, là où le curé aime les choses bien faites[49] et malgré des moyens limités, on s'adresse à des sculpteurs sur bois, à des artistes ou à des artisans pour enjoliver le temple ou pour les vêtements sacerdotaux et les objets du culte. C'est ainsi que l'on accumule, au cours des années, ciboires, patènes, burettes[50], objets du culte et vêtements sacerdotaux, dont certains sont de très bon goût et d'un métier sûr, comme dans cette église de Saint-Michel de Vaudreuil, où sont réunies plusieurs générations de Trestler. Et puis, il y eut jadis les objets envoyés de France par la Reine ou par quelque grande dame pieuse et dévouée à l'Église, telle cette bien jolie statuette en argent donnée aux Sulpiciens par la reine de France et que l'on conserve précieusement dans l'église d'Oka.

\*

Il y avait aussi les fêtes d'après-saison, auxquelles étaient conviés parents et voisins; elles étaient animées par le *violoneux* et le *calleux*, qui animaient ou dirigeaient la danse. Edmond-Joseph Massicotte a illustré la coutume avec des groupes qui virevoltent, s'opposent et se fondent au commandement de celui qui les dirige. Dans les milieux ruraux, on danse la gigue et aussi les danses carrées, au son d'une musique très simple inspirée du *bag pipe* écossais, mais sans aller jusqu'au biniou breton, parent de l'autre instrument au son plain-

---

49. Le chanoine A. Jeannotte a rappelé bien des souvenirs de ce genre dans sa brochure consacrée aux événements principaux de la paroisse de Vaudreuil. Nous y référons le lecteur, curieux de la petite histoire et, en particulier, de celle qui nous intéresse ici.

50. Au Musée d'art de Saint-Laurent, comme dans le trésor de l'église Notre-Dame, il y a de bien jolis exemples du goût et de la maîtrise des artisans du XVIII<sup>e</sup> et du XIX<sup>e</sup> siècle. La collection Henry Birks présente, à cet égard, un très grand intérêt.

tif mais qui, chose curieuse, n'a pas traversé l'océan. L'on y chante des chansons venues de France comme *À la claire fontaine, Isabeau s'y promène, À Saint-Malo, beau port de mer, Par derrière chez mon père,* avec quelques variantes de la musique ou du texte. Il y a aussi les chansons du cru, écrites par quelque poète local et qu'on entonne en choeur[51]. Des étrangers également ont mis des poèmes ou des psaumes en musique. Tel le marquis de Lorne, gouverneur général du Canada, qui a écrit un hymne joué par une fanfare de Montréal. Il aurait désiré le faire accepter comme chant national du Canada, mais il eut plus de succès avec son psaume (numéro 148) adopté par l'Église anglicane du Canada, tandis qu'après avoir été joué deux ou trois fois, l'hymne tomba dans l'oubli. Celui de Routhier et de Lavallée lui fut préféré: avec le temps, on le traduisit et il devint le chant national du Canada, à côté du *God save the Queen*, gardé pour les grandes circonstances et, en particulier, lorsque la Reine est présente à une cérémonie. Longtemps, les souverains eux-mêmes ou leur entourage n'ont pas cru bon de venir dans leurs possessions d'Amérique. Plus tard, la reine Victoria envoya son fils, le prince de Galles. Au siècle suivant, le prince consort — époux d'Elisabeth II — traversa les mers à l'occasion de diverses cérémonies. Puis, la reine fit quelques voyages au Canada. Elle vint même ouvrir le parlement un jour qu'on lui avait fait comprendre sans doute qu'elle devait se donner quelque mal si elle ne voulait pas faire perdre le pays à la Couronne d'Angleterre[52]. Elle prononça toujours des discours très simples, avec une gentillesse et une précision de la langue assez extraordinaire, qui lui gagnèrent quelques coeurs tendres ou des partisans bien disposés. Un jour, elle vint au Québec, à un moment peu approprié, au point que les endroits où elle devait passer furent ratissés comme s'il s'y cachait des gens prêts à l'assassiner, alors que ce qu'ils voulaient, c'était poser un geste plus symbolique que criminel. Tout cela se produira au siècle suivant, car à l'époque

---

51. Un peu plus tard, ce fut l'habitude de composer des chansons dans la bourgeoisie. En écrivirent Étienne Parent, Antoine Gérin-Lajoie, Augustin-Norbert Morin, Denis-Benjamin Viger, George-Étienne Cartier, pour n'en nommer que quelques-uns.

52. Puis, dans des circonstances différentes, elle vint remettre au parlement du Canada l'Acte de l'Amérique britannique du Nord qui, jusque-là, avait fait l'objet d'une loi du parlement britannique.

que nous étudions, rois, reines et aristocrates d'Angleterre ne couraient aucun risque. Aux premiers, on se contentait de présenter des suppliques dans le style respectueux de l'époque; sauf quand certains abus devenaient intolérables.

## 10. Mort et dispositions testamentaires

1813 est une année pénible pour Marie-Anne Trestler. Son fils, Henri-Daniel, se noie en septembre et son mari meurt en décembre. Comme tous les autres membres décédés de la famille, Jean-Joseph Trestler est *exposé* dans la maison de Quinchien; ce qui permet aux gens des environs de venir rendre un dernier hommage à celui qu'ils ont aimé ou détesté, selon le moment ou les circonstances. Certains ont passé la nuit à côté du corps, en récitant le chapelet de temps à autre ou en échangeant les propos, parfois assez lestes que, selon l'usage, les visiteurs n'hésitent pas à tenir, en allant jusqu'aux grasses plaisanteries quand ils ont abusé du rhum, du *whisky blanc* ou du *petit fret* qu'on leur a servis ou qu'ils ont eux-mêmes apportés. Et puis, dans la froidure du matin de décembre, on a accompagné le corps jusqu'à l'église Saint-Michel, à Vaudreuil. Le curé l'a reçu à la porte; il a récité les prières d'accueil, immuables comme l'Église elle-même. Au milieu du silence général, le cercueil a été amené près de la balustrade et, une fois la messe dite et les dernières invocations prononcées, la bière a été logée dans le sous-sol de l'église sous un tumulus, avec les autres membres de la famille, à côté des restes de Marguerite Noël, la première femme de Trestler[53].

Et voici le texte du registre que signèrent Jacques-Hubert Lacroix, son ami et Jean-Baptiste Curtius Trestler, son fils:

> Le 9 décembre 1813, nous prêtres, vicaires de Vaudreuil, avons inhumé dans l'église Saint-Michel de Vaudreuil Sieur Jean-Joseph Trestler écuyer, négociant en cette paroisse, décédé le 7 du présent mois, âgé de 56 ans.

> Furent présents Sieur Jacques-Hubert Lacroix et J.B. Trestler, son fils, qui ont signé avec nous.

François-Xavier Côté, ptre-vic.

---

53. Si Trestler revenait sur terre, il aurait sans doute la curiosité de voir sa tombe. Il serait offusqué par l'état du sous-sol de l'église où on a mis son corps en terre: ce tibia et ce crâne, déposés sur une poutre, sont peut-être les siens.

\*

Marie-Anne Trestler restait seule avec son fils Jean-Baptiste Curtius, âgé de quinze ans et Joseph-Amable, né le 28 février 1811. Il y avait aussi ses deux belles-filles qu'elle ne voyait guère depuis que l'une s'était mariée contre le gré de son père et que l'autre l'avait poursuivi pour obtenir sa part des biens de la communauté revenant à leur mère.

\*

En 1810[54], Jean-Joseph Trestler avait fait un troisième et dernier testament, assez curieux à étudier, au point de vue psychologique d'abord, puis parce qu'il est inspiré d'une coutume très répandue à l'époque, celle de la substitution[55].

Le notaire a recueilli les dernières volontés du testateur, à son bureau de Montréal. Suivant l'usage, celui-ci recommande son âme à Dieu avec des mots presque identiques à ceux qu'emploiera un siècle et demi plus tard un jeune notaire dans le testament d'un vieux monsieur, son client. Puis, le notaire Papineau a ajouté, à la demande de son interlocuteur, les mots «(Tout en) suppliant Dieu dans son infinie miséricorde de lui pardonner ses offenses et de le recevoir (parmi) ses bienheureux». Si Trestler invoque la bonté infinie du Seigneur à son avantage, au début du testament, il n'oublie pas sa hargne contre ses deux filles, ce qui semble contradictoire. En effet, au lieu de ne pas mentionner leur nom du tout puisqu'il ne leur a pas pardonné, il laisse à chacune cinq «schellings au cours actuel de la province», précise le notaire, «et pas plus», ajoute-t-il. Comment concilier les deux attitudes du *de cujus*: formuler l'espoir que Dieu lui pardonne ses offenses et l'accueille parmi ses bienheureux, tout en déshéritant ses filles qui l'ont offensé. Au premier abord, il y a là une attitude bien difficile à justifier chez un homme qui souhaite qu'on use de miséricorde envers lui et qui se refuse à pardonner. À moins que, dans son esprit, ses filles aient eu ce qui leur revenait de leur mère au

---

54. Testament par le notaire Joseph Papineau.

55. Que le Code civil a officiellement reconnue en mai 1866 et modifiée en 1981.

moment du règlement du litige! Mais alors pourquoi par «les cinq schellings et pas plus», souligner aussi cruellement l'attitude envers ses filles qui ont démérité à ses yeux?

Voilà pour l'aspect psychologique du document qui complète, croyons-nous, le portrait de l'homme que nous avons tenté de tracer.

Les autres dispositions du testament correspondent à une conception de l'époque, écartée depuis, sauf lorsque le *de cujus* craint que sa succession fonde comme beurre dans la poêle. La femme reçoit l'usufruit de ses biens qui ne tombent pas dans la communauté, puis Curtius, lequel, à la mort de sa mère, sera le second usufruitier de la fortune. Avec l'entente que celle-ci sera divisée entre les petits-enfants, une fois que le plus jeune aura atteint l'âge de trente-trois ans. Le nom de Daniel est également mentionné car le testament date de 1810, alors qu'il était encore vivant, tandis qu'il ne comprend pas le dernier-né, Joseph-Amable, venu au monde l'année suivante.

\*

C'est de là que Marie-Anne Trestler partira pour administrer, avec l'aide du tuteur de ses deux fils, la fortune que son mari lui a laissée. L'inventaire de 1814[56], fait de la main du notaire Papineau, permet d'en juger la nature et l'étendue; il a à notre avis une importance et une valeur documentaire qui justifient les pages qui lui sont consacrées ci-après.

### 11. L'inventaire des biens de Jean-Joseph Trestler[57]

Fait en 1814 par le notaire Joseph Papineau, l'inventaire contient les divisions suivantes:

— Immeubles:
— Contenu de la maison de Quinchien;
— Relevé des marchandises;
— Prêts et espèces.

---

56. Il s'agit d'un copieux document de cent trente pages manuscrites que nous ne pouvons pas reproduire, mais dont on trouvera le résumé plus loin.

57. «Inventaire de la Communauté qui a été faite entre feu Jean-Joseph Trestler, écuier et Dame Marie-Anne Curtius, veuve de Jean-Joseph Trestler», extrait du greffe du notaire Joseph Papineau, no 4255.

Deux inventaires permettent de suivre l'évolution de la fortune de Jean-Joseph Trestler: le premier remonte à 1794; il est fait à la suite de la mort de sa première femme; le second suit son propre décès, en 1813. Ce dernier compte cent trente pages manuscrites, rédigées de la main du notaire Joseph Papineau, lequel, disons-le en toute simplicité, écrivait bien mal, d'une écriture hachée, aux lettres mal formées. Il écrivait un peu plus lisiblement, il est vrai, que son compatriote George-Étienne Cartier, dont la prose était presque illisible, comme le lui faisaient remarquer ses amis. Cartier, du collège de Montréal et Papineau, du séminaire de Québec, venaient de *collèges classiques* où l'on accordait plus d'importance à l'esprit et à la forme, qu'à la calligraphie. Aussi, tous deux n'avaient-ils pas ce qu'on appela plus tard «une belle main», chez les Frères des Écoles Chrétiennes venus s'installer dans le Bas-Canada vers 1837.

La fortune de Trestler s'était arrondie depuis le premier relevé fait après la mort de sa première femme sur l'ordre expresse du tribunal[57a]. Mieux écrit, celui-ci était du notaire Jean-Baptiste Desève. Quelle que soit la calligraphie comparée, il est intéressant de mettre les deux textes en regard l'un de l'autre pour constater la marche des affaires de Jean-Joseph Trestler en vingt ans.

*

Il serait oiseux de mentionner ici la liste complète des objets et des biens que le notaire Papineau, consciencieux et d'ailleurs forcé de l'être, dresse pour sa cliente, Mme Trestler. Il lui en fait reconnaître officiellement l'exactitude, ainsi que par David Ross, autre exécuteur testamentaire du mari, et par le notaire Dumouchelle, second notaire qu'exige la procédure de l'époque.

Notons simplement ceci à propos des immeubles, des biens mobiliers et des opérations de prêts auxquelles se livrait le défunt:

---

57a.  En octobre 1809, sur l'ordre du tribunal mais non à la date du décès de sa femme survenu en février 1794.

a) Les immeubles.

Le domaine de Quinchien[58], qui comprend le terrain longuement décrit dans le texte (clôtures comprises), l'immeuble
lui-même et ses dépendances, avec la fabrique de potasse, puis,
les îles ou îlots situés en face de la propriété ou vers le large,
avec les cordes de bois qu'on y a accumulées: indice que, pour
Trestler, rien ne se perdait, si tout était à créer[59].

Et puis, une propriété située à Soulanges[60], qui mesure
quatre-vingt-seize pieds de façade sur quatre-vingt-dix de profondeur. C'est dans cette maison que son associé, Hubert-
Jacques Lacroix[61], faisait ses affaires, dont la nature se rapprochait sensiblement de celles de Trestler, par voie de troc ou
en échange des pièces multiples qui avaient cours à l'époque,
avec une attention particulière donnée aux fourrures.

Enfin, à Montréal, Trestler avait commencé la construction d'un immeuble[62] en pierre de quatre-vingt-quatre pieds de
longueur sur trente-six de profondeur qui, dans son esprit,
devait lui permettre de faire des affaires plus étendues, peut-
être de l'import-export. Malheureusement, il meurt avant qu'il
ne soit terminé, ce qui en diminue la valeur.

Avec une grande minutie, le notaire note également les
sommes dues aux ouvriers par le *de cujus*[63].

b) Les biens mobiliers.

L'inventaire mentionne ensuite, pour la maison de Quinchien, un ameublement assez élaboré. Malheureusement, il ne
révèle pas l'atmosphère, le climat qui régnait dans la maison.
Tout ce qu'on peut faire, c'est d'imaginer un certain confort,

---

58. Ou de Vaudreuil: Quinchien, d'après de vieux textes, s'étendant de l'île
aux Tourtes jusqu'aux Cascades, comme nous l'avons vu.

59. Dans la mesure de ses moyens, cependant. Trestler savait tirer parti de
tout.

60. Ou Les Cèdres, alors que la paroisse est connue sous le nom de Saint-
Joseph-de-Soulanges.

61. S'il avait, semble-t-il, fait d'autres affaires avec Hubert-Joseph Lacroix, à
Montréal.

62. Dont nous n'avons pas la trace, cependant, mais qui se trouvait rue
McGill.

63. Aux divers ouvriers qu'il n'a pu payer avant sa mort.

une certaine aisance sans aller plus loin. Ce dont on est sûr, cependant, c'est qu'on ne trouve pas dans la maison ces meubles lourds et laids que Victoria, reine et impératrice, mettra à la mode durant son règne, avec une accumulation d'objets hétéroclites dont l'abondance accentue la laideur. Ce sera le rôle des générations suivantes d'accumuler les meubles d'acajou ou de noyer sculptés, les lampes garnies de globes ou d'abat-jour à glands quand on connaîtra l'éclairage au kérosène, les tapis crochetés, les photographies familiales, les reproductions de tableaux, les rideaux lourds et les tentures, refuge de la poussière, qui caractérisaient le mauvais goût victorien[64].

Voici quelques-uns des éléments que l'on peut prendre comme point de départ pour imaginer l'atmosphère. Nous sommes conscients, cependant, que c'est un peu maigre comme indication et aussi sec qu'une statistique. Chose certaine, on est devant un fait, celui d'une famille vivant bien dans des murs hospitaliers et où l'abondance règne, sans aller jusqu'au luxe qui sera le lot des descendants de l'immigrant.

Voici quelques-unes des pièces que le notaire présente de façon bien schématique, comme il se devait de le faire, en se plaçant au strict point de vue de leur valeur successorale.

Et d'abord ce qui semble être la salle commune, dont voici l'ameublement: deux armoires dont le notaire ne donne pas le détail; il en fixe la valeur à quinze livres, ce qui représente quelque soixante dollars dans ce qui sera la monnaie du Canada-Uni, quelques années plus tard. On peut les imaginer en bois blanc jauni par le temps, meubles bien proportionnés, avec au centre cette sculpture en forme de diamant, que l'on trouve dans le mobilier provincial en France et dont les ébénistes du Bas-Canada ont gardé le souvenir.

---

64. On a un excellent exemple de cette laideur de meubles et de la décoration, avec la restauration des bureaux occupés à Ottawa dans «l'immeuble de l'Est» par les chefs du parti au pouvoir, au moment de la Confédération, par sir Wilfrid Laurier, George-Étienne Cartier et le gouverneur général. Par désir de continuité, plutôt que par bon goût, on a tenu à ce que rien ne fût changé dans le faste victorien. Voir à ce sujet, les photographies reproduites dans la *Revue* de l'Imperial Oil (no 4, 1981) ainsi que cet excellent recueil de photographies publié par l'Imprimeur de la Reine à l'occasion du centenaire de la Confédération en 1967, *Le Palais du Parlement canadien: témoin d'un siècle.*

Et puis, une table et sept chaises et, chose assez caractéristique de l'atmosphère qui règne dans la maison, un «piano forte» et des livres de musique. Grâce à cela, on peut imaginer le climat créé par Marie-Anne Curtius, qui empêche de se trouver dans une pièce froide, sans caractère. À certaines heures, on peut voir Marie-Anne Curtius ou ses belles-filles jouant de la musique de compositeurs dont le maître de maison a entendu les noms ou les oeuvres à Mannheim, un des hauts lieux de la musique allemande, au temps où il s'engage comme mercenaire pour venir combattre en Amérique.

Mais où sont les cadres, les rideaux, les tapis, créateurs d'atmosphère?

\*

Le notaire note la présence d'une «histoire romaine» en plusieurs volumes, d'une «histoire ancienne en quatorze volumes» et, chose assez inattendue qui, cette fois, montre l'influence du mari, cent trente-quatre volumes «divers et dépareillés» en allemand dont certains de médecine[65]. Puis, il mentionne une longue-vue, des chandeliers argentés, des carafes, des flacons, des verres et des tasses. De quelle qualité? D'une époque quelconque? Rien ne permet de le savoir.

---

65. Est-ce de là qu'on est parti dans la famille pour conclure que Jean-Joseph Trestler remplissait dans l'armée allemande certaines fonctions du médecin? Voici, à ce sujet, une note tirée des papiers de famille, ainsi titrée: «Notes Dorion-Trestler-Geoffrion, attribuées à Tante Antoinette (Mme Eugène Saint-Jacques). (Maison) construite par Jean-Joseph Trestler, né à Mannheim... venu avec le régiment loué de l'Électeur de (Hesse ou Hanovre) comme docteur du régiment» (Fonds Renée Vautelet).

Que Johann Joshef Tröstler ait été attiré par la médecine alors qu'il était au régiment, qu'il ait pu guérir certains maux bénins comme le rebouteux ou le guérisseur de la campagne, que son intérêt se soit étendu également aux chevaux, cela est fort possible — les livres de médecine que le notaire a trouvés dans la bibliothèque, l'achat du secret de la guérison du chancre, tout cela indique l'attrait que la médecine exerçait sur lui, là où, au début tout au moins, les médecins étaient bien loin. Mais rien ne nous permet de conclure, comme Madame Saint-Jacques le fait. Dans la liste des soldats, dressée par M. de Léry Macdonald, Tröstler n'a aucun titre particulier. Il est un des militaires licenciés entre 1777 et 1783.

Croit-on que s'il eût été «docteur du régiment», il ne se fût pas orienté vers la médecine dans un pays où il y avait bien peu de médecins, au lieu de se faire colporteur, c'est-à-dire au dernier degré du commerce à l'époque, quand il entra dans la vie civile.

Tout cela n'est pas suffisant pour créer un intérieur élégant, confortable, mais on peut imaginer, sinon une certaine culture, du moins une certaine curiosité, un intérêt porté à des choses dépassant les occupations de chaque jour dans un milieu où le commerce, les boeufs et les produits de la terre avaient plus d'importance dans l'immédiat que les oeuvres de l'esprit.

Dans les chambres, il y a l'essentiel. Ainsi «dans la pièce à côté», se trouvent «deux couchettes, deux tours de lit, des paillasses et matelas, des draps et des couvertures, deux tables, six chaises, un pied de fer (?) et un bassin, un vivoir (?) et une jarre de terre».

Les «hardes» du maître de maison — vieux mot qu'affectionnent encore les tabellions — sont dans une autre pièce au grenier, ainsi que la réserve de linge de maison, dont cinquante-deux paires de draps, des nappes, des couvertures et la coutellerie avec cuillères à bouche, à thé, etc. Il y a là un nouvel indice sinon d'abondance, du moins d'aisance.

*

Tout cela est sec, incomplet, mais jette un certain jour sur la vie sobre, simple qu'on menait dans la grande maison. Elle n'était pas un manoir, au sens donné à l'époque à la résidence du seigneur, même si elle en avait les dimensions et l'allure. À peu de distance de là, de l'autre côté de la Commune, les de Lotbinière avaient leur manoir. Érigé en 1765, il fut détruit par le feu vers 1835. Il s'agissait de deux bâtiments réunis entre eux, mais, assez curieusement, sans aucun plan d'ensemble, tandis que dans la maison de Trestler, tout est harmonie et bon goût. Plus tard, le manoir initial des de Lotbinière fut remplacé par un autre, tout en hauteur, qui dépassait en espace la maison de ses voisins d'en face, mais, à nouveau, n'en avait pas l'harmonie et la simplicité. La seule différence, c'est que le manant Trestler avait eu les moyens d'avoir une pareille demeure, tandis que le seigneur de l'époque, successeur du marquis de Lotbinière, avait des fins de mois parfois difficiles, comme nous l'avons vu.

c) Les marchandises faisant l'objet du commerce de l'assuré.

L'inventaire les décrit et en estime la valeur. Il mentionne aussi les dettes et les créances que le *de cujus* avait en main: créances contre ces gens qui, souvent, ne savaient pas tirer de leur fonds de terre tout ce qu'ils auraient dû ou pu. Ils s'adressaient à Trestler quand ils passaient par des moments difficiles, souvent parce qu'ils n'avaient pas su faire ce qu'il fallait pour se tirer d'affaire ou encore pour économiser en prévision des mauvaises années ou des années dures. Le climat était si variable d'une année à l'autre dans un pays où tout dépendait de la pluie, de la chaleur venant au bon moment et non hors saison.

Le notaire énumère aussi les pièces de monnaie[66] que contient la caisse. Il ne s'agissait pas de les garder avant de les déposer à la banque la plus rapprochée, à cette époque. La première ne devait voir le jour que quatre ans plus tard à Montréal, dans cette rue Saint-Jacques dont on devait dire, longtemps après, qu'elle était «l'artère la plus longue au Canada parce qu'elle allait de la Banque de Montréal au bureau du premier ministre à Québec.»

d) Les prêts

La plus grande partie de la fortune de Trestler est faite de prêts, qui prennent la forme de reconnaissances de dette, de billets ou d'obligations confirmés par un acte notarié. Dans l'inventaire, le notaire les décrit tout au long, qu'ils relèvent de Quinchien ou de Soulanges. les montants sont bien différents: ils vont de six livres et douze schellings dus par Basile Deschamps à 1 665 livres que doit un nommé Storey, dont il est difficile de déchiffrer le prénom, à Philippe Lalonde qui doit

---

66. Dans l'inventaire de 1814, on relève les pièces que contient la caisse de Trestler: piastres espagnoles, livres sterlings, «piastres» de France, doublons, sols, monnaies portugaises, louis de France et surtout un grand nombre de billets de l'armée anglaise, dont Trestler était un des fournisseurs. Cela indique la variété des monnaies en circulation dans ce coin du pays. Cette multiplicité des pièces explique pourquoi, un peu plus tard, vers 1850, sous l'influence du ministère Hincks, l'Assemblée législative choisit le système décimal, basé sur le dollar américain, comme devise nationale, malgré l'opposition de l'Angleterre qui voyait ses principales colonies d'Amérique s'éloigner d'elle en se rapprochant des États-Unis. Il est vrai que vers cette époque (1854), les deux voisins avaient signé un traité de réciprocité qui résista jusqu'à la guerre de Sécession. C'est durant cette époque que certaines entreprises nouvelles virent le jour dans le Bas-Canada, comme celles de F.-A. Sénécal (bateaux, commerce du blé et du bois, échanges divers par la voie du Richelieu). Ses affaires s'écroulèrent quand la convention commerciale fut résiliée d'un commun accord.

1 961 livres, jusqu'au lieutenant-colonel L. Murray inscrit pour une livre et dix schellings. Il y a là une longue énumération que le notaire tire d'un grand livre contenant trois cent soixante-dix-neuf pages, commençant avec le prêt numéro un et finissant à la page trois cent soixante-dix-neuf, jour de la Saint-Dominique, note le notaire; presque ironiquement, sans s'en rendre compte, car saint Dominique n'est-il pas reconnu pour la rigueur de la règle qu'il a imposée à son Ordre et pour son grand esprit de charité? C'est un peu plus tard que Mgr Bourget recommandait au prêteur: «Lorsque vous avez de l'argent à placer à intérêt, défiez-vous de la cupidité qui voudrait vous porter à exiger plus que moins. Contentez-vous toujours de ce profit qui est réputé modéré par ceux qui n'écoutent que les conseils d'une prudence éclairée.» Et il ajoutait: «Prêtez même sans intérêt à ceux qui ont besoin de votre argent, mais sans pouvoir en payer le loyer.» Ce qui n'aurait évidemment pas été dans les intentions de Jean-Joseph Trestler.

*

Pour l'étable, le notaire est aussi précis que pour les créances. Ainsi, il énumère ce qu'il y trouve: «Une vieille jument, un cheval, deux poulains, cinq boeufs, quatre vaches, deux charettes, un tombereau, deux fanaux, deux arnois, cinq cents minots de potasse, etc.» Tout cela nous permet de voir un peu mieux la vie que menaient le maître de céans et ses gens. Cela démontre que tous sont bien près de la terre. Rien, en effet, ne pouvait autant nous les faire apercevoir au travail que cet inventaire dressé après la mort de Trestler. Il nous éclaire sur ce que pouvait être le domaine, les occupations et les préoccupations de cet homme de cinquante-six ans, qui aimait les affaires, voyait au détail et ne négligeait rien de ce qui pouvait l'enrichir. Ces cinq boeufs, en particulier, nous semblent assez précis sur les liens qui, en dehors du commerce, rattachaient Jean-Joseph Trestler à son domaine et à ses gens. Il achète, vend, emploie des commis pour recevoir la clientèle et tenir les lieux et les marchandises en bon état; il fait faire ses comptes par «un écrivain». Il voit au transport de sa potasse, de ses produits et de ses marchandises, comme il procure des cendres à son maître potassier, tout en gardant un contact direct avec la terre, qu'il fait cultiver. Négociant, il est aussi *gentleman farmer*, comme on dira plus tard. Ce sont ces boeufs qui en sont les témoins, avec ses «hommes engagés» qu'il loge à côté d'eux. Le notaire nous en apporte le témoignage en nous disant que, dans l'étable-écurie, il y a également un lit de plumes, deux paillasses, deux couchettes, des draps et puis trois autres couchettes avec deux autres matelas et vingt-trois moules à chandelles...

e) Les paysanneries

Avant d'en terminer avec l'inventaire, notons un mot assez curieux employé par le notaire. Parmi les choses qu'il énumère en page 41, il mentionne un «lot de paysanneries». À l'époque, on devait donner à ce terme un sens que l'usage et le dictionnaire n'ont pas conservé. En effet, *Robert* définit ainsi le mot: «condition du paysan; ensemble des paysans; oeuvre littéraire représentant des paysans». Or, d'après la note du notaire Papineau, il s'agissait, semble-t-il, de choses faites par le paysan, le rural; outils, instruments, *catin* d'étoffe, comme on disait autrefois en Touraine[66a]. En somme, il s'agissait d'objets faits par les *habitants* ou les membres de sa famille. On ne sait pas exactement, cependant, ce que cela était. Le notaire en fixe la valeur à trois £; ce qui, pour lui, indique qu'il s'agit de bricoles. Même ceux qui se spécialisent dans les *canadianas* semblent ignorer ce dont il s'agit.

*

Nous nous arrêtons là, car l'énumération est déjà longue. Elle suffit à montrer ce que laissait derrière lui cet homme qui, de simple soldat, puis de colporteur, était devenu un notable dans le milieu où il avait décidé de fonder famille et entreprise.

## 12. La maison Trestler

Johann Joshef Tröstler serait, sans doute, resté un inconnu, passé de l'état peu brillant de colporteur à celui de

---

66a. D'après Michel Laurencin dans *La Vie quotidienne en Touraine au temps de Balzac*.

marchand dans un coin isolé de la province[67], connu alors sous le nom de Quinchien[68], s'il n'y eut construit une grande et fort belle maison de pierre, ayant résisté au temps. Élevée sur le bord de l'Outaouais, au-dessus d'un rapide, qui lui a coûté un fils, mais lui a rapporté une fortune, la maison est plus vaste que la plupart de celles que le XIX$^e$ siècle nous a laissées. De dimension tout à fait inusitée, elle mesure, en effet, cent trente-cinq pieds en façade et quarante en profondeur. Bien propor-tionnée, elle a deux étages, un toit *en pavillon*, comme on disait au XVIII$^e$ siècle[69], percé de lucarnes qui éclairent les chambres, partout sauf dans cette grande pièce voûtée où l'on suspendait les peaux apportées par les trappeurs du haut Outaouais, en attendant qu'elles fussent vendues à Montréal pour l'usage local ou pour l'exportation.

Un jour de 1798, comme on l'a vu, Trestler décida de remplacer sa maison de bois par un bâtiment de pierre où il transporterait son logement et son magasin. Prudent, il fit exé-cuter les travaux en trois étapes: celle de 1798 d'abord, suivie d'une deuxième en 1805 et d'une troisième en 1806, chacune étant marquée d'une pierre d'angle sur laquelle se lit une ins-cription particulière. Sur la première section de l'immeuble, il y a l'inscription: «Oh! grand Dieu. J.J.T. 1798». Sur une pierre de la seconde, les mots: «À Dieu la gloire. J.J.T. 1805». Et enfin, en 1806, l'inscription marque simplement l'année.

Les deux premières ont une valeur de foi assez curieuse chez un homme aussi près de ses sous et aussi dur que le voulait sa réputation dans la région. Elles indiquent soit un remercie-ment à ce Dieu auquel il croit, soit le voeu qu'Il continue à le combler dans ses entreprises. Au XX$^e$ siècle, sur la pierre d'an-gle d'un bâtiment, le constructeur aurait plutôt eu tendance à

67. Comme d'autres, tel le négociant J.-B. Lefaivre qui s'est noyé en 1829, avec sa caisse en sautant les rapides de Lachine un jour qu'il l'apportait à Montréal pour la mettre en sûreté.

68. En partie disparu depuis la création du village de Dorion en 1891 ou, tout au moins, s'appliquant à une région amputée de Vaudreuil et de Dorion. Une vieille carte indiquerait que l'actuel Dorion fut aussi connu sous le nom de Mannheim pen-dant un court espace de temps, sans doute en souvenir de Jean-Joseph Trestler, pour rappeler en Amérique la ville d'où il était venu.

69. Voir *La maison en Nouvelle-France*, par Robert-Lionel Séguin, Ottawa, Imprimeur de la reine, 1968, p. 4.

remercier un gouvernement généreux plutôt qu'un Dieu bienveillant: conscience plus grande de l'immédiat que du spirituel.

*

La maison a son histoire, comme toutes celles qui ont bravé le temps et les intempéries. Ce que Trestler a construit en une dizaine d'années était solide; aussi l'immeuble a-t-il survécu. À un moment donné, il est même devenu monument historique reconnu par l'État. Un bâtiment de près de deux cents ans, en effet, est un bien valable dans un pays que ne connurent pas les Européens avant 1534, à l'époque où les Indiens n'avaient que des tentes de peaux entourées de palissades de bois destinées à les protéger contre les attaques de l'extérieur.

La maison Trestler forme un tout harmonieux. Fut-elle l'oeuvre d'un architecte? Non, sans doute car, à cette époque, la profession n'existait guère. Mais appuyé en cela par le propriétaire, le constructeur a tiré de la tradition française le goût des proportions à la Bretonne ou à la Normande, celui des matériaux solides, durables et de l'harmonie des formes.

Dans certains domaines, on peut retracer l'histoire d'une famille à travers les générations. La maison Trestler nous permet de suivre certains de ses membres et leurs descendants au cours de leur vie studieuse ou laborieuse. Des Trestler, on passe ainsi aux Dorion, puis rapidement aux Geoffrion; ce qui nous amène à 1927, moment où la maison fut vendue à Gustave-Henri Rainville, agent de change qui avait épousé Honorine Bruneau, fille d'un collègue dont la propriété s'élevait à l'autre extrémité de la commune, comme on disait alors. De champ en jachère à pelouse bien tondue, celle-ci devint la propriété d'un riverain, après une certaine bagarre juridique, tant le droit de propriété en était vague.

Pour le reste de notre histoire, nous partirons de Jean-Baptiste Curtius, fils de Jean-Joseph Trestler qui, au moment du décès de son père, hérita de la moitié de la propriété. Nous en viendrons ensuite à Iphigénie[70], la fille du docteur Jean-

---

70. Elle portait bien joliment ce nom, d'origine à la fois romantique et païenne. D'après la légende, Iphigénie n'était-elle pas la fille d'Agamennon et de

Photo de la maison Trestler

Baptiste Curtius Trestler. Comme on le verra, elle épousa Antoine-Aimé Dorion, appelé à un avenir prestigieux, aussi bien dans la politique que dans la magistrature. Nous les suivrons tous deux à travers leur courte vie conjugale, dont une partie se passa dans la maison Trestler. Nous accompagnerons ensuite sir Antoine-Aimé Dorion dans sa vie politique, puis judiciaire. Et des Dorion nous passerons bien rapidement aux Geoffrion qui, à leur tour, habitent une partie, sinon la totalité de la grande maison de pierre.

*

Mais revenons à la mort du maître de céans, en 1814, moment où Marie-Anne Trestler et son fils Curtius sont les usufruitiers de la propriété, avec la charge de l'entretenir et de la remettre aux petits-enfants suivant la volonté de Jean-Joseph Trestler.

À la mort de son mari, Marie-Anne Trestler se rend compte qu'elle ne peut continuer les affaires de son mari. Comme deux négociants de Montréal, les frères Jean-Louis et Jean-Baptiste Noro veulent installer leur commerce dans une partie de la maison, elle accepte de la leur louer sur le conseil de Me Joseph Papineau. Celui-ci rédige le bail le 23 juin 1814. Les frères Noro le signent pour deux ans et dix mois, moyennant la somme de «sept livres et dix schellings au cours actuel de cette province, pour chaque mois de loyer». À ce prix, ils occuperont «la partie centrale de l'immeuble, c'est-à-dire les voûtes servant de magasin, quatre chambres qui en sont les plus voisines et la cuisine en équerre de la maison». Ils auront accès à la cave et aux greniers des mêmes appartements, avec aussi le hangar de pierre, le hangar de bois et les remises, le hangar à cendres et à fourneaux, avec les cuves, chaudières et ustensiles à potasse et, enfin, à une autre maison de pierre, *en mauvais état*. Ils auront aussi l'usage d'un bateau ou chaland pour faire la traversée, etc. Si les frères Noro entraient ainsi dans les bot-

---

Clytemnestre, qui ont donné lieu à quelques légendes antiques, d'où ont été tirées les deux tragédies *Iphigénie en Tauride* et *Iphigénie à Aulis*. Fort heureusement pour le curé, le prénom païen s'accompagnait de deux autres reconnus par l'Église, Marie et Anne.

tes du défunt, ils vivotèrent, semble-t-il, et rapidement on perdra leur trace.

*

Madame Trestler ne tardera pas à venir demeurer à Montréal, où elle pourra plus facilement élever ses deux fils: Curtius en particulier qui aura bientôt seize ans et doit continuer de fréquenter le collège[71], si l'on veut qu'il devienne médecin, comme il le désire. La mère ne fait aucune difficulté pour revenir à la ville.

Elle y a passé une partie de sa jeunesse et, avec le décès de son mari, elle se sent bien isolée dans cette vaste maison dont l'entretien lui pèse, même si, l'été, il est bien agréable d'y vivre.

Plus tard, elle cédera sa part du domaine à son fils Curtius. C'est au décès de celui-ci, en 1871, que l'on constatera comme est compliqué le règlement de la substitution, établie par l'ancêtre dans un désir de garder à toute la famille le droit de propriété, mais dont les ramifications, telles les racines d'un orme ou d'un chêne, s'étendent dans toutes les directions. Ainsi, au siècle suivant, le notaire Herbert Marler devra consacrer un long grimoire à l'évolution du droit de propriété pour suivre la marche des titres de Marie-Anne Trestler et de son fils Curius jusqu'à Gustave-Henri Rainville[72], c'est-à-dire au moment où la maison passe à un étranger à la famille. Comme on peut le voir dans l'acte de vente, le notaire note le don de la part d'Anne-Marie Curtius à son fils en 1843, les interventions des enfants de celui-ci, celles des Lacroix et des Dorion. Il prend acte aussi du jeu des pourcentages auxquels se livrent les arrière-petits-enfants en vertu du testament laissé par l'aïeul et l'entrée en lice des Geoffrion, avec les complications suivantes: «*Resale had the effect of vesting in Dame Marie Genevière Adèle Trestler one-fourth of one-fifth (making one twentieth in addition to her twelve/twentieth interest in the property) and of vesting in each niece one-fourth of one/fifth (making three/sixtieth in addition to her four/sixtieth interest...)*».

---

71. Il est inscrit au collège de Montréal en 1810, d'après la liste des anciens élèves dressée par Aegidius Fauteux. (Collection Gagnon, Bibliothèque municipale de Montréal).

72. Dans un long document, il y établit les titres de propriété.

C'est le notaire Victor Morin qui s'était chargé d'établir le jeu des pourcentages: le notaire Marler admettant en toute simplicité qu'il ne s'était pas arrêté à les vérifier.

Sans aller plus loin dans ce dédale, notons donc que Gustave-Henri Rainville, dont nous avons mentionné le nom, devient le propriétaire de la maison le 22 mars 1927. Il l'occupera comme maison de campagne jusqu'au moment où il la cédera à Donald Taylor, qui l'habitera, en venant chaque jour à Montréal où sont ses affaires. Puis, suivra un long moment où le bâtiment sera bien négligé. En 1969, date mémorable, le domaine sera reconnu monument historique par la Commission fédérale des sites et monuments historiques. C'est dire qu'on ne pourra plus ni le démolir, ni en changer la construction ou l'aspect. Domlin Corporation en fera l'achat pour quatre-vingt mille dollars et, en 1976, la cédera à Madame Louis Dubuc pour la somme de soixante-quinze mille. Les lieux sont en bien mauvais état à ce moment-là. Les nouveaux propriétaires les restaureront, avec un goût très fin à l'aide d'une subvention du gouvernement provincial, notamment. Puis, ils créeront une fondation destinée à assurer la pérennité du domaine et à en faire un lieu d'accueil et d'étude.

La maison Trestler est ainsi sauvée, pour un moment et tant que l'inflation ne commence pas à jouer avec les taux d'intérêt, comme l'apprenti-sorcier avec une complexe machinerie. Elle reçoit des chercheurs, des intellectuels, des *séminaires* (cette institution contemporaine des palabreurs) et des hôtes illustres, comme le premier ministre de France, M. Raymond Barre, en 1978. Celui-ci y passera la nuit, en route pour Québec où il rencontrera officiellement le premier ministre du Québec — lointaine séquelle d'un mot célèbre du général de Gaulle, qui a secoué la francophonie et le monde britannique: bévue, diront les uns, mot échappé à un vieillard fatigué ou, au contraire, déclaration voulue, préparée, diront les autres[73].

\* \* \*

---

73. Il y a à ce sujet de bien curieux détails rapportés par Anne et Pierre Rouannet, dans *Les trois derniers chagrins du général de Gaulle*, Paris, Grasset.

Et un jour, des concerts donnés par la Fondation viendront rappeler, dans les vieux murs restaurés, trois moments prestigieux de la musique correspondant à l'existence de la maison:

— musique à la cour de Frédéric le Grand, pour rappeler les origines allemandes de Jean-Joseph Trestler;

— musique de l'ère élisabéthaine évoquant la construction de la maison sous le régime anglais;

— musique du palais de Versailles, pour souligner la présence française constante dans la maison Trestler depuis 1798.

Et c'est ainsi que Bach, Haendel, Telemann, Quantz voisineront avec Bird, Morley, Farnaby et Gibbons, Campra, Marin, Marais, Louis Couperin et Michel Blavet. Ils rappelleront l'évolution d'une maison construite pour le commerce et devenue le refuge de l'esprit, au service de l'histoire.

*

Comme toute maison, où des événements tristes ou tragiques se sont produits, la maison Trestler a eu ses joies, ses tristesses, ses légendes et ses fantômes. À une certaine époque, nous affirme une aimable journaliste, elle était habitée par des esprits, dont les soupirs ou le tapage se faisaient entendre, certaines nuits. Qui étaient ces revenants? Celle qui nous en a parlé n'est pas allée jusqu'à les interviewer. Elle n'a pu déterminer s'il s'agissait de Daniel — le petit noyé d'en face ou de Johann Joshef Tröstler lui-même, venu protester contre ce qu'on avait fait de sa maison. Il l'avait voulue utile, mais pour le commerce. Dans un de ses testaments[74], il était allé jusqu'à souhaiter qu'on en fît une école dans certaines circonstances. S'il protestait, c'était sans doute à l'époque où on·avait laissé les lieux dans un tel état qu'ils n'étaient plus habitables que par les chauve-souris. Plus tard, il n'eût pu reprocher qu'on les réparât, en leur gardant leur caractère et ce que ses habitants actuels en ont fait. Depuis, les fantômes se sont tus, mais la légende est restée pour les esprits fertiles. Comme en Écosse, chacun garde les siens dont on aime parler avec un aimable sens de l'humour.

_____

74. On en connaît trois.

# Le juge

Doit-on considérer le juge comme un notable de la seigneurie de Vaudreuil à l'époque où nous l'étudions? Dès 1793, Vaudreuil est érigé en cour de circuit[75], tribunal de peu d'importance qui, sauf exception, ne siège qu'une fois par an[76]. Il ne nécessite donc pas la présence d'un magistrat habitant sur place. C'est sans doute pourquoi Joseph Bouchette ne le mentionne pas parmi les habitants de la seigneurie dans son

---

75. Voici ce qu'écrit à ce sujet Pierre-Georges Roy, sous le titre de «L'organisation judiciaire de la province de Québec sous le régime anglais», dans *Les Juges de la province de Québec* (Québec, R. Paradis. Imprimerie du Roi, 1933, pp. XII et XIII):

«1793 à 1843

L'Acte de judicature de 1793 (34 George III, chapitre 6) modifia considérablement le système judiciaire de la province de Québec. Celle-ci fut de nouveau divisée en trois districts, Québec, Montréal et Trois-Rivières.

Les tribunaux civils de première instance suivants furent constitués de: 1° deux Cours du Banc du Roi (l'une à Québec, l'autre à Montréal); 2° deux Cours Provinciales (l'une aux Trois-Rivières et l'autre à Gaspé); 3° Cours de Circuit.

La Cour du Banc du Roi de Québec se composait du juge en chef de la Province et de trois juges puinés; celle de Montréal, d'un juge en chef et de trois juges puinés. Les Cours du Banc du Roi tenaient quatre termes supérieurs (causes excédant dix louis) et six termes inférieurs (causes jusqu'à dix louis, jugées sommairement). Aux termes inférieurs, les cours du Banc du Roi étaient présidées par un ou deux juges. Aux Trois-Rivières, deux juges du Banc du Roi et le juge local (Cour Provinciale) tenaient deux termes supérieurs.

Les Cours Provinciales des Trois-Rivières et de Gaspé étaient tenues par un juge local *ad hoc*. La Cour Provinciale des Trois-Rivières tenait six termes, avec juridiction jusqu'à dix louis. La Cour Provinciale de Gaspé avait juridiction jusqu'à vingt louis et elle siégeait à Bonaventure, Carleton, Percé et Douglastown.

Un ou deux juges de la Cour du Banc du Roi devaient tenir des termes de circuit une fois par année à Kamouraska, à L'Islet, à Saint-Vallier, à Sainte-Marie de la Beauce, à Cap-Santé, à Lotbinière et à Saint-Joachim pour le district de Québec, et à Vaudreuil, à Terrebonne, à L'Assomption, à Berthier-en-haut, à Verchères, à Saint-Denis de Richelieu, à Saint-Jean et à Châteauguay pour le district de Montréal. Le litige, devant la Cour de Circuit, devait être inférieur à la somme de dix livres sterling.»

À côté de cette judicature, il y avait des «commissaires pour les décisions sommaires» et des juges de paix, comme le fut Alain Chartier de Lotbinière durant une partie de sa vie. De leur côté, les capitaines de milice exercèrent à certains moments la fonction de coroner (page XIII, *Ibid*). En 1809, M. de Lotbinière siège à Vaudreuil avec Messire Antoine Filion et Richard Nevisson.

76. Ce n'est qu'en 1857-1859 que l'on construisit un palais de justice à Vaudreuil sur les plans de l'architecte Moffat, qui y habitait. On le transforma, au siècle suivant, en des bureaux relevant du ministère de la Justice.

ouvrage de 1831[77]. Ce n'est pas que le juge ne jouisse d'une importance particulière. Si, parfois, l'on fait suivre son nom du mot *écuier*, qui est une traduction d'*esquire*, il est précédé du titre d'*honorable* — qu'il a conservé d'ailleurs jusqu'au XX^e siècle. Et quand il entre dans la salle d'audience, un greffier le précède et annonce sa Seigneurie. Comme il tranche le litige en dernier ressort dans les causes qui relèvent de sa juridiction, il ne peut pas ne pas être considéré comme un personnage doublement prestigieux puisqu'il peut être à la fois magistrat et député au début du XIX^e siècle. C'est le cas de Pierre-A. De Bonne qui représente le comté de York, en même temps que son beau frère, Alain Chartier de Lotbinière. De Bonne est député de York de 1792 à 1796 et, malgré cela, il est nommé juge de première instance d'abord, puis de la Cour d'appel à l'époque où on la connaissait sous le nom de Cour du banc du roi (*King's Bench*).

De Bonne n'habite pas à Vaudreuil, s'il y vient pour de brefs séjours chez son beau-frère. Il n'y siégea sans doute pas puisqu'il était attaché à la région des Trois-Rivières. Si nous le mentionnons ici, c'est à cause de ses liens avec la seigneurie d'abord — le comté de York englobant celle-ci — et parce qu'il avait épousé la soeur du seigneur, Louise de Lotbinière. Il est vrai que leur union fut de courte durée; elle se termina quand l'épouse décida de retourner chez son père qui habitait dans l'état de New York. De Bonne était-il d'humeur difficile, avait-il un mauvais caractère? Ou, comme on le racontait ouvertement, avait-il des faiblesses coupables pour une *seigneuresse* des environs de Montréal? L'histoire ne le dit pas. Au début du XIX^e siècle, il fut mêlé à une grande bagarre à l'Assemblée législative.

La question était sérieuse: elle avait trait au double mandat que pouvait exercer le juge à cette époque — celui de magistrat et celui de député. Une majorité s'opposait avec raison à une pareille situation, dont l'illogisme était patent: le juge pouvant être appelé à trancher un point de droit relevant d'une loi

---

77. Cf. Joseph Bouchette, *The British Dominions in North America or A topographical and statistical description of the provinces of Lower and Upper Canada, New Brunswick, Nova Scotia, The Islands of Newfoundland, Prince Edward Island and Cape Breton*, Londres, 1831.

qu'il aurait contribué à faire voter. Il y avait là un abus que la majorité fit disparaître en supprimant le droit du juge de se présenter à la députation. Ce fut, dans la Colonie, le début d'un statut nouveau pour une magistrature indépendante de la politique et qui ne devait même pas se mêler de la vie électorale. On espérait ainsi que le juge prendrait des décisions détachées de toute influence extérieure, même s'il était nommé par le pouvoir public et s'il était payé à même les fonds des contribuables.

Mentionnons ici le nom de certains magistrats qui ont pu, à un moment ou à un autre, avoir quelque chose à faire avec la justice rendue à Vaudreuil, bien mal logée jusqu'à ce qu'on construise le palais de justice durant la deuxième partie du XIXe siècle.

L'honorable George Pyke est l'un de ceux dont le nom vient d'abord à la mémoire de l'historien[78]. Né à Halifax en Nouvelle-Écosse en 1775, il y avait été reçu avocat, puis en 1796, il s'était insctrit au Barreau du Bas-Canada. Il avait été député de Gaspé et il était devenu procureur général de la province du Bas-Canada en 1812; en 1814, on l'avait nommé juge de la Cour du banc du roi, après avoir été greffier de l'Assemblée législative[79]; ce qui est assez caractéristique d'une carrière à la fois politique et civile permettant d'accéder aux plus hauts postes. George Pyke avait quarante-trois ans à cette époque. Il avait un esprit curieux, il était tenace, laborieux. On lui doit, par exemple, un recueil de jurisprudence paru à Québec vers 1811, qui devait être utile[80] à une époque où les ordonnances, les jurisprudences anglaises et américaines formaient la base d'un droit parfois bien embarrassant, dans lequel G.-É. Cartier a contribué à mettre de l'ordre au Bas-Canada à partir de 1866, moment où l'on a adopté le Code civil du Bas-Canada.

George Pyke mourut à Pointe-Cavagnal[81], le 3 février 1851, dans sa maison connue sous le nom de *Pyke Farm*, puis

78. Ce nom nous est indiqué par l'honorable juge Ignace-J. Deslauriers, auteur d'un livre intéressant sur les juges de la Cour supérieure qui se sont succédés sous le régime anglais de 1849 jusqu'à nos jours. *Cour supérieure. Ses juges 1849-1er janvier 1980.*

79. *MacMillan Dictionary of Canadian Biographies.* Third Edition, MacMillan, Toronto, 1963.

80. *Pyke's Reports* (Québec 1811).

de *Mount Victoria*. Y habita-t-il à l'époque où il siégea à Vaudreuil? Pas durant la partie du XIXᵉ siècle sur laquelle porte notre étude, semble-t-il, car la maison fut construite vers 1832-1834, et ce n'est pas avant 1837 qu'il eût pu songer à lui donner un pareil nom, en l'honneur de la reine Victoria, devenue cette année-là la souveraine de Grande-Bretagne.

N'allons pas plus avant car, encore une fois, si George Pyke avait habité en permanence vers 1830, dans la seigneurie de Vaudreuil, Joseph Bouchette l'aurait noté, lui qui énumérait avec une grande précision tout ce que l'on trouvait dans la seigneurie, en bêtes et gens[82].

*

Peut-être pourrait-on dire ici un mot d'un autre magistrat, le juge Norman Fitzgerald Uniacke, qui aurait également pu avoir affaire au tribunal installé à Vaudreuil. Nommé en 1825 à la Cour d'appel pour la région de Montréal, le juge Uniacke siégea jusqu'en 1836. On imagine qu'il eut, suivant la loi, l'occasion de se rendre à Vaudreuil pour trancher des causes soumises à la Cour de circuit. S'il le fit, ce fut sans grand bruit et sans éclat. De plus, il n'y habita pas.

*

On peut ajouter un troisième et dernier magistrat dont la biographie nous est donnée par Pierre-Georges Roy: le juge James Reid, qui devint juge en chef du district de Montréal le 31 janvier 1825 et le resta jusqu'en octobre 1838. Il n'y a pas

---

81. Devenu Hudson Heights.

82. Le juge Pyke a présidé certains procès reliés à la politique. Ainsi en 1835, à la suite d'un article de Ludger Duvernay, paru dans *La Minerve*, il a condamné Duvernay pour diffamation. À nouveau, il a été mêlé à une autre cause se rattachant au soulèvement, en 1839. Voici comment M. Jacques Boucher rappelle les faits:

«L'autre procès, aux implications plus dramatiques, se déroule en septembre 1839. François Jalbert, capitaine de milice de Saint-Denis, incarcéré depuis deux ans, est accusé du meurtre du lieutenant Jack Weir survenu en 1837. Pour cette cause, le jury se compose de huit Canadiens et quatre Anglais, dont deux seulement sont d'origine britannique. Les juges Pyke, Gale et Rolland entendent la cause devant une salle surchauffée. Après plusieurs heures d'attente, la salle excitée reçoit le verdict: à dix contre deux, les jurés recommandent l'acquittement. La foule en furie bondit; de justesse, les juges et jurés parviennent à lui échapper. Les héros de la soirée, les deux seuls jurés britanniques favorables à une condamnation sont portés en triomphe par les loyalistes». (Extrait de la biographie du juge George Pyke, *Dictionnaire biographique du Canada*, vol. VIII, sous la signature de M. Jacques Boucher.)

Maison de juge George Pyke à Hudson Heights, qu'habite le peintre S. C. Cosgrove. La partie centrale a été construite par le juge Pyke, une aile transversale ayant été ajoutée par la suite.

trace de lui au tribunal de Vaudreuil, semble-t-il, mais il est possible qu'il ait eu l'occasion d'y siéger. Si nous le mentionnons, c'est autant pour citer le nom d'un autre juge ayant pu y avoir à faire, mais surtout pour mentionner deux témoignages sur l'homme, rendus par deux journaux bien opposés l'un à l'autre, *La Minerve* et *The Montreal Herald*. À la mort du juge Reid en 1848, voici ce qui parut dans le premier: «Dans la vie privée, M. Reid jouissait de l'estime et du respect général, mais dans la vie publique, il ne fut pas toujours exempt, comme plusieurs de ses confrères, des préjugés ou des passions qui ternissent souvent la carrière d'un juge et qui le portent à abuser de son autorité pour commettre de grandes injustices.»

Tandis que dans le second, on lisait à la même époque: «Nul juge n'avait possédé la confiance publique et le respect de ses concitoyens à un plus haut degré, durant sa carrière judiciaire». Et le journal ajoutait: «Il le méritait bien, car nul ne fut plus dévoué, plus consciencieux ni plus zélé dans l'accomplissement de ses devoirs publics. La clarté et la concision qu'il apportait dans la rédaction de ses jugements étaient remarquables. Sa vie entière fut un exemple que les membres de la profession légale devraient se faire un devoir d'imiter, mais qu'aucun ne peut espérer dépasser»[83].

Comment peut-on imaginer des points de vue aussi opposés? Et comment peut-on juger un homme par des témoignages aussi extrêmes? Pour un journal, il «abusait de son autorité». Pour l'autre, il avait donné un tel exemple de conscience professionnelle que personne ne «pouvait espérer dépasser». Sans doute, la rébellion de 1837 avait-elle influencé certains jugements rendus par le juge Reid[84]. Les uns les avaient jugés abusifs et les autres les avaient accueillis comme l'essence même de la justice humaine.

---

83. Cité par M. Pierre-Georges Roy dans *Les Juges de la province de Québec*, 1933.

84. Par ailleurs, dans une note empruntée à Me J.-Maréchal Nantel dans *Les Juges en chef de la province de Québec*, p. 73, F.-J. Audet a écrit du juge James Reid: «Il était très consciencieux et il apportait dans son travail une méthode extraordinaire. Il compila avec clarté et précision toutes les questions de droit qu'il fut appelé à décider et il garda des notes remarquables des jugements qu'il eut à rendre ou auxquels il participa, tant au civil qu'au criminel.»

«Cette compilation et ces notes, s'étendant de 1806 à 1837, forment 25 gros volumes manuscrits qui sont conservés à la Bibliothèque du Barreau de Montréal.»

Le notable qu'était le juge dans la société où il vivait ne devait-il pas être très diminué ou porté aux nues, suivant son attitude et ses jugements au moment de ce soulèvement qui avait si profondément atteint le milieu du Bas-Canada?

Il ne faut pas conclure, mais simplement noter qu'avec les données que nous avons actuellement, aucun magistrat autre qu'un juge de Paix n'a habité Vaudreuil à l'époque que nous étudions. Parmi eux, nous avons cité précédemment le seigneur Alain Chartier de Lotbinière, tout en signalant les causes de bien peu d'importance qu'il était appelé à juger avec ses collègues.

Ainsi, on a gardé dans des archives privées[85] un recueil des jugements rendus par les juges de Paix, nommés à Vaudreuil sous les septième et huitième années du règne de George III, Alain Chartier de Lotbinière, Antoine Filion et Richard Nevisson. Nous extrayons du registre officiel le cas suivant qui illustre assez bien le simplicité de la procédure suivie:

85. Archives de la famille des de Lotbinière, conservées par M. Henri de Lotbinière-Harwood, à Vaudreuil.

*

Ainsi se termine notre étude des notables de la Seigneurie de Vaudreuil. Certains étaient au-dessus du commun par leur naissance; d'autres par le degré d'instruction qu'ils avaient obtenu, d'autres par leur éducation, d'autres enfin par leur intelligence, par la fortune qu'ils avaient acquise ou par l'ascendant qu'ils exerçaient sur des gens frustres, mais doués de bon sens et, souvent, d'une grande intelligence. Les plus influents restèrent longtemps le curé par le rôle spirituel qu'il joua, puis le seigneur. Puis, ce fut le tour de ce que plus tard on appela l'homme de profession libérale. Ainsi se constitua graduellement une classe nouvelle: la bourgeoisie qui se lia solidement aux partis d'influence. C'est à une de ces familles que nous avons consacré la deuxième partie de notre étude, en montrant l'ascension de l'une d'elles à Vaudreuil: les Trestler dans leur montée vers une situation sociale nouvelle.

# DEUXIÈME PARTIE

# III

# L'accession des Trestler à la bourgeoisie*

avec

I — Jean-Baptiste Curtius Trestler (1798-1871)

et

II — Iphigénie Trestler-Dorion (1825-1855)

Nous avons été attirés par Johann Joshef Tröstler, soldat-colporteur, puis marchand à Quinchien et député. Au début du XIX<sup>e</sup> siècle, il bâtit sa fortune à une époque où n'existent guère d'autres contraintes que celles du métier, les fluctuations des prix et l'isolement du *chaland* ou du fournisseur.

Nous nous intéresserons maintenant à son fils Curtius qui, venu d'un milieu assez fruste, devint médecin à une époque difficile de la médecine au Canada. Pour terminer l'histoire immédiate de cette famille, fondée par un simple soldat né à Mannheim, en Allemagne, nous avons choisi de parler d'Iphigénie, fille de Curtius.

*It takes three generations to make a gentleman*, rappelle un dicton anglais. Avec Curtius Trestler, devenu médecin, on se trouve devant un homme de bonnes manières, policé, instruit, qui voyage, exerce sa profession et fait une courte incursion dans l'enseignement universitaire ou ce qui en tient lieu à l'époque. Il est au deuxième échelon de la bourgeoisie du XIX<sup>e</sup> siècle.

Iphigénie est de la troisième génération; elle se marie dans son milieu, la bourgeoisie naissante. Elle épouse Antoine-

_____

* Notes pour servir à l'histoire de la famille Trestler et à son accession à la bourgeoisie.

Aimé Dorion, avocat bien coté, qui sera un chef politique de grande classe, un ministre d'éphémères cabinets il est vrai, mais surtout un chef de l'opposition de sa Gracieuse Majesté; car les cabinets dont il fait partie s'écrouleront comme des châteaux de cartes à une époque où les libéraux sont bien mal vus du clergé et où, en politique, on est conservateur d'instinct, et bourgeois d'habitudes et de sentiment dans le Haut et le Bas-Canada. Comme on est loin avec eux des réformes ou des idées que Wilfrid Laurier fera triompher à la fin du siècle! Plus tard, Antoine-Aimé Dorion sera juge en chef de la Cour d'appel, et la Reine en fera un de ses chevaliers en 1877. Il sera *Companion of St. Michael and St. George*, ce qui lui donnera droit au titre de *sir*. Il sera alors connu par ses contemporains sous le nom de sir Antoine-Aimé, suivant la coutume britannique. Mais hélas! le mari fut seul à recevoir le titre, car son épouse mourut à trente ans, comme on le verra. Une de ses filles donnera naissance à celle qui deviendra madame Alphonse Geoffrion qui, à son tour, aura, parmi ses enfants, Aimé, un des plus grands avocats sortis de cette pépinière de juristes qu'a été le milieu francophone au XIX$^e$ siècle.

\*

Ces trois générations nous permettront de présenter trois types humains issus de cette seigneurie de Vaudreuil que nous nous sommes proposé d'étudier: l'immigrant qui ne connaît que les affaires; le médecin qui se confine dans l'exercice de sa profession, et la femme d'un homme politique qui tient son parti bien en main jusqu'au moment où il le quitte pour occuper le poste le plus élevé de la magistrature dans sa province.

Tous, pendant ce temps, vivront en permanence ou en villégiature, l'été, dans la grande maison qu'un jour on appelera *la maison Trestler*.

Depuis longtemps, la maison avait cessé d'être un pôle d'attraction pour les pays d'en-haut. Elle n'était plus qu'un grand bâtiment divisé en trois sections, qui avait ses fantômes et ses légendes. Longtemps, elle accueillit une famille bourgeoise et d'autres locataires argentés, à une époque où on appelait maison de campagne ce qui est devenu, dans le jargon moderne, une résidence secondaire.

## 1- Jean-Baptiste Curtius Trestler: médecin (1798-1871)

Deuxième génération des Trestler au Canada, Jean-Baptiste Curtius est né à Vaudreuil au mois de juillet 1798 dans la maison de Quinchien[1], un peu avant que la première partie du nouvel établissement soit terminée. Si on l'appelle ainsi, c'est en souvenir du grand-père, l'instituteur, venu de Mayence vers 1760. Il s'était d'abord lancé dans le commerce, mais bientôt il avait renoncé à vendre kérosène, aliments et drogueries, en ne gardant que l'orfèvrerie dans ses moments de loisirs — deux choses qui paraissent bien opposées, au premier abord, mais qu'il pratiquait avec un inégal bonheur[2]. Puis, il avait déménagé à Vaudreuil et, plus tard, à Montréal où il enseignait[3]. On demandait peu de choses à un instituteur à l'époque. On exigeait de lui de savoir écrire et compter, d'enseigner la géographie, un peu d'histoire et le catéchisme pour venir en aide au prêtre chargé de la formation religieuse des enfants du village. Et s'il avait des notions de botanique, on s'en félicitait comme de lui voir tenir sa classe propre et ses élèves bien en main, pendant la journée. C'est ainsi que Curtius, père, aida sa fille Marie-Anne à passer la difficile période de la jeunesse et qu'il la prépara à cette union avec son compatriote Trestler. C'est aussi lui qui, avec le vicaire, apprit à sa fille et aux autres élèves du cru les premiers éléments d'une langue et d'une religion, en en chantant les mots parfois, comme l'instituteur savait le faire à une époque simple où il suppléait à la formation personnelle par un contact humain souvent bien précieux.

Curtius Trestler trouvera plus tard dans la bibliothèque de son père un début de formation, aussitôt qu'il aura pris assez de maturité pour s'intéresser aux livres qu'on y trouvait. Dans l'intervalle, il est très attiré par la vie champêtre et les bêtes de l'étable. Tout jeune, il les mène paître soit dans le pré communal qui se trouve en face de la maison, enclos pour évi-

---

1. Et fut baptisé à l'église Saint-Michel de Vaudreuil quelques jours plus tard.

2. Il était, semble-t-il, d'une famille d'orfèvres.

3. Cf. Robert-Lionel Séguin, *La Patrie du Dimanche*, 31 mai 1950, p. 44.

ter que les bêtes se perdent dans la nature, soit dans les prés des environs. Quinchien, à l'époque, n'est guère peuplé. Tout autour, c'est la forêt, avec ici et là des éclaircies. Plus tard, quand la voie du chemin de fer passera près de là, il y aura quelques maisons dans ce quartier qu'on appellera Mannheim[4], en souvenir du pays d'origine d'un Allemand devenu un riche marchand. Pour l'instant, les maisons de ferme sont assez loin, mais il ne faut pas que les bêtes puissent s'échapper, même s'il y a les prairies tout près, qui sont assez défrichées pour qu'on les laisse en liberté.

Mollets nus, que piquent les moustiques au printemps, Curtius, enfant, les accompagne en les surveillant; il vivra ainsi la vie des petits Canadiens de l'époque, que le curé admoneste et qui se sentent beaucoup plus à leur aise dans la nature que devant ce prêtre qui cherche à les initier à une religion faite de devoirs plus que de plaisirs. Les jours où le grand-père Curtius lui parle du monde et de ses merveilles, le petit-fils doit souhaiter que finissent bientôt ces leçons qu'il faut retenir, alors que la vie tout autour est si belle et qu'il est si tentant de faire l'école buissonnière.

Puis, vient 1806, moment où sa mère dit sans doute à son père: «Il faut que cet enfant aille au collège. Les années de vagabondage dans la forêt ou dans les champs doivent faire place à une discipline, à un enseignement donné par des maîtres qui le prépareront à cette carrière de médecin à laquelle on le destine.»

Lui, sait-il bien ce qu'est cet avenir dont on lui parle comme d'un rêve réalisable? Peut-être pas; il a huit ans. Comme on insiste, il accepte d'aller s'enfermer, à Montréal, derrière les murs de cet immeuble qui a succédé au château[5], où

---

4. À côté de la gare de Dorion, il y eut un *Mannheim Hotel* et une *Mannheim House*, que mentionne une carte, par ailleurs un peu fantaisiste des îles et îlots qui se trouvent dans la baie. Voir à ce sujet un plan par terre dressé en 1864-1868 par les services du Canada-Uni, sous le titre de «Fortification surveys, Vaudreuil. Sheet No. 1. Plan XV», dont nous devons la connaissance à M. Jean-Marie Léger.

5. C'est dans le Château de Vaudreuil qu'était d'abord le collège des Sulpiciens. Lorsqu'il fut détruit par le feu en 1803, la communauté décida de le loger plus loin vers l'ouest, au-delà des murs dans le prolongement de la rue Saint-Paul. Dès 1806, ils ouvrirent la nouvelle maison, assez importante si l'on en juge par le lavis de John Drake datant de 1826, que l'on trouve dans l'album de Jacques Viger. Le collège

Portrait de Jean-Baptiste-Curtius Trestler, médecin. Miniature provenant de la collection Michel Chevalier, à Oka.

avait vécu le marquis de Vaudreuil qui y recevait, entre autres personnages, l'intendant Bigot et ses jolies amies en robes à paniers, et où l'on avait mené une bien joyeuse vie en attendant la catastrophe.

C'était dans cette maison que les parents argentés envoyaient leurs enfants jusqu'au début du XIX<sup>e</sup> siècle. On appela Collège de Montréal, celui qui avait été le Collège Saint-Raphaël. Ce n'est plus la maison du marquis de Vaudreuil où l'on a dansé et chanté, qu'ont fréquentée Madame Bégon, et des dames de vertu moins éprouvée. On n'y reçoit plus le marquis de Montcalm de passage à Montréal, ou quelque ecclésiastique venu se plaindre auprès du gouverneur de la légèreté des moeurs de ses pénitentes.

Au collège nouveau, le cadre a changé, mais non l'atmosphère. Les Sulpiciens y accueillent leurs élèves pour étudier et non pour folâtrer, car la règle est sévère et les repas frugaux. On a gardé traces des mets qu'on y servait et dont M. Quiblier, p.s.s. — le supérieur du collège, n'appréciait guère la préparation[6]. On était au collège non pas pour s'amuser, mais pour travailler. Au début tout au moins, on peut imaginer Curtius Trestler sorti de la nature et devant faire face à ces magisters armés, non d'une canne à pêche ou d'un fusil, mais d'une férule et commentant ou faisant réciter des déclinaisons latines, dont *rosa-la-rose* est le point de départ. Plus tard, il sera aussi forcé de comprendre et d'analyser les textes et les problèmes de Cicéron, aux lieu et place de ceux que son père, de retour de Québec, lui rapportait, avec quelque indignation pour le dureté de sir James Craig, mais aussi avec un certain étonnement devant ces Canadiens qui tenaient tellement à rester français, alors qu'on aurait voulu en faire des anglophones fidèles en tout à la Couronne britannique.

De ces années d'étude, on ne sait pas grand-chose sauf qu'elles se poursuivent de 1806 à 1814[7]. Avant de quitter le col-

---

de Montréal y réunit un nombre assez grand d'élèves venus de l'endroit même et des environs, comme Jean-Baptiste Curtius Trestler. Cf. Olivier Maurault, *Le Collège de Montréal (1767-1967)*, 2<sup>e</sup> édition, Montréal, p. 55.

6. *Bulletin de la Société historique de Montréal*, 1981. Bruno Harel, p.s.s.

7. Selon M. Olivier Maurault, *op. cit.*, p. 209.

lège, Curtius fut-il soumis à la retraite qui devait décider de sa carrière et dont on sortait, après trois jours, troublé ou plus décidé que jamais à rester dans le monde? Il avait devant lui le choix de diverses voies: la plus simple étant celle de guérisseur, de rebouteux, que les médecins traitaient avec dérision ou dédain et dont ils poursuivront plus tard les sujets pour les empêcher de soigner. On se rappelle Antoine Hamel de Rigaud. À la campagne, il y en avait beaucoup d'autres qui employaient des remèdes de bonnes femmes, dont certains nous font sourire. Par exemple, on recommandait, pour la névralgie, de boire de l'écorce d'orange et pour les rhumatismes de la tisane de graines de céleri ou de la tisane de racines de bardane ou de plantain[8].

*

À cela s'ajoutaient les invocations à certains saints, à qui on reconnaissait des vertus particulières. Ainsi, pour le mal de dents, sainte Appoline intervenait si elle voulait s'en donner la peine ou si on la priait assez fort — quelques lampions ou, plus modestement, un cierge, étant d'une utile intervention. Et

---

8. D'autres suggéraient une infusion de racines de chiendent avec la recette suivante: «Mettre une poignée de racines dans un gallon d'eau et en boire». On recommandait aussi une infusion composée de feuilles de céleri, de savoyane, d'herbes à dinde, de racines de chiendent et d'un peu d'écorce de tremble et d'aulne. Ou encore de boire de l'eau cuivrée qu'on obtenait en faisant tremper des morceaux de cuivre dans l'eau. On conseillait de porter un fil de cuivre au poignet ou à la cheville; conseil qui a résisté au temps. Ou encore, on suggérait de couper quelques gousses d'ail, de faire macérer l'ail dans de l'alcool pendant six semaines et de boire la mixture. Ou, enfin, de se frotter avec du thé des bois, de se frictionner avec de l'huile de bête puante, du fiel de cochon, auxquels on ajoutait une cuillerée à soupe de térébenthine, la même quantité de sel fin, d'huile de charbon et de vinaigre.

Pour l'insomnie, il était valable d'appliquer des «tranches de *patates* sur le front, de porter des bas de laine avec des tranches d'oignon».

Pour provoquer un avortement, on conseillait de prendre de l'écorce de merisier à la souche, de faire bouillir et de couler le jus. Si la grossesse était de moins de deux mois, il fallait boire une demi-tasse tous les matins pendant neuf jours, se reposer neuf jours et reprendre. Si elle était de plus de deux mois, on devait boire une tasse tous les matins pendant neuf jours, puis se reposer et reprendre. Boire du vin chaud était également recommandé. Et puis, prendre un bain de moutarde; moutarde sèche dans un bain très chaud ou se laisser tremper les pieds dans un bain de moutarde. Source: *Les Médecines populaires*, par Diane Simoneau, Montréal, Éditions de l'Aurore-Univers.

puis, il y avait saint Blaise pour le mal de gorge, saint Gérard de Magella pour les accouchements les plus difficiles, saint Joseph pour obtenir une mort suivant les règles de l'Église et ce brave saint Jude que l'on invoquait dans les cas désespérés.

Il n'est pas sûr que Johann Joshef Tröstler ne soit pas intervenu dans certains cas de ce genre, tant, à la fin du siècle, le médecin était loin et tant les *simples* — ces fleurs des champs dont il connaissait les vertus — étaient efficaces dans le cas de maux bénins[9].

\* \* \*

Après ses dernières vacances, Curtius s'inscrit donc auprès d'un médecin pour un apprentissage de quelques années, qui devait le conduire à un diplôme ou licence *ad praticandum*, selon la coutume de l'époque. Il tient à être médecin, c'est-à-dire à soigner tout en étant reconnu par ses pairs, même si la médecine à cette époque est encore un art mineur. Écoutons le docteur Sylvio Leblond[10] qui en parle dans un article qu'il a consacré au sujet durant cette période qui va du début du Régime anglais jusqu'à 1847 et qui comprend, par conséquent, le moment où Trestler prend sa décision après la retraite de fin d'études. Le docteur Leblond parle d'un médecin de Québec, le docteur Joseph Painchaud, bien connu dans la région pour ses bons soins, ses bons mots et ses discours. Voici la formation qu'il avait eue:

> En 1811, il reçoit sa *licence* qui lui permet de pratiquer la médecine, la chirurgie et l'art obstétrique. Il n'existait alors aucune école de médecine, aucun enseignement organisé. On recevait un entraînement comme apprenti chez un médecin reconnu. Au bout de cinq ans, on se présentait devant un comité d'examinateurs nommé par le gouverneur. Si on connaissait bien sa langue, un peu de latin et si on avait des notions suffisantes de médecine, on était reçu.

Joseph Painchaud[11] n'avait jamais mis les pieds dans un hôpital, n'avait jamais fait de dissection, mais il avait accom-

---

9. En France, au siècle suivant, Maurice Mességué le montrera abondamment dans ses livres, très critiqués par la gente médicale, mais non sans mérite.

10. Dans *Les Cahiers des Dix*, 1971, page 121.

11. Car c'est lui qui est le cas-type choisi par l'auteur.

pagné son patron auprès des malades, il avait appris à préparer des médicaments et il avait lu ses manuels. Voir, à titre d'exemple, le contrat[12] que sa mère avait passé, devant le notaire Berthelot, le premier août 1807, avec le docteur Fisher pour la formation de son fils Joseph (p. 78).[13]

À compter de 1814, Curtius Trestler s'inscrit auprès d'un maître qu'il suivra comme son ombre pendant trois ou cinq ans, tout en complétant les leçons pratiques du médecin et en lisant les livres qui lui sont indiqués. Qui fut ce maître? Vraisemblablement, le docteur William Robertson[14], qui devait, par la suite, jouer un rôle important à l'Université McGill ou encore le docteur John Munro, frère de Madame de Lotbinière, connu surtout par le Collège de médecine et chirurgie où il enseigna. Il est possible aussi que le docteur Daniel Arnoldi soit intervenu à l'occasion. Il jouissait déjà d'une certaine notoriété à Montréal. Fils d'un Allemand, né à Engelback, il était venu s'installer comme médecin à Trois-Rivières, après la conquête; il s'y était marié, puis il

---

12. Obtenu par les bons soins du professeur Jacques Demers.

13. Un peu plus tôt, François-Xavier Blanchet avait également fait ses études de médecine avec le docteur James Fisher, chirurgien de la garnison de Québec. Il les compléta par un séjour à New York, au cours duquel il a écrit un livre intitulé *Recherches sur la médecine*, paru en 1800 à l'imprimerie Parisot, Chatham, Stress. Son livre, il le dédie à son maître avec une longue dédicace qui se termine ainsi: «Vous le savez, Monsieur, les jeunes gens sont presque toujours les tristes jouets de l'erreur. Leur imagination ardente et sans guide leur peint malheureusement les objets d'une manière imaginée. Ainsi l'âge m'aura sans doute fait commettre des erreurs qu'une raison fortifiée par les années aurait pu corriger...»

François-Xavier Blanchet revient à Québec et s'oriente vers la médecine, mais aussi vers la politique. Il est l'un des fondateurs du *Canadien*. Député, il n'hésite pas devant une certaine violence de langage qui, plus tard, décidera sir James Craig à le faire incarcérer. Certain d'avoir raison, Blanchet continue de tenir son triple rôle de député, de médecin et d'écrivain politique.

Dans son livre paru en 1800, il analyse, dans un style assez vivant et intéressant, les problèmes de la médecine du début du siècle. Le livre est à signaler, car s'il indique des connaissances empruntées à d'autres, il fixe à la fois certaines connaissances et les ignorances de l'époque en matières médicales. Avec une bien charmante simplicité, dans sa préface, l'auteur n'hésite pas à écrire à son maître le docteur Fisher: «Je me flatte que vous aurez toujours la même indulgence pour moi et que vous continuerez d'éclairer un élève qui a encore besoin de vos lumières». Nous sommes en 1800, ne l'oublions pas.

14. «Mémorial nécrologique», *La Minerve*, 23 mai 1871.

s'était fixé à Montréal où son fils Daniel était né en 1774.
Daniel Arnoldi s'était formé au contact de son père puis,
apprenti-médecin, il avait fait un stage auprès de médecins
anglophones à Montréal, les docteurs Sims et Rowland, qui
l'amenaient d'un patient à l'autre, à une époque où l'Hôtel-
Dieu existait, mais où les Hospitalières n'admettaient pas
d'étudiants auprès des malades. Ce ne fut, en effet, qu'un peu
plus tard que l'on ouvrit à Montréal le Montreal General Hospital et qu'on les acceptât.

Un fois en possession d'un diplôme *ad praticandum* ou
devenu licencié, comme on disait, le docteur Arnoldi avait
exercé à la Rivière-du-Loup en haut d'abord, puis à la Baie-de-
Quinté (Kingston) et, enfin, à La Prairie, avant de venir s'installer à Montréal. Sa double connaissance du français et de
l'anglais devait lui servir dans une ville de quelques milliers
d'âmes où les praticiens anglais avaient alors le haut du pavé[15].
Le docteur Arnoldi réussit aussitôt à cause de sa personnalité
agréable et de sa connaissance du métier. Si nous croyons qu'il
fut peut-être un des maîtres de Curtius Trestler, c'est qu'ils
avaient bien des choses en commun: l'origine allemande de
leur père, par exemple, le fait que tous deux avaient épousé une
Canadienne et qu'ils étaient très près du milieu. Et puis, il y a
cette remarque du docteur Joseph Gauvreau dans la biographie qu'il a consacrée au docteur Arnoldi, parue au siècle suivant dans le *Journal of Canadian Medical Association* de juillet 1932: «He was extraordinarily kind to young people and the
clercks were so devoted to him, seeking his patronage».

Nous voudrions connaître davantage la formation reçue
à Montréal par l'apprenti-médecin, mais la famille Trestler est
une de celles qui ont le moins laissé de traces. Et cependant,
comme il aurait été intéressant d'expliquer ce jeune homme,
fort bien de sa personne, mais peut-être un peu fruste intellec-
tuellement. Ce que nous savons de lui, cependant, c'est que,
petit à petit, il s'élève au-dessus de son milieu initial.

Bien peu de choses peuvent nous servir de jalons pour
expliquer la carrière de notre personnage, qui commence avec

---

15. On en trouve l'indication dans la liste des médecins admis à la pratique et
puis dans un bien curieux document faisant partie de la Collection Raymond Denault:
le livre des comptes de la maison Lyman, fournisseurs des médecins de Montréal.

l'examen passé devant un jury formé des docteurs Henri Loedel, D. Arnoldi et W. Robertson, à la suite d'une thèse en latin
rapportée d'Édimbourg. C'est en partie à ce dernier que Curtius Trestler dédit sa thèse de doctorat. En toute justice il aurait
pu se réclamer du docteur Munro, du docteur Arnoldi et du
docteur Robertson dans sa thèse, mais peut-être y eût-il là une
question d'opportunité: en effet, le docteur Robertson remplissait des fonctions à l'université et à l'extérieur de l'université. Quoi qu'il en soit, avant de recevoir son diplôme *ad praticandum*, Trestler décide d'aller en Écosse, à Edimbourg, où se
trouve une faculté de médecine, à Paris[16], ou à New York —
comme le docteur Blanchet — où existaient d'excellentes écoles de médecine lui permettant d'obtenir des connaissances
plus étendues qu'à Montréal où, rappelons-le:

a) Les étudiants ne fréquentaient pas encore les hôpitaux.
Si le Montréal General Hospital est fondé en 1819 et reçoit
quelque quatre-vingts patients, il n'ouvre pas encore ses portes
à l'enseignement. Ce n'est qu'en 1823 que les étudiants y seront
admis[17]. De son côté, l'Hôtel-Dieu de Montréal a place pour
trente patients, mais, comme nous l'avons noté, il se refuse
aussi à ce que l'apprenti-médecin accompagne son maître. Les
religieuses s'y opposeront jusqu'au moment où, après de multiples discussions, sur l'insistance des médecins et, peut-être,
après l'intervention de l'évêque qui a compris l'importance de
l'enseignement hospitalier, elles accueilleront ces jeunes gens
qui apportent avec eux leur jeunesse, leur ignorance, leur goût
d'apprendre et leur cynisme dans un milieu austère. En les
acceptant, on détruisit une règle datant des débuts de la communauté cloîtrée.

b) On ne se livrait qu'irrégulièrement et parfois clandesti-
nement à l'étude de l'anatomie sur le cadavre lui-même. Si,
plus tard, on a su comment il fallait procéder pour obtenir lici-
tement les macchabées nécessaires, à certains moments il fallait aller soi-même les déterrer et les apporter à la salle de dissection.

---

16. Il est allé à Paris, mais pour un court séjour et pour des études nécessairement superficielles.

17. Le premier doctorat en médecine accordé par McGill remonterait, cependant, à mai 1833.

Longtemps plus tard, voici ce qu'écrivait le docteur
Sylvio Leblond au sujet de cette chasse aux cadavres, pratiquée
vers 1840 non seulement par l'étudiant, mais par certains de
leurs professeurs — quand l'enseignement fut organisé pour
transformer une formation théorique en un véritable enseignement pratique: «Il semble (bien) que le vol des cadavres pour
les fins de dissection, ait été pratiqué au Canada, mais d'une
façon plus particulière dans la province de Québec, à Québec
même, à Montréal et dans les cimetières des villages environ-
nants.» Le docteur Leblond ajoute: «L'apparition des écoles
de médecine[18] intensifia cette pratique en raison du besoin plus
pressant de matériel.» Il résume également l'histoire de l'enseignement de la médecine dans le Bas-Canada de 1848 à 1878.
Nous nous permettons de le citer ici afin qu'on voit, avec plus
de précision, l'évolution de la pratique d'un art qui, juqu'au
XIXᵉ siècle, reposait sur une formation bien élémentaire:

> Ce n'est qu'en 1848 que le Dr Joseph Munro, écossais
> d'origine, diplômé d'Édimbourg, obtint l'autorisation de fon-
> der l'École de médecine, incorporée de Québec. Celle-ci vécut
> jusqu'en 1854 alors qu'elle céda la place à l'école de médecine
> de l'Université Laval, qui avait obtenu sa charte en 1852.
> L'Hôtel-Dieu de Québec ouvrit ses portes aux étudiants en
> 1855.

> À Montréal, les médecins du *Montreal General Hospital*,
> ouvert en 1819, décidaient d'y faire de l'enseignement et établi-
> rent le *Montreal Medical Institution*: dès 1822, les cours com-
> mencèrent. En 1829, l'institution était affiliée au *McGill Col-
> lege* qui, cependant, n'avait pas encore reçu la sanction royale
> nécessaire pour en faire une université. Elle fut accordée le 23
> juillet 1832 et le premier diplôme de docteur en médecine de
> l'Université McGill fut octroyé au Dr W. Logie le 24 mai 1833.

> La faculté de médecine de Montréal a eu une gestation
> beaucoup plus longue et plus difficile. L'école de médecine et
> chirurgie de Montréal prit naissance en 1843 et était bilingue au
> début. Ne pouvant se trouver facilement une affiliation univer-
> sitaire tant avec McGill qu'avec Laval ou Ottawa, on en trouva
> finalement une avec l'Université Victoria de Cobourg, Onta-
> rio.

---

18. Extrait d'un article intitulé *Voleurs de cadavres ou résurrectionnisme*, par
Sylvio Leblond — Trois siècles de médecine québécoise, Cahier d'histoire n° 22, page
154. Institut d'Histoire du Canada français.

En 1878, Laval ouvrit une succursale à Montréal et parallèlement pendant quelques années, deux écoles de médecine de langue française évoluèrent, l'une attachée à l'Université de Victoria de Cobourg[19].

*

Que vaut la thèse[20] de Curtius Trestler qui portait sur la rage? À distance, la manière de traiter ce sujet assez mince paraît élémentaire. Dédiée à sa mère, au docteur William Robertson et, enfin, à M. de Lotbinière[21], elle couvre en tout une vingtaine de pages. Pourquoi ce choix particulier? Le sujet est un peu hors de l'ordinaire, mais ne s'explique-t-il pas par le milieu champêtre auquel Curtius Trestler a appartenu durant sa jeunesse et qui l'a marqué profondément? Même si la rage n'est pas tellement répandue dans cette région où il a vécu, il a sans doute pu l'observer chez les bêtes au milieu desquelles il a vécu dans la forêt toute proche. Et très jeune, sans autre expérience que son apprentissage, il lui a sans doute paru intéressant d'étudier le mal dont il a observé tout au moins les manifestations externes. La thèse décernée par l'université écossaise donnait à l'époque un prestige incontestable à son titulaire, mais celui-ci ne semble pas en avoir tiré tout le profit qu'il aurait pu.

*

19. Pour compléter ce rapide aperçu, nous renvoyons le lecteur aux autres travaux du docteur Leblond, aux livres de John I. Heagerty et de Maud E. Abbott sur l'histoire de la médecine au Canada. Mentionnons également les articles du docteur Édouard Desjardins parus dans l'*Union médicale du Canada*, de 1974 à 1976, ainsi que ceux du docteur Joseph Gauvreau que l'on trouvera dans le numéro de juillet 1932 de *The Canadian Medical Association Journal*. Le docteur Gauvreau traite en particulier du docteur Daniel Arnoldi, dont la carrière fut longue et féconde. Il y a également un article du docteur Paul Dumas paru dans la même revue sur *William Osler et la Bibliotheca Osleriana*.

Pour terminer cette bibliographie, ajoutons l'article du docteur L.D. Mignault, paru dans l'*Union médicale du Canada* de 1926. Celui-ci y traite de l'histoire de l'École de médecine et de chirurgie de Montréal.

20. *Osler Medical Library* en a un exemplaire, dont l'auteur a obtenu un double sous la forme d'une bobine.

21. Voici la dédicace qui a trait au seigneur de Lotbinière: «Michaeli, Eustachio. Gaspardi, Chartier de Lotbinière, Domino Lotbinière, Vaudreuil et Rigault. Peditum praefecto, etc. etc. Hoc opusculum science observantiae, testimonium offart Autor».

Où Curtius, comme la plupart des *licenciés*, se met-il à la tâche? La place est déjà bien encombrée à Montréal. Qu'on en juge par la nomenclature suivante des médecins et chirurgiens qui y pratiquent, d'après *An alphabetical list of merchants, Traders and Housekeepers* de 1820:

Henry Loedel
Daniel Arnoldi          } *Examiners of Candidates for*
William Robertson,      },   *Licences.*

George Selby,              Andrew Smyth,
F. X. Bender,              Robert Sheldon,
Jean Baptiste Herigault,   Martin Payne,
Henry Munro,              John Blackwood,
A. J. Christie,           Abner Rice.
W. D. Selby,              Andrew Holmes,
D. T. Kennelly,           M. C. Lee,
René Kimber,   .   .      George Hooper,
William Caldwell,         Joseph Frauden,
Benjamin Trask,   .   .   Cyrus D. Fay.
Wolfred Nelson,

Notons ici que, vers la même époque, à Québec, il n'y avait que quatre médecins ayant le titre universitaire de *medicine doctor*: Joseph Painchaud, F. Thomas Fargues, Cyrille Perrault et Hughes Caldwell. Il y avait aussi le docteur Pierre de Sales Laterrière qui avait le droit d'exercer, mais qui n'avait pas le doctorat en 1812, comme on l'a prétendu. Au siècle suivant, cela donnera lieu à une grande bagarre verbale entre le notaire de Sales Laterrière, Aegidius Fauteux, historien et Léo Pariseau, physicien de renom. Il faudra le doigté de l'abbé Olivier Maurault pour empêcher un éclat menaçant.

À Montréal, sur les vingt-quatre médecins mentionnés précédemment, seulement quatre avaient le titre de *medicine doctor*. C'est-à-dire que seuls, ils avaient obtenu le titre, comme Trestler l'avait eu à Édimbourg.

Puisqu'à Montréal, la faveur va, semble-t-il, aux Anglo-Canadiens car, sur les vingt-quatre médecins mentionnés précédemment, il n'y a guère que les docteurs Arnoldi et Hérigault qui soient bilingues, il reste les environs de Montréal, Vaudreuil, par exemple. Mais déjà, il s'y trouve le docteur J. Leduc. Il y a aussi la région de Soulanges ou des Cèdres, où Trestler est connu. Il y exerce son art à partir de 1823, puisque deux de ses filles[22] y sont nées. En 1826, on le retrouve à Sainte-Anne de La Pérade, où trois autres de ses enfants viennent au monde et, en 1832, à Saint-Laurent où sa femme accouche à nouveau[23]. Il est curieux de constater une pareille instabilité chez un homme ayant pour l'exercice de la médecine une préparation sortant de l'ordinaire. Est-ce le fait qu'il a quelque fortune qui lui évite de se fixer? Ne serait-ce pas plutôt une certaine versatilité? Voici deux autres exemples qui nous paraissent apporter d'autres indices de son caractère. En 1826, il suggère au gouvernement de fonder un hospice d'aliénés à Montréal. Le gouverneur n'en voit ni l'urgence, ni l'opportunité; il refuse. On en trouve la confirmation dans une lettre que le Dr Trestler reçoit[24]. Plus tard, il se ravise et demande le droit d'opérer, à titre de chirurgien[25]. Et puis, en 1839, il se présente au concours organisé par l'École de médecine et de chirurgie. Il

---

22. On trouve une autre confirmation, à la fin du XVIII<sup>e</sup> siècle ou au début du XIX<sup>e</sup>, que la médecine est entre les mains d'anglophones à Montréal dans un document qui semble être le grand livre de la maison Lyman, pharmacien bien connu à l'époque et qu'englobera *National Drug* par la suite. Dans ses comptes, il y a une large place accordée aux médecins anglophones comme les docteurs Robertson, Munro, Christie, Buchanan, Morton, Blackwood, etc., vers 1819-20, période qu'englobe le grand-livre.

Chose amusante, on trouve aussi des entrées au nom de Madame de Lotbinière et de Madame Trestler, car il s'agit de comptes de 1819 et de 1820. À ce moment-là, Jean-Joseph Trestler était déjà décédé et Alain Chartier de Lotbinière était assez mal en point. (Collection Raymond Denault, Montréal.)

23. Voici quelques détails, tirés des notes familiales, au sujet des enfants de Jean-Baptiste Curtius Trestler et de Luce-Eulalie De L'Isle, qu'il épouse à Montréal en 1822; Eugénie-Iphigénie, née à Soulanges en 1823 et décédée en 1824; Iphigénie Marie-Anne, née également aux Cèdres en 1825, qui épousera Antoine-Aimé Dorion; Marie Adèle Geneviève, née en 1826 à Sainte-Anne de La Pérade; Radegonde-Olympe, née également à Sainte-Anne de La Pérade en 1826, qui deviendra Mme Wilfrid Dorion, frère d'Antoine-Aimé. Il y a aussi Charles-Frédéric-Ferdinand, qui jouera un rôle dans l'art dentaire dont il contribuera à préciser le statut et l'enseignement. Il jouissait d'un certain renom, semble-t-il, puisque, dans une annonce parue dans un journal de Saint-Hyacinthe, le docteur H. Brodeur, chirurgien-dentiste, n'hésite pas à se présenter comme «élève du docteur Trestler, premier dentiste canadien-français de Montréal». Et l'on est en juillet 1868.

Le dernier-né est une fille, qui porte les prénoms inattendus d'Elvire-Abnaïs-Catherine. Elle vient au monde le 13 octobre 1832 à Saint-Laurent. Ces détails confirment ceux que nous avons imaginés en suivant la carrière vagabonde de notre personnage, jusqu'au moment où il se fixe à Montréal.

24. Et dont les Archives publiques du Canada ont conservé le texte.

25. Ce qu'on lui accorde.

est agréé comme professeur d'obstétrique. Il est nommé, mais il ne vient jamais enseigner; il est remplacé par le docteur d'Orsonnens.

On ne comprend pas. D'autant plus qu'il ne semble pas avoir pris la peine de s'expliquer auprès de ses collègues, dont certains ont été ses maîtres. Est-ce une certaine difficulté à s'adapter? Était-il vraiment fait pour la médecine? Est-ce une certaine fortune qui l'a empêché de prendre la vie plus au sérieux? Est-ce la dureté du métier qui le rebute? Ou est-ce la conscience d'un art qui fait bien peu de progrès et qui le désespère[26]? De toute manière, il faut constater qu'il n'a pas la ténacité, l'intelligence, le flair, le désir d'apprendre, de créer, d'aller de l'avant qu'avait son père. Pour ce dernier, tout était prétexte à des initiatives nouvelles, et ce qu'il entreprenait, il le menait à bonne fin. S'il faisait parfois des erreurs, comme celle du pseudo-secret acheté d'un charlatan, il connaissait sa voie, ses capacités et il allait là où il avait décidé d'aller.

Une autre constatation à propos du père: s'il construit sa maison, elle est proportionnée à ses besoins; elle ne les dépasse pas. Il l'habite, l'adapte à ses goûts. Jean-Baptiste Curtius y habitera l'été, mais il exercera ailleurs. Si Quinchien et la campagne se peuplent, ne trouverait-il pas sur place ce qu'il cherche, malgré un concurrent? Pour lui, un homme en bonne santé n'est pas un malade qui s'ignore, comme pour le docteur Knock. Curtius Trestler, au contraire, va, vient, butine, jusqu'au moment où il se fixe à Montréal. Ainsi, quand sa fille Iphigénie se marie, il habite la petite rue Saint-Jacques.

En 1843, sa mère lui cède sa part de la maison de Quinchien; il la divisera entre les membres de sa famille, un peu plus tard. Aussi les droits de propriété causeront-ils un problème au notaire chargé d'établir les pourcentages revenant à chacun, au moment de la vente, comme on l'a vu en reconstituant l'histoire de la maison Trestler.

---

26. Dans sa famille, il ne pourra lutter contre les maladies de l'enfance qui déciment ses enfants. Il ne parviendra pas non plus à empêcher sa femme, jeune encore, de mourir en 1850. En 1855, sa fille Iphigénie décède en mettant au monde un enfant qu'on aura tout juste le temps d'ondoyer. Et cependant, après un concours à l'École de médecine et de chirurgie, on l'avait chargé d'enseigner l'obstétrique. Mais qu'était cette spécialité à une époque où il fallait compter surtout sur la résistance de l'accouchée?

*

Après l'expérience de Saint-Laurent, le docteur Curtius Trestler vient donc s'installer à Montréal en 1837. Il aura ainsi un champ plus vaste ouvert à son activité. Grâce au *Lovell's Montreal Directory*, il est possible de la suivre dans ses pérégrinations. En 1849, il habite Montréal au 57 de la petite rue Saint-Jacques qui va de la rue Saint-Gabriel à la Place d'Armes. En 1852, il est au 20 de la rue Sanguinet. À sa mort, en mai 1871, il habite encore dans la Paroisse. Il a cessé d'exercer depuis cinq ans à la suite d'une attaque de paralysie. Il vit avec ses enfants, dans cette grande maison de la rue Sherbrooke, en face de la rue Berri, que se partagent les deux frères, Antoine-Aimé Dorion, qui avait épousé Iphigénie, et Wilfrid Dorion, mari d'Olympe.

*

Luce-Eulalie Trestler son épouse meurt en janvier 1850. À ce moment-là, elle habite Montréal, mais elle a manifesté le désir d'être inhumée à Vaudreuil, comme les autres membres de la famille. Son mari s'incline. Le corps sera transporté de Montréal à l'église Saint-Michel.

Durant le voyage de Montréal à Vaudreuil, la dépouille sera accompagnée des amis de la famille, auxquels on donnera rendez-vous place Chaboillez avec une invitation rédigée ainsi:

> Vous êtes prié d'accompagnier jusqu'à la Place Chaboillez, Faubourg des Récollets, le convoi funèbre de feu Madame Dr. Trestler, qui partira mercredi, le neuf du courant, à huit heures et demie du matin, de la demeure de J.B.C. Trestler, écuyer, M.D., petite rue Saint-Jacques, pour se rendre à l'église de Vaudreuil, lieu de la sépulture.

> Montréal, 8 Janvier 1850.

L'invitation est d'un autre temps, si elle est bien sympathique. C'était l'époque où n'existait pas encore le salon funéraire, ses fastes et ses ridicules.

À Vaudreuil, le curé accueille la dépouille à l'église du village et note l'inhumation dans le registre paroissial: «Inhumation d'Eulalie Delisle, épouse de Jean-Baptiste Curtius Trestler, écuyer, médecin docteur et l'un des membres du Comité en médecine à Montréal...» Une fois de plus, le nom était inexact, mais le titre était réel. Il signalait un certain prestige que le curé voulait donner à un homme sans grand éclat.

Une fois la bière placée dans le sous-sol de l'église, le mari et ses proches reviennent à Montréal, comme ils en sont venus.

\*

Le docteur Trestler ne se remariera pas, à l'encontre d'autres veufs consolables, tel ce J.-P. Lefebvre qui convolera cinq fois à Vaudreuil, entre 1778 et 1814. Philippe Constant[27] en racontera la vie conjugale agitée au siècle suivant dans le *Bulletin des recherches historiques* de septembre 1935, dirigé à l'époque par M. Pierre-Georges Roy, cet extraordinaire ramasseur de la petite histoire. Lefebvre se rattache à notre étude par les liens qui, à titre de capitaine de milice, s'établissent avec son colonel, Alain Chartier de Lotbinière. Cette milice, on lui donnait une certaine importance, notons-le à nouveau même si certains comme sir James Craig la craignait. Aussi, n'étaient officiers que ceux en qui on reconnaissait une fidélité complète. Voici, par exemple, ce que sir Robert Shore Milnes, lieutenant-gouverneur du Bas-Canada, disait du capitaine Lymburner dans ce brevet d'officier qu'il lui remettait au début du siècle: «Reposing especial confidence in your Loyalty, Courage and good Conduct, I do, by these presents, constitute and appoint you to be, during pleasure, Captain of a Compagny in the Battalion of Militia in the Town and Banlieu of Quebec...»

\*

Durant la deuxième partie de sa vie professionnelle, le docteur Trestler s'intéresse particulièrement aux maladies nerveuses et aux aliénés, comme l'indique la correspondance qu'il a échangée avec le gouvernement du Canada-Uni, mais on peut difficilement le rattacher à ce que nous savons des asiles

---

27. Pseudonyme de Jean-Jacques Lefebvre, croyons-nous.

d'aliénés aujourd'hui. Ce sont les Soeurs de la Providence qui, semble-t-il, en ont été les pionnières à Montréal. Elles ont eu la maison Saint-Isidore vers 1841 et, vers 1846, une autre maison à la Longue-Pointe. Saint-Jean-de-Dieu, qui est leur initiative principale, remonte à 1852. Et ce n'est qu'en 1873 que la communauté a été reconnue comme un centre officieux, sinon officiel pour le traitement des aliénés. Or, on ne trouve nulle part de trace du docteur Trestler dans les diverses maisons de la communauté. Le premier médecin qui aurait été intimement mêlé à leur organisation est le docteur Edmond Mount, dont la collaboration remonterait à 1873[28].

Dans l'intervalle, le docteur Trestler fait partie, il est vrai, d'une commission chargée de distribuer une somme de vingt-cinq mille dollars dans la région pour les aliénés et les malades.

Devant cela, ne doit-on pas conclure, une fois de plus, qu'on est devant une carrière sinon un peu désordonnée, du moins sans éclat particulier. Trestler était médecin et il a exercé son art assidûment[29], tout en passant les mois d'été dans la maison Trestler à Dorion, surtout une fois que le Grand-Tronc eût établi sa voie entre Montréal et Kingston. Il ne semble avoir laissé aucun écrit. Aussi est-il difficile d'apprécier la qualité de son esprit.

Somme toute, il était d'une génération qui n'écrivait pas ou bien peu, sauf des lettres. Il y avait des hommes cultivés parmi les médecins. Certains, comme le docteur Painchaud à Québec, avaient la réputation d'être des hommes d'esprit, d'autres avaient une culture étendue; ils aimaient les livres et quand ils avaient quelques loisirs, ils n'hésitaient pas à les employer à la lecture autant des contemporains que des anciens. Mais, si certains étaient cultivés, très peu d'entre eux écrivaient. Même au XIX<sup>e</sup> siècle, on se trouve devant des cas aussi patents que celui de Curtius Trestler, c'est-à-dire des hommes qui ont vécu dans un milieu évolué, qui ont voyagé, qui ont réfléchi, dont la culture est indéniable, mais qui n'ont pas laissé d'oeuvre écrite.

---

28. D'après le témoignage de l'archiviste de la Communauté.

29. *La Minerve*, du 23 mai 1871, après sa mort, lui reconnaît une importante clientèle.

Devant le docteur Trestler, on ne peut qu'exprimer un regret: on a absolument rien pour juger de son intelligence ou de sa valeur professionnelle. On n'a même pas de lettres pour comprendre ce qu'il a aimé, ce qu'il a voulu ou simplement désiré, sauf cette lettre adressée au gouvernement dans laquelle il manifeste le désir d'être utile; mais il ne va guère plus loin. On sait aussi qu'il aurait pu jouer un certain rôle à l'École de médecine et de chirurgie de Montréal. Et puis, à un moment donné, comme on l'a vu, le gouvernement le charge avec deux autres médecins de distribuer les sommes destinées aux malades de la région de Montréal et, en particulier, à des cliniques d'aliénés; ce qui indique chez lui un intérêt pour ces malades à un moment de sa pratique. Certaines lettres nous le confirment, mais sans plus.

Notons donc tout simplement qu'il était un homme de bonne compagnie, qu'il a contribué à élever ses enfants dans le meilleur esprit et qu'avec deux de ses filles, Iphigénie et Olympe, il a contribué à faire gravir un nouvel échelon à sa famille dans la bourgeoisie montante.

\*

Le docteur Trestler meurt en 1871 chez sa fille, Madame V.P.W. Dorion. Voici l'acte de sa sépulture au cimetière de la Côte-des-Neiges, après la cérémonie qui a lieu à l'église Notre-Dame:

> Le vingt-cinq mai mil huit cent soixante et onze, je, prêtre soussigné, ai inhumé le corps de Jean-Baptiste Curtius Trestler, écuyer, médecin, veuf de Dame Eulalie Delisle, décédé le vingt-deux du courant, à l'âge de soixante-douze ans, de cette paroisse. Étaient présents: Côme-Séraphin Cherrier, écuyer, avocat et Conseil de la Reine; Aaron Hart David, écuyer, médecin; Eugène H. Trudel, écuyer, médecin; Hector T. Peltier, écuyer, médecin; l'Honorable Antoine-Aimé Dorion, membre de la Chambre des Communes; Pierre Lamothe, écuyer, notaire; John McGillis, écuyer; Joseph C. Hubert Lacroix, écuyer soussignés.

Ainsi, disparaissait sans bruit, l'un des Trestler de la deuxième génération au Canada. Il aurait pu accomplir de grandes choses dans une société en évolution. Jean-Baptiste

Curtius Trestler se contenta d'être un praticien estimé, «un bon père de famille», comme disait le Code civil qui avait vu le jour en 1866. Cela paraît être peu pour qui a été le fils d'un homme intelligent, énergique, plein d'initiative.

Pour voir la famille jouer un rôle de premier plan, il faudra qu'Iphigénie épouse Antoine-Aimé Dorion. Alors, la cellule familiale atteindra un prestige certain et un niveau plus élevé dans la société canadienne, grâce à la politique et, en fin de carrière, à la magistrature.

Jean-Baptiste Curtius était la deuxième génération des Trestler au Canada. Iphigénie[1] en fut la troisième.

*

*Où le certain voisine
avec le plausible.*

## 2. Iphigénie, jeune femme (1825-1855)

Un jour de 1850, peut-être un peu plus tôt ou un peu plus tard, Théophile Hamel accepta de faire le portrait d'Iphigénie Dorion, la jeune épouse d'Antoine-Aimé Dorion, avocat et homme politique. On comprend qu'il ait été attiré par cette jeune femme dans la trentaine, d'un type fin, distingué, un peu triste, comme si elle prévoyait sa fin prochaine. Elle a eu quatre enfants déjà, tout en ayant gardé sa sveltesse, en attendant que le cinquième lui soit fatal. Elle mourra à trente ans.

Malheureusement, nous possédons peu de renseignements sur elle et sur cette peinture suspendue, à la fin du XXe siècle, au mur d'une maison d'Oka, celle des Michel Chevalier. Nous savons que Hamel la fit avant 1855, date du décès de la jeune femme. Comment la toile est-elle venue à Oka? Par le truchement sans doute des Geoffrion, Madame Chevalier, mère, étant une des soeurs du grand avocat qu'a été Aimé Geoffrion, et la fille d'Alphonse Geoffrion lequel a épousé, en 1870, la fille[2] du docteur Jean-Baptiste Curtius Trestler. Jeune

---

1. En réalité, elle portait les trois prénoms d'Iphigénie, Marie et Anne. Elle était née aux Cèdres, en 1825, comme nous l'avons vu précédemment.

2. Eulalie, fille d'Antoine-Aimé Dorion.

fille, Eulalie Dorion a habité, l'été tout au moins, la maison Trestler avant son mariage, puis à l'époque où, après avoir été avocat et député, son mari est devenu ministre dans le cabinet Laurier. Alors, les Geoffrion, comme les Dorion dont la jeune femme était issue, se sont transportés à Oka, de l'autre côté du lac des Deux-Montagnes, là où l'Ottawa s'étrangle dans un goulot qui fait communiquer la baie de Saint-Placide et le lac des Deux-Montagnes, avant de devenir, dans un élargissement nouveau, la baie de Vaudreuil dont les eaux se jettent dans le Saint-Laurent, après avoir contourné l'île Perrot.

Les Chevalier ont suivi et, sur l'un des murs de la maison, on a suspendu la toile de Hamel, représentant la grand-mère, Iphigénie Dorion, femme du chef du Parti libéral, troisième échelon de la bourgeoisie. Dans cette famille Chevalier on estimait peu l'ancêtre, assez rustaud et, semble-t-il, détesté dans le milieu de Quinchien pour sa dureté et parce qu'il tenait la population bien en main, tout comme certains personnages de Balzac.

Si l'on en juge par la toile de Théophile Hamel, Iphigénie était une jeune femme, mince, élégante; elle avait le type romantique fréquent à l'époque. On l'imagine très bien étendue nonchalamment sur un sofa directoire, comme Madame Récamier, parlant peu, mais avec finesse, l'air intelligent, les yeux brillants comme le peintre l'a vu; un peu mélancolique à certains moments parce qu'elle était de santé frêle et parce qu'elle était souvent seule, son mari menant la vie de l'homme public de l'époque. Si elle n'avait pas alors l'allure trépidante de celle du député du XX$^e$ siècle, cette vie était dure à l'époque; elle tenait bien son homme qui devait se transporter avec des moyens de fortune de Québec à Montréal, de là à Kingston ou à Toronto selon les moments et les sessions d'un parlement nomade. Son mari devait aussi se préoccuper de ses électeurs: ces êtres exigeants qui ne comprennent pas qu'on ne s'occupe pas uniquement de leurs problèmes, prêts à précipiter en bas du socle celui qui a déplu, qui n'a pas prêté une oreille assez complaisante à leurs besoins ou qui n'a pas eu recours, aux moments difficiles, à la politique dite de *porte à porte*, pendant la campagne électorale. Si le mari s'était livré au début de sa carrière politique à cette technique électorale, sa femme n'aurait pu le suivre, tant sa santé était frêle et ses enfants prenaient de son temps.

\*

La signature d'Iphigénie, dans le registre des mariages de l'église Notre-Dame, est un témoignage, écrit cette fois, que nous possédons sur elle; elle nous apporte une idée un peu plus précise sur sa personnalité. Elle nous permet d'abord de noter qu'elle ne portait que le prénom d'Iphigénie, au lieu des trois qu'on lui avait attribués au moment de son baptême. Il n'était plus nécessaire pour elle de se distinguer de sa soeur Eugénie-Iphigénie, morte depuis plusieurs années.

La signature nous semble être celle d'un esprit fin, élégant, précis[3], même si, dans sa calligraphie, elle sépare bien curieusement ses nom et prénom en éléments distincts; ce qui semblerait indiquer une certaine fantaisie si le nom, examiné dans son ensemble, ne nous paraissait pas montrer à la fois des qualités d'ordre, de méthode, mais surtout une élégance d'esprit et une certaine générosité que l'on retrouve, mais à un moindre degré, dans l'écriture de sa soeur Adèle[4]. Quelle différence avec la calligraphie de son père, où on constate une certaine faiblesse des lettres qui s'oppose très nettement à la fermeté de caractère de ses deux filles.

Quelle curieuse caractéristique et quelle opposition également ment dans la signature de son mari, où tout est fermeté, auto-

---

3.

4. Un expert en écriture nous confirme cette interprétation en ajoutant: «Elle était sans prétention, très simple, logique et conséquente, cultivée sans doute». Un document confirme que, comme sa mère, elle aimait la musique et qu'elle avait eu le même professeur de piano.

Portrait d'Iphigénie Trestler par Théophile Hamel *(Collection Michel Chevalier)*.

rité et esprit de suite. N'est-ce pas ces qualités que l'on retrouvera plus tard chez cet homme qui aura une carrière politique non pas orageuse, mais mouvementée. Il aura fréquemment à montrer une ténacité, une fermeté, un esprit de suite qu'indique sa signature, au premier abord. Peut-être ce paraphe qui l'accompagne est-il également l'indice d'une certaine fantaisie!

Nous errons, peut-être! Mais comme il est agréable de travailler sur du vécu, qui apporte une confirmation à des vues où l'imagination entre pour une certaine part!

La véritable source de documentation se serait trouvée dans les archives familiales si, hélas! on ne les avait partiellement détruites après la mort d'une de ses descendantes. Il s'agissait notamment des lettres qu'Antoine-Aimé Dorion échangeait avec sa femme, restée à Montréal, où ils habitaient au douze de la rue Côté, dans ce qui est devenu la vieille ville au siècle suivant. Et, peut-être aussi de ces lettres qu'Antoine-Aimé Dorion adressait à sa sœur qui avait consenti à élever ses enfants et qui, à son tour, mourut à la tâche. Malheureusement, elles ont été détruites ou sont devenues introuvables.

*

Iphigénie, jeune fille, avait passé maintes vacances dans la maison de Quinchien avec ses parents, venus pour les mois d'été là où le grand-père avait eu un commerce actif. On la voit, les jours où sa mère reçoit, accueillant les amis des environs, après avoir endossé une robe reposant sur un bâti léger que l'on appelait la crinoline et qui maintenait l'étoffe en forme de cloche: cette robe-cloche si amusante à voir pour nous, mais qui devait être assez gênante pour celle qui la portait. Plus jeune, on peut l'imaginer courant à gauche et à droite dans ce terrain entre la façade et l'eau ou dans le pré communal au milieu des bêtes. On peut aussi la voir agréable, souriante, aidant sa mère à préparer les plats, les friandises, les mets avec lesquels on accueillait les amis à l'époque des fêtes ou l'été, quand des gens venaient passer quelques jours sans s'annoncer, ou après avoir écrit une lettre comme on savait le faire à une époque où le téléphone et la radio n'existaient pas et où le

journal n'était guère lu que par les vieilles gens, au nez sur-
monté de bésigues.

*

Et puis, on peut imaginer Iphigénie préparant son
mariage avec Antoine-Aimé Dorion. Dans la maison de Quinchien, elle est assise avec sa mère derrière ces moustiquaires mis
en place pour s'isoler des moustiques qui, en juin et juillet, sont
voraces. Elle brode, elle coupe des draps, des étoffes ou des toiles, plie ce linge de maison qui s'empilera dans des grandes
armoires, comme on le faisait à l'époque. Et puis, il y a les
sous-vêtements de soie et cette chemise de mariée d'une étoffe
soyeuse. Et enfin, elle travaille avec une couturière à préparer
la robe de la mariée que le fiancé ne doit pas voir avant la date
du mariage. Tandis que lui, tout en voyant aux affaires de sa
clientèle, se préoccupe du contrat: ce qui est son métier. Quelles énumérations il y logera, qui nous font sourire à distance,
bien qu'il soit possible de retrouver à peu près les mêmes for-
mules dans des contrats du XXe siècle et des mots comme les
«hardes» qui ont résisté au temps. Il garantit à la fiancée un
douaire selon l'usage, et la propriété des meubles. Il serait intéressant de reproduire le contrat. On y constaterait la préoccu-
pation d'une époque où tout devait être prévu en des énumérations qui n'en finissaient plus.

Venu le jour des fiançailles, le notaire lira le document.

Si le fiancé prête une oreille attentive, la fiancée, elle,
signera tout simplement comme les autres membres de la
famille présents à la lecture, sans trop écouter. Elle n'aura
guère compris d'ailleurs ce charabia, même pas ce qui a trait à
la communauté de biens[5] qui apporte une garantie bien pré-

---

5. Et cependant, Iphigénie aurait dû se préoccuper de cette condition du contrat. La communauté de biens avait incontestablement un avantage à une époque où
elle s'appliquait avec une grande rigidité. Plus tard, le Code civil rendra le mari libre
de ses mouvements mais, avec ce régime, il impose incontestablement une barrière qui
peut être utile, tout au moins aux héritiers de la jeune femme. Depuis, le régime de la
séparation de biens a remplacé en grande partie la communauté de biens, dans une
société où un tiers des jeunes époux mariés religieusement ou civilement se préparent à
l'avance à l'idée de se séparer un jour, de divorcer même. Car si en 1845, on se marie
«pour le meilleur ou pour le pire», c'est-à-dire pour la vie, on imagine deux solutions à
la mésentente conjugale: l'annulation par Rome — ce qui est bien rarement accordé,

cieuse dans certaines familles. Elle signera, comme on signe dans ces moments d'euphorie où tout paraît beau et prometteur d'une vie nouvelle. Et puis, dans la pièce à côté, on boira à la santé des fiancés avant que commence le repas de fiançailles, plantureux comme on savait le faire à une époque où bien manger et bien boire étaient déjà dans la tradition des fiançailles et des funérailles: points extrêmes de la vie familiale.

\*

Avec sa mère et ses soeurs, Iphigénie a préparé le trousseau: piles de draps[6] et de serviettes, de mouchoirs, de linge de corps et de linge de table qu'à cette époque apportait la fiancée, car la dot au Canada français était rare. Le linge familial et le trousseau formaient surtout la corbeille de la mariée.

\*

Avant son mariage, on peut également penser à Iphigénie lisant dans le salon de la petite rue Saint-Jacques, où habitent ses parents à Montréal. Elle a dans les mains un roman pour

---

sauf s'il n'y a pas eu consommation du mariage, ou la séparation de corps et de biens. Le divorce n'est pas reconnu chez les catholiques. Ainsi, Hortense Fabre-Cartier, un peu plus tard dans le siècle, se sépare de son mari, mais ne le demande pas. Si elle se contente de s'exiler avec ses deux filles, elle proteste vigoureusement quand le testament de son mari impose ses volontés en reconnaissant les vertus de l'égérie. À tel point qu'insultée, une de ses cousines verra à ce que la protestation paraisse dans la presse, tandis qu'Hortense Cartier se contentera de ravaler ses larmes et n'invoquera rien publiquement contre son mari qui la désavantage, dans son testament, au bénéfice de ses filles et à certaines conditions. Cf. de l'Auteur, *La Chronique des Fabre*, Montréal, Fides.

Tout cela, Iphigénie et Antoine-Aimé Dorion ne l'imaginent pas et rien de tout cela ne se produira, car Iphigénie mourra très jeune et son mari restera veuf: la politique, le souvenir de sa première femme et les préoccupations de son poste de juge en chef l'amenant doucement vers la mort.

6. Au seizième et aux dix-septième siècles, on appelait *linceul* le linge de maison, selon Nicole Genêt, Luce Vermette et Louise Décarie-Audet dans *Les objets familiers de nos ancêtres*, (Montréal, Éd. de l'Homme, p. 151). Voici la définition que ces trois auteurs en donnent: «linceul: Draps de lit. Le terme est particulièrement usité dans la région de Québec».

Au XIXe siècle, on ne disait plus *linceul*, comme auparavant, dans ces inventaires préparés par Joseph Papineau, par exemple. Sans doute parce qu'il évoquait une idée pénible qu'on voulait écarter.

jeune fille ou un livre que son grand-père a laissé dans la maison de Quinchien. Certains jours, l'été, on la voit assise bien sagement dans un fauteuil ou étendue sur le sol à l'ombre d'un des arbres qui ont résisté aux années et que n'a pas encore atteint le microbe fatal venu de Hollande. Iphigénie tourne les pages de son livre lentement et, de temps à autre, elle regarde ce paysage charmant qu'est l'Outaouais, avec à l'arrière-plan ce qui deviendra les Chenaux et derrière, coupant l'horizon, l'une des deux montagnes dont le lac porte le nom.

Formée dans une des écoles de la Congrégation Notre-Dame[7], elle a pris le goût de la lecture en travaillant avec ces pédagogues qu'étaient les *bonnes soeurs*. Si elles exagéraient parfois les coups de claquette pour mettre le troupeau des jeunes vierges en marche, les religieuses donnaient à leurs élèves un sens de l'autorité contre lequel s'insurgeaient les plus indépendantes, mais aussi des manières et certaines connaissances qui faisaient merveille dans le monde. De leurs écoles sortaient des filles qui savaient écrire sans fautes d'orthographe, compter sans utiliser leurs doigts et, plus tard, s'intéressaient à leur foyer, à leurs enfants et, certaines, aux événements du jour ou à la littérature.

\*

En août 1848, Antoine-Aimé Dorion épouse donc Marie-Anne Iphigénie Trestler à Montréal. Suivant la tradition, c'est là que les gens *bien* se marient. Il est vrai que Mgr Bourget se prépare à sectionner la Paroisse des Sulpiciens. Il a prié M. Quiblier de rentrer en France, après un séjour d'une quinzaine d'années à Montréal, à titre de supérieur des Messieurs de Saint-Sulpice. Charmant homme, distingué, mais très indépendant de caractère et d'allure, le sulpicien Quiblier voulait rester maître de sa paroisse — celle de Notre-Dame, qui desservait les églises des environs, les prêtres-sulpiciens revenant au petit séminaire pour passer la nuit. C'est ainsi que, jusque-là,

---

7. Elles ont dix-sept classes dans le faubourg de Montréal sans compter leurs missions dans les campagnes (vers 1837, note l'abbé Lionel Groulx dans *L'Enseignement français au Canada* vol. I). La fille d'Iphigénie ira au couvent de Villa-Maria, plus tard quand tante Célina demandera grâce.

le supérieur avait tenu bien en main la vie paroissiale de l'île.
Mgr Bourget avec raison demandait qu'on sectionnât la
Paroisse — ce très grand territoire qui commençait à se peupler
— afin que la vie paroissiale pût être organisée non pas contre
les Sulpiciens, mais avec leur concours. Déjà, son prédécesseur, Mgr Lartigue[8], avait construit sa cathédrale et son palais
épiscopal rue Sainte-Catherine, près de la rue Saint-Denis,
aussi bien pour se libérer du joug sulpicien que pour être chez
lui. Mgr Bourget l'avait remplacé quand l'évêque de Telmesse
avait cru bon de se retirer, sa santé étant mauvaise après les
épreuves très dures qu'avaient été pour lui les soulèvements de
1837 et de 1838. Comme on sait, Mgr Lartigue avait dû s'opposer à la plupart de ses cousins, Papineau, Cherrier et Viger, à
l'exception de Jacques qui se tenait hors de la politique par
goût assurément et pour pouvoir s'occuper avec passion de ses
*saberdaches*, ce fourre-tout où il jetait pêle-mêle tout ce sur
quoi il pouvait mettre la main.

Le mariage Dorion-Trestler eut lieu à l'église Notre-
Dame. Malgré ses tours tronquées et sa décoration incomplète,
l'église avait déjà l'allure actuelle[9]. Elle avait été construite
sous la direction d'un architecte irlandais de New York et elle
était, en Amérique, la plus vaste de son époque. Assez
attrayante, accueillante, elle attirait les foules pieuses de Montréal. C'est là que, pour être des gens du monde, il fallait se
marier, comme c'est là qu'on faisait chanter les messes de
requiem et d'action de grâces. C'est là, enfin, que l'évêque
accueillait les restes des personnages importants, comme Mgr
Fabre le fit pour le corps de son beau-frère, George-Étienne
Cartier, à son retour de Londres, en 1873.

\*

Ce jour-là, dans l'allée centrale, s'était avancé d'abord
Antoine-Aimé Dorion, qu'accompagnait son père Pierre-
Antoine, marchand de Sainte-Anne de La Pérade, qui fut aussi

---

8. Cf. Gilles Chaussé, *Jean-Jacques Lartigue, premier évêque de Montréal*,
Montréal, Fides, 1980.

9. Georges Delfosse nous a laissé une bien belle peinture de ce qu'était l'ancienne église que remplaça la nouvelle en 1829. (Collection de la Ville de Montréal).

député de Champlain de 1830 à 1838. Ce jour-là il était venu à Montréal pour assister au mariage de son fils. Quelques minutes après, venait Iphigénie, en grand apparat. Son père lui donne le bras et l'accompagne jusqu'au prie-Dieu, où elle prend place à côté de son fiancé.

Une fois l'engagement pris, l'abbé Hercule Dorion, frère du marié, prononce l'homélie. Il rappelle la parole donnée et les devoirs des nouveaux époux, y compris la promesse d'obéissance que l'on fait en pensant au Seigneur, alors qu'elle est tirée d'une épître de saint Paul, ce misogyne. Puis, les mariés font demi-tour et remontent l'allée centrale au milieu de leurs amis. Ils sont nombreux: les Trestler sont bien connus, en effet, dans la société de Montréal.

Autour d'eux, il y a les frères[10], les soeurs et les amis du mari, dont la famille n'a pas le même prestige, tout au moins à Montréal, même si l'époux commence à percer comme avocat. Il a fait un stage auprès de Côme-Séraphin Cherrier, qui lui a transmis avec sa connaissance du droit, son sens de l'honnêteté professionnelle. Il en a même fait un de ses associés, avec cette courtoisie dont Antoine-Aimé Dorion s'inspirera durant toute sa vie politique. C'est ainsi qu'en faisant son éloge en 1890, Wilfrid Laurier rappellera les qualités de coeur et d'esprit qui caractérisaient l'avocat, aussi bien que le chef politique et, plus tard, le magistrat.

Mais qui était Antoine-Aimé Dorion, entré par son mariage dans la famille Trestler et devenu un des hôtes de la maison de Quinchien, construite par l'ancêtre et qui allait passer par des fortunes diverses avec les générations et les années?

### 3. Antoine-Aimé Dorion (1818-1891)

Antoine-Aimé Dorion est né le douze janvier 1818 à Sainte-Anne de La Pérade. Il a trente ans, par conséquent, au moment de son mariage, tandis que sa jeune femme en a vingt-trois, presque une vieille fille à une époque où certaines jeunes

---

10. Une photo de famille postérieure rappelle leur souvenir: imberbes ou barbus selon l'usage, ils sont là les six frères, rangés autour du personnage important, à l'époque, l'abbé Hercule assis, au centre, sur le seul fauteuil capitonné.

femmes sont déjà mères à seize ans. Telle cette Marguerite Noël qu'avait épousée le grand-père Trestler.

Antoine-Aimé Dorion est le fils de Genevière Bureau[11] et de Pierre-Antoine Dorion, cinquième génération des *Dorione*, comme on les appelle, à Salies de Béarn, d'où la famille est venue de France. On en a modifié le nom, en supprimant l'*e* muet de la fin. Il était arrivé à la famille de l'époux ce qui s'était produit dans celle de la jeune femme qui, de Tröstler, était devenu Trestler quand le grand-père avait accepté qu'on changeât l'orthographe de son patronyme. À cette époque, il n'était pas nécessaire de faire voter une loi par le parlement; cela se produisait tout simplement par l'habitude ou l'usage répété d'une même erreur voulue ou acceptée.

Antoine-Aimé Dorion avait fait ses études au collège de Nicolet, avant que son père ne se ruine au cours des multiples procès intentés imprudemment aux de Lanaudière — les seigneurs du lieu[12]. Auparavant, Pierre-Antoine Dorion avait été sinon riche, du moins *en moyens*, comme on disait déjà à l'époque, dans ce village que traverse la rivière Sainte-Anne. Il était bien considéré comme député et grand ami de Louis-Joseph Papineau dont il partageait les vues.

*

À Sainte-Anne de La Pérade, la famille Dorion habitait une grande maison de pierre, lambrissée de bois, qui avait assez belle allure et où le père logeait sa famille et son magasin, suivant l'usage[13].

Puis, il y avait eu la ruine du père et, pour son fils Antoine-Aimé, le départ pour Montréal où l'avait accueilli d'abord le libraire Fabre, qui lui avait confié les petites besognes de son magasin, jusqu'au moment où Côme-Séraphin

---

11. D'une famille qui jouera un rôle plus tard à Trois-Rivières et à Ottawa.

12. Toutes ces poursuites se faisaient souvent dans le meilleur esprit, semble-t-il, même si les conséquences pouvaient être graves. Ainsi, le seigneur ne transportait-il pas son adversaire de Sainte-Anne de La Pérade au chef-lieu où se plaidaient les causes qui pouvaient entraîner la ruine de l'autre?

13. De jolies proportions, la maison rappelait étonnamment celle de Trestler à Dorion par l'étendue aussi bien que par l'harmonie de la forme.

Cherrier avait accepté de prendre le jeune homme comme clerc dans son bureau situé tout près de la boutique du libraire, rue Saint-Vincent. Il s'était engagé à le former suivant la pratique ordinaire. Il le fit jusqu'en 1842, moment où il prit le nouveal avocat comme associé. Pour Antoine-Aimé Dorion, ce fut l'occasion d'un enseignement précieux, auprès d'un homme d'un grand savoir et jouissant d'une clientèle étendue. Quoique libéral en politique, Cherrier comptait, dans sa clientèle, par exemple, Mgr Bourget qui appréciait dans l'avocat l'homme intègre dont, certes, il ne partageait pas toutes les opinions.

Instruit, ayant beaucoup lu, et surtout ces textes arides, parfois contradictoires qu'étaient les arrêts, les jugements et les ordonnances qui constituaient la loi avant l'adoption du Code civil, Dorion écrivait le français plus difficilement que l'anglais, peut-être à la suite de certaines études à l'Université McGill et de ses fonctions politiques qui le forçaient à l'usage constant de l'anglais.

Chose curieuse, Côme-Séraphin Cherrier, homme instruit, cultivé, ne put jamais convaincre son associé de respecter l'orthographe quand il écrivait en français. C'était, un peu plus tard, ce qui s'était produit pour Joseph Papineau: notaire réputé, mais dont les inventaires et les textes sont assez étonnants à ce point de vue. Autre fait curieux, si pour Dorion l'orthographe française est un écueil de tous les moments, la langue anglaise n'a bientôt plus de secrets pour lui. Il la parle et l'écrit avec une maîtrise qui étonne ses amis, ses partisans et ses adversaires. Voici comment s'exprimait à ce sujet un de ses rivaux politiques, Fennings Taylor, en 1865:

> Bien que M. Dorion soit Canadien-français, on peut sous ce rapport le considérer comme le représentant des deux races; car il n'a pas de supérieur dans l'Assemblée législative comme orateur en n'importe laquelle des deux langues il s'exprime. Quelle que soit la langue qu'il choisisse pour entrer dans les débats, sa diction est toujours pure et son débit assuré. S'il parle en anglais, vous le prendrez pour un Anglais qui a la physionomie d'un étranger; s'il s'exprime en français, vous supposerez que c'est un Français qui a passé de longues années en Angleterre. C'est une de ces intéressantes énigmes humaines

Nous reproduisons cette photographie tirée des Archives nationales du Québec (03Q-P-600-6). Elle représente Antoine-Aimé Dorion vers l'âge de cinquante ans, semble-t-il, à un moment où il est chef du parti libéral. Veuf, il s'est donné complètement à sa carrière politique.

qu'on rencontre rarement hors du service diplomatique des grands états d'Europe[14].

Les jeunes époux habitent à Montréal. En 1842, ils sont rue Saint-Vincent, au numéro 20; en 1849, au douze de la rue Côté et, en 1852, rue La Gauchetière, près de la rue Campeau. Dans leur salon, il y a sans doute ces meubles lourds, revêtus de peluche rouge, revenus à la mode un siècle plus tard, avec leurs formes étranges, mais auxquels on reprend goût parce que tout cela fait *rétro*, comme on dit dans cette langue bizarre qu'est le *franglais*, quand elle n'est pas du *joual*.

*

Dans l'exercice de sa profession d'avocat, Antoine-Aimé Dorion est rapidement reconnu. Il entre au Barreau en 1842, y occupe maints postes où il excelle[15]. Après dix ans, il est élu bâtonnier de Montréal, avant même son maître et associé Côme-Séraphin Cherrier qui ne le sera qu'en 1855. Plus tard, au cours d'une carrière politique houleuse, il sera bâtonnier à deux autres reprises: chose assez rare dans un groupe où la rotation se fait suivant un ordre établi.

Comme d'autres, Antoine-Aimé Dorion était atteint de ce microbe de la politique contre lequel certains sont impuissants, semble-t-il. Avocat déjà connu, malgré son âge peu avancé, en 1854, il est élu député de Montréal. Après le départ de Louis-Joseph Papineau, il devient chef du parti libéral qui, pour le clergé, sent le fagot. S'il compte des membres connus[16], remarquables, certains sont ouvertement anticléricaux, comme Éric Dorion, les Doutre, Charles Laberge et Charles Daoust. Puis, le poste sera pris en main par Wilfrid

---

14. Pierre Beulac et Édouard-Fabre Surveyer, dans *Le Centenaire du Barreau de Montréal, 1849-1949*, page 32.

15. Il joue un rôle au Comité des règlements et examinateurs et au Comité de la bibliothèque avant d'être élu bâtonnier du Barreau de Montréal après seulement dix ans d'exercice. Pierre Beulac et Édouard-Fabre Surveyer, *op. cit.*, p. 30.

16. L.-O. David est dur pour son groupe et pour lui, tout en l'estimant. Ce qu'on ne sait guère, c'est que le futur sénateur encourut la condamnation de l'Église. Il avait osé lui donner quelques conseils très justes, mais qui l'avaient fait mettre à l'Index.

Laurier qui, à la fin du siècle, convainquit la province de Québec de le suivre et le clergé de ne plus le frapper de ses foudres.

Dorion dirige des troupes disciplinées, mais peu nombreuses, tant le clergé s'oppose à ce groupe politique qu'il craint parce qu'il voit au travers lui les libéraux de France, qui nient ou s'opposent à ce que veulent ou prêchent l'Église de Rome ou celle de Luther[17]. Dorion et ses amis sont éloquents, mais ils ne parviennent pas à lutter contre sir John A. Macdonald et ce curieux bonhomme qu'est, dans le Bas-Canada, George-Étienne Cartier. Rebelle en 1837, celui-ci est devenu un des piliers de l'Empire et de l'Église. Il servira fidèlement la jeune Reine qui, bientôt, grâce à Disraeli, sera impératrice des Indes.

Cartier fera mordre la poussière à Dorion en 1861 dans Montréal-Est, mais il ne parviendra pas à le faire battre l'année suivante dans le comté d'Hochelaga. Et voilà Dorion reparti dans le manège politique, monté sur un cheval qui rue et se cabre. En 1858, il a été commissaire des terres de la Couronne du 2 au 5 août. En 1861-1862, revenu à la pratique du droit, il est nommé bâtonnier, puis il retourne à la Chambre comme secrétaire provincial sous Macdonald et Sicotte, réunis en une nouvelle et éphémère administration. Il en sort en janvier 1863, revient au palais où, après deux ans d'exercice du droit, il est nommé conseiller de la reine, titre qui lui aurait donné un statut particulier en Cour suprême, après 1875, s'il n'eût opté pour la magistrature[18].

Du 6 mai 1863 au 29 mars 1864, Dorion agit comme premier ministre conjoint avec John Stanfield Macdonald. Il som-

---

17. Il est vrai que *Le Pays* l'appuie. Or, fondé en 1852 par J.A. Plinguet et l'ancien patron de Dorion, le libraire Édouard-Raymond Fabre, le journal a des tendances libérales, que l'évêque et le clergé n'apprécient pas du tout. Parmi les collaborateurs du *Pays*, il y a des gens comme Émile Chevalier, L.-A. Dessaulles, Labrèche-Viger, Buies, Aubin et Achintre. Ils ont des idées de liberté qu'ils font valoir avec force et qui inquiètent le clergé et les ultramontains. Voir *Les journaux de Québec de 1764 à 1964* d'André Beaulieu et de Jean Hamelin; (Québec, Presses de l'Université Laval, 1965, p. 137).

18. Seul le conseiller du roi (ou de la reine selon les ans) a le droit de plaider devant la *barre* de la Cour suprême du Canada. Pour accorder le titre, le ministre de la Justice exige que l'impétrant ait de l'âge et du prestige professionnel. Être conseiller du roi, c'est un hommage rendu à sa connaissance du droit, à son caractère et, souvent, à ses amitiés politiques.

bre avec le ministère, mais revient au pouvoir avec l'administration Mackenzie le 7 novembre 1873. Autre passage éphémère dans un parlement qui s'ébroue comme un cheval sauvage et désarçonne ses cavaliers. Il n'y a guère que John A. Macdonald qui, sans résister momentanément au scandale, reprendra rapidement sa place à la tête du gouvernement, quand il aura compris que la liberté de parole ne doit pas aller jusqu'à la liberté des échanges. C'est alors qu'il suggère et applique la politique dite nationale, régime douanier qui, tout en protégeant l'industrie canadienne, crée un statut privilégié pour la Grande-Bretagne, force politique principale, quoique sous-jacente au Canada. Tout cela est facilité dans le Bas-Canada par l'emprise que continuent d'exercer le clergé sur ses ouailles et, jusqu'en 1873, Cartier sur ses électeurs.

En 1874, fatigué, assez sourd, peut-être désemparé, sinon un peu désespéré de voir comme on l'appuie peu dans sa province où clergé et ultramontains font à ses idées et à son parti une lutte très dure, Antoine-Aimé Dorion renonce à la vie politique. Il accepte de devenir juge en chef de la Cour d'appel de la province de Québec, le premier juin[19]. C'est le troisième échelon dans la montée vers la bourgeoisie que Jean-Joseph Trestler avait souhaitée sans savoir jusqu'où sa famille irait. Le dernier échelon est franchi, quand la reine Victoria accorde à l'honorable Antoine-Aimé Dorion le titre de *Knight Batchelor* de l'ordre de *St. Michael and St. George*. Désormais, l'ancien chef politique, que certains injuriaient au cours de ses campagnes politiques, sera connu sous le titre de *Votre Seigneurie* ou sous le prénom de sir Antoine-Aimé. Il prendra place sur le *banc*, coiffé d'un bicorne et précédé d'un huissier qui dira,

---

19. Ou plus exactement, à l'époque, juge en chef de la Cour du banc de la reine: anglicisme qui se perpétuera jusqu'au moment où on décidera de transformer le nom du tribunal en celui de Cour d'appel; ce qui est plus dans l'esprit d'une langue à laquelle on tient, mais dont on ne se préoccupe pas suffisamment parfois, la tradition de l'anglicisme étant plus forte que le bon usage. Ce qui ne veut pas nécessairement dire qu'on doive employer uniquement des termes reçus en France, quand l'usage est différent.

Antoine-Aimé Dorion est aussi devenu le deuxième personnage de la province, au point de vue du protocole. Quand le lieutenant-gouverneur Caron tombe malade en 1876, il est administrateur de la province en son absence. Poste honorifique, il est vrai, mais dont la présence et la signature sont essentielles à l'existence et à l'autorité d'une loi provinciale.

d'une voix aiguë ou caverneuse, en entrant dans la salle d'audience: «Messieurs, la Cour». À partir de ce moment-là, Dorion cessera d'être la tête de Turc du parti au pouvoir pour trancher les questions de droit sans autre risque que les décisions contraires de la Cour suprême du Canada, créée en 1875, ou du comité judiciaire du Conseil privé d'Angleterre. Si l'Angleterre avait consenti à la naissance d'un pays nouveau, elle s'était gardée quelques prérogatives comme ce recours au comité judiciaire du Conseil privé, le choix d'un gouverneur général qui représente la Reine auprès du gouvernement central, tandis que les lieutenants-gouverneurs des provinces maintiennent le lien avec la Reine dont ils sont les représentants officiels. Cet appareil administratif avait fait l'objet d'une loi impériale, en 1867, sous le nom d'Acte de l'Amérique britannique du Nord. Elle accordait des pouvoirs très étendus aux ex-colonies, sauf le droit de modifier leur statut constitutionnel sans son intervention. Le pays nouveau était libre, mais il avait plusieurs fils à la patte.

*

Iphigénie ne sera pas là pour assister aux avatars et aux succès de son mari. Elle ne verra pas le respect que l'on montre à celui qui représente la justice dans toute sa rigueur, mais aussi dans toute sa majesté. Elle est décédée en 1855, en donnant le jour à un enfant qui mourut le même jour, ondoyé par un prêtre de Saint-Sulpice accouru en toute hâte[20]. Que de décès il y a

---

20. Voici d'abord le texte de l'acte de sépulture, tiré du registre de la Paroisse: «Le trente et un octobre mil huit cent cinquante-cinq, je, prêtre soussigné, ai inhumé Dame Marie Anne Iphigénie Trestler, décédée le vingt-huit du courant, âgée de trente ans, neuf mois, épouse d'Antoine-Aimé Dorion, écuyer, avocat, et sa fille née, ondoyée et décédée le même jour, de cette paroisse. Les témoins ont été Messieurs Jean-Gaspard Bibaud, Joseph Charles Hubert Lacroix, Vinceslas Paul Wilfrid Dorion, soussignés.»

Et puis, cette courte note dans Le Pays, qui confirme la mort de l'épouse du chef de l'Opposition: «Décès: En cette ville, le 28 octobre courant, Dame Marie Anne Iphigénie Trestler, épouse de A.A. Dorion, écr, M.P.P., âgée de trente ans». C'est tout ce qu'on dit, dans ce journal, sur l'épouse du chef de l'opposition. Or, Le Pays est l'organe de l'Opposition — ces rouges que détestent clergé et ultramontains. Antoine-Aimé Dorion est leur chef. Comment se fait-il qu'on ne lui consacre que trois lignes alors que, tout au-dessous, on en accorde plusieurs à un quelconque adolescent? Est-ce à la demande du mari qui n'a pas signé l'acte d'inhumation, pas plus que le père d'ailleurs? Nous ne pouvons, ni ne devons conclure. Mais comme tout est mystérieux dans certaines familles où l'on croit qu'en faisant disparaître les documents familiaux, on respecte davantage les morts.

eu dans cette famille! Deux garçons et leur mère disparaîtront en bas âge, en laissant quatre enfants et dont une seule fille se mariera. En 1870, elle épousera C.-Alphonse Geoffrion, qui sera avocat célèbre, député, puis ministre. Elle assurera ainsi la lignée des grands avocats dont son fils, Aimé Geoffrion, sera le plus célèbre: esprit vif, fin, juriste de très grande classe dont l'autorité était reconnue par tous les magistrats que, souvent, il dépassait de plusieurs coudées. Il allait droit au but, en touchant le point important sans détour, sauf quand sciemment il tenait à embrouiller les choses et à rendre difficile un jugement qu'il prévoyait contraire aux intérêts de son client. Curieux homme qui n'hésitait pas à se loger princièrement à la fin de sa carrière, tout en ayant dans la rue une tenue qui tenait plus du pauvre que de l'homme opulent qu'il était devenu. Curieux homme également qui, très instruit, s'exprimait bien mal dans le cours ordinaire de la vie. Du collège, il avait gardé, semble-t-il, un réflexe de potache pour qui exprimer sa pensée en termes vulgaires était trop souvent une règle[21].

\*

À la mort de leur mère, les enfants d'Antoine-Aimé Dorion sont bien jeunes. Eulalie a onze ans, Angélina, cinq, René, trois et Albertine, à peine un an. Désemparé, leur père a recours à sa sœur Célina qui, à Yamachiche[22], tient la maison de son frère, le curé Hercule Dorion. Elle n'a pas un moment d'hésitation: célibataire, elle est disponible pour la famille. Avec un grand dévouement, elle se charge des enfants de son frère qui, au faîte de sa carrière d'avocat et au début de celle d'homme politique, a besoin qu'on vienne l'aider. Elle quitte donc Yamachiche et vient dans cette maison de Montréal où habite son frère.

\*

21. Cf. Sur Aimé Geoffrion, J.J. Lefebvre, dans la *Revue du Barreau* de 1947, p. 79. Voir aussi sur le passé des Geoffrion. *Revue du Barreau*, 1976.

22. Petit village au nom indien, qui se trouve dans la plaine laurentienne. Quoique endormi, il est célèbre, par les gens qui y sont nés: des Gérin-Lajoie au poète Nérée Beauchemin et à Mgr Norbert Provencher.

À onze ans, Eulalie, la fille aînée, est en âge d'aller au couvent. On l'envoie à Villa-Maria, couvent déjà huppé de la région de Montréal. Situé sur la colline, l'endroit est sain car la maison est entourée de pommiers et de champs où l'on cultive le melon fameux dit de Montréal. Ce sont les soeurs de la Congrégation de Notre-Dame qui le dirigent, celles-là même qui ont formé Iphigénie, jeune fille, alors qu'elle habitait chez son père dans la basse-ville. Il y a peu de temps[23], la maison était à la disposition du gouverneur général à une époque où le parlement siégeait à Montréal, avant qu'il ne fût détruit à la suite d'une échauffourée subséquente à la loi qu'on passait pour indemniser les victimes du soulèvement de 1837. Chose inadmissible pour un certain nombre de têtes chaudes du Bas-Canada qui ne s'étaient pas opposés à ce qu'on le fît pour les victimes du Haut-Canada. Aussi, mirent-ils le feu au parlement quand le gouverneur approuva personnellement la mesure.

À la suite du départ de lord Elgin, les *bonnes soeurs*, comme on les appelait, s'étaient portées acquéreur de la maison qu'elles avaient appelée Villa-Maria. Par la suite, une coutume s'était établie: le gouverneur général étant reçu officiellement chaque fois que d'Ottawa il passait par Montréal ou y venait. Villa-Maria était à l'époque un des couvents de la bourgeoisie, avec celui des Dames du Sacré-Coeur, attirées par les Jésuites revenus à Montréal. On n'y formait pas encore des bachelières, comme la communauté le fit par la suite au collège Marguerite-Bourgeois, sous la direction d'une femme remarquable, soeur Sainte-Anne-Marie. On se contentait de donner aux élèves une formation destinée à en faire des femmes instruites, à l'esprit curieux, sachant recevoir, ayant de bonnes manières et capables de suppléer à une formation élémentaire par la lecture.

---

23. Située dans ce qui sera plus tard Notre-Dame-de-Grâce, Villa-Maria est une maison qui remonte à la fin du XVIIIe siècle. Construite en rase campagne par James Monk, avocat et conseiller législatif, elle était connue sous le nom de Monkland. Elle fut achetée par les soeurs de la Congrégation de Notre-Dame qui en firent un couvent, en 1854; c'est là qu'un grand nombre de filles de la bourgeoisie furent élevées dans un esprit que la fondatrice de la Congrégation eût aimé. Après avoir servi à la famille des Monk, la maison avait été occupée par les gouverneurs généraux qui s'étaient succédé à Montréal depuis lord Metcalfe jusqu'à lord Elgin, à une époque où le Parlement siégeait à Montréal.

Eulalie Dorion resta à Villa-Maria jusqu'à l'âge de seize ans, en sortit, puis y revint pour une autre année après la mort de sa tante.

Suivant l'usage, Eulalie fit ses débuts au cours des années suivantes; débuts qui, à l'époque étaient un événement assez considérable dans la vie d'une famille bourgeoise. Généralement, il précédait de peu le mariage, qui avait lieu après une année ou deux de réceptions, de thés, de danses ou de bals, où souvent le père conduisait sa fille. Il dansait la première danse avec elle, puis se retirait avec les autres parents, une fois rempli le carnet de bal de sa fille.

Eulalie se maria assez tôt; elle épousa ce jeune homme dont nous avons déjà parlé, Alphonse Geoffrion qui, lui aussi, devait être juriste, puis député, puis ministre.

*

Les autres enfants étaient trop jeunes *pour être pensionnaires*, comme on disait à l'époque. C'est la tante Célina qui les éleva. Des enfants de cinq ans, de trois ans et d'un an exigent des soins particuliers. Or, Célina, célibataire, n'entendait rien à la formation des enfants. D'un autre côté, elle avait des bonnes comme c'était la coutume à l'époque dans les familles aisées. Il y avait sans doute une cuisinière, une boniche pour les petits travaux et pour s'occuper des enfants, une femme de ménage et, l'hiver, un homme à tout faire qui enlevait la neige et qui servait de cocher ou de maître d'hôtel quand Antoine-Aimé Dorion recevait dans cette grande maison de pierre qu'il occupa plus tard avec ses filles rue Sherbrooke, face à la rue Berri, là-même où l'Université de Montréal logea ses étudiants, avant de déménager dans ses locaux nouveaux.

Il y avait aussi une infirmière qui venait quand les enfants étaient malades. Et puis, le grand-père, Jean-Baptiste-Curtius Trestler, était disponible au moindre appel. S'il s'occupait des aliénés, il faisait aussi de la médecine générale; il était omnipraticien, comme on dit aujourd'hui. Il ne savait sans doute pas ce qu'on apprit par la suite à propos des maladies de l'enfance ou à propos de la diététique infantile, mais il rassurait et soignait, avec les moyens dont il disposait. Il ne pouvait empêcher, sans doute, ces maladies contagieuses que ses petits-enfants rapportaient de l'école ou du couvent. Malgré son titre de M.D. et sa thèse en latin, Curtius Trestler n'avait pu empêcher sa fille Almaÿs de mourir de consomption à l'âge de vingt-quatre ans; la consomption étant une maladie dont on souffrait encore beaucoup et qu'Alexandre Dumas fils avait mis à la mode avec *La Dame aux Camélias*. La maladie pulmonaire, hélas! faisait encore de très nombreuses victimes, même parmi ces gens qui étaient loin d'être dans la misère.

Sous la direction de leur tante Célina, l'été, les enfants Dorion passaient une partie de leurs vacances à Quinchien, dans la maison des Trestler où habitaient leurs tantes Lacroix et Wilfrid Dorion. Parfois aussi, ils allaient pour quelque temps à Saint-Ours, où les accueillait leur tante Germaine[24].

Après la mort de leur tante, les deux autres filles d'Antoine-Aimé Dorion (Angélina et Albertine) allèrent également au couvent, chez les Dames du Sacré-Coeur cette fois. Inspirée par les Jésuites, la communauté s'était installée dans les environs de Montréal et, là, une tante Dorion portant le nom inattendu, mais charmant, de Céphilie, était religieuse. Sans doute y avait-elle attiré ses nièces à un moment où les gens de la bourgeoisie envoyaient leurs filles chez les soeurs de la Congrégation de Notre-Dame, chez les Dames du Sacré-Coeur ou encore chez les soeurs des Saints Noms de Jésus et de Marie, au couvent d'Hochelaga, à peu de distance de l'endroit où George-Étienne Cartier donnait un exemple peu édifiant dans sa propriété qui jouxtait celle de son égérie, Luce Cuvillier. Les garçons allaient au collège Sainte-Marie, rouvert depuis le retour des Jésuites en 1842, au collège de Montréal ou chez les Frères des écoles chrétiennes. Entre ces maisons régnait une émulation tournant parfois à l'aigre, mais que contribuait à pacifier l'évêque à certains moments. Il ne pouvait empêcher certaines querelles grégaires nées en France et qui s'étaient continuées au-delà des mers. Les Jésuites et les Sulpiciens orientaient leurs élèves vers les professions libérales ou la prêtrise, tandis que les Frères des Écoles Chrétiennes les dirigeaient plutôt vers les carrières du commerce et de l'industrie. Plus tard,

---

24. Notes familiales.

avec un enseignement nouveau, ceux-ci les orientèrent vers les sciences et le génie civil.

C'est ainsi que les fils de la bourgeoisie étaient dirigés par leur milieu et par l'enseignement qu'on leur donnait vers des carrières presque fixées à l'avance, mais dont les affaires étaient écartées avec un certain dédain, hélas! À tel point que les commerçants étaient presque tous recrutés parmi les gens de la campagne. Peu instruits pour la plupart, ils étaient souvent intelligents, travailleurs et formés à l'école de la vie. Pour les autres, l'idéal restait la prêtrise ou la profession libérale. Être médecin, avocat, notaire, c'était exercer une carrière prestigieuse, même si aucune ne menait à la richesse. Cela explique, croyons-nous, la réaction de Jean-Joseph Trestler devant le mariage de ses filles, et celle de Joseph Masson envers ses fils. Presque incultes tous deux, ils avaient désiré que leurs fils fussent autre chose que des marchands et que leurs filles épousassent des hommes de profession libérale, appelés à un avenir prestigieux soit par la qualité de leur réputation professionnelle, soit par la politique, ce tremplin du XIX$^e$ siècle.

\*

## 4. Antoine-Aimé Dorion, sa carrière politique et ses idées

Nous ne pouvons pas ne pas en parler ici, même brièvement, tant ce personnage se rattache, par les Trestler, au sujet que nous nous sommes proposé, même si nous semblons nous en éloigner.

En 1854, Antoine-Aimé Dorion s'est orienté vers la politique, avons-nous noté. Il est élu député de Montréal, à trente-six ans, l'âge où toutes les ambitions sont permises. Veuf, il jouira d'une certaine liberté de mouvement puisque sa soeur a consenti à élever ses enfants.

Antoine-Aimé Dorion représente la circonscription de Montréal jusqu'en 1861 puis, battu, il sera élu dans Hochelaga une première fois de 1862 à 1867 et une seconde, de 1867 à 1872. La même année, en son absence et presque malgré lui, on l'élit dans le comté de Napierville, dont il sera le député de 1873 à 1874[25]. Carrière un peu houleuse sans doute, mais qu'il ne voudra pas interrompre, même si le mauvais sort et les électeurs le forcent périodiquement à revenir à l'exercice de sa profession. Chaque fois, on le voit accéder au bâtonnat[26], tant il a l'estime de ses confrères. Depuis la retraite de Louis-Joseph Papineau, il est le chef du Parti libéral, comme nous l'avons vu, honni du clergé et des ultramontains qui s'entendent avec les conservateurs pour lui rendre la vie difficile.

Nous ne voulons pas suivre notre personnage dans toute sa carrière. Il nous suffira de l'accompagner dans son cheminement politique, en notant quelques-unes de ses idées directrices: l'instruction généralisée, l'élection des membres du Conseil législatif, et non leur nomination par le Prince, les relations avec les États-Unis par des échanges économiques plus étendus, tout en gardant des relations suivies avec l'Angleterre. Puis, nous verrons ce qu'il pense du grand projet de confédération des colonies britanniques de l'Amérique du Nord, qui se prépare dès 1858 et se réalise en 1867.

Il ne faudrait pas chercher ici le texte des discours, même les plus importants de Dorion. Nous nous contenterons de réunir quelques-uns des thèmes qu'il a développés au cours de sa carrière politique, comme chef d'un parti qui se fraye un chemin petit à petit à travers un conservatisme tenace et assez curieux à étudier. Dorion est à la recherche de la liberté dans un siècle où elle est sinon étouffée, du moins où on l'empêche de s'épanouir librement. Pour lui, c'est par le Parti libéral qu'on y accéderait. Voici, par exemple, comment il en décrit sa conception à ses électeurs en 1857:

> Je me présente devant vous ainsi que je l'ai fait en 1854 comme appartenant au parti libéral le plus avancé, celui qui a

---

25. Ce sera la fin de sa carrière politique, car depuis le début du XIXe siècle, le magistrat ne doit plus siéger à la Chambre, pas plus qu'il ne doit se mêler de politique ouvertement.

26. Voyons ce que dit A.O. Hammond dans *Confederation audits leaders* (Collection Gagnon, Bibliothèque municipale de Montréal): «Judged by the sordid standards of the spoilsman, the public life of Antoine-Aimé Dorion was a failure; out of two decades of public life he held office for but a few months. Judged by standards of honest duty, his life was successful; he held his ideals and remained an emblemished public servant». Nous aimons ce jugement dur, mais juste, d'un homme de bien, venu trop tôt, dans un monde qui n'était pas encore prêt à admettre ses idées. Plus souple, Wilfrid Laurier réussit là où Dorion n'avait pas su convaincre.

toujours proclamé les principes les plus conciliants en fait d'union entre les différentes origines, les plus larges en fait de liberté civile, politique et religieuse.

C'est dans ses lettres à ses électeurs qu'on peut le mieux trouver sa pensée, croyons-nous. Avant quelques-unes de ses campagnes, il s'adresse à eux, comme à des amis à qui il laisse le choix de l'élire contre son adversaire. Avec une grande simplicité, il dit, par exemple, le 3 décembre 1857:

> Je vais changer ni mes opinions, ni mes principes; c'est à vous de décider si je mérite encore cette confiance que vous m'avez alors si généralement témoignée.

Comme cette invitation est simple et directe, et comme on est loin des *coups de gueule* que certains candidats croient devoir lancer pour convaincre les électeurs de voter pour eux! Ici, point de tapage, d'affirmations bruyantes, le candidat se contente de poser une question: «Si vous croyez que j'ai agi dans le sens de vos intérêts, je vous demande de me réélire». George-Étienne Cartier lui fera mordre la poussière dans Montréal-Est, mais Dorion se présentera dans le comté d'Hochelaga où on l'élira, comme on l'a vu.

Ses idées, son programme, sont très simples. En voici un aperçu rapide. D'abord, sur l'éducation. Il affirme avec force: «Il faut former les jeunes pour leur permettre de tirer le maximum de leur vie et de leur effort. Dorion se rend compte de l'urgence d'une politique de l'enseignement dans un pays où on l'a négligé jusque-là. Voici exactement ce qu'il écrit dans son *adresse électorale* de 1854 aux électeurs de Montréal:

> L'éducation du peuple est devenue dans les sociétés modernes une des conditions essentielles de tout progrès solide et durable. Travailler à rendre cette éducation aussi générale que possible, la mettre à la portée de tous, disséminer sur toute la surface du pays des connaissances saines et utiles par l'instruction de la jeunesse, c'est multiplier les conditions du bien-être moral et matériel des générations présentes et à venir, c'est contribuer à élever notre population au rang qu'elle doit occuper parmi celles qui l'environnent, et c'est le premier devoir du législateur de s'occuper d'un sujet aussi important. De l'aveu de tous, les systèmes actuels fonctionnent peu. Il faut y chercher un remède, en imprimer la direction, la force et la vie

nécessaires pour surmonter les obstacles et rendre l'éducation populaire[27].

Il y a également la politique douanière à laquelle il s'intéresse de très près. Pour lui, il faut se rapprocher de nos voisins les Américains. Déjà, il y a eu en 1854 le traité de réciprocité, mais il est insuffisant. Notre politique, dit-il, exigerait aussi une plus grande cohérence. Il y a parfois des droits qui veulent protéger une industrie inexistante et, par ailleurs, nous taxons les denrées de consommation courante avec des impôts beaucoup trop élevés, comme c'est le cas pour le thé, le café et les produits que nous ne produisons pas. Dans l'ensemble, notre politique, ajoute-t-il, devrait être *ad valorem* avec des droits non fixes, mais représentant un pourcentage de la valeur. À propos des relations avec les États-Unis, il précise ceci: il ne s'agit pas de se joindre aux États-Unis, mais de se rapprocher d'eux davantage afin de profiter de leur prospérité. Il est aussi contre la nomination des membres du Conseil législatif par le gouvernement, comme on continue de le faire. Plus tard, le Sénat remplacera ce conseil, mais le mode de nomination restera le même. Nommés à vie, la plupart de ses membres y trouveront la récompense de leur fidélité. Destiné à servir de soupape à la Chambre basse, le Sénat sera trop souvent l'abri sûr pour une fin de carrière et l'appui que souhaitera le parti aux abois ou même solidement établi en Chambre.

*

En 1864 se présente la grande question du jour: la fusion des colonies britanniques de l'Amérique du Nord.

Le Parti libéral s'oppose au projet de confédération, qui a été discuté à huis clos jusque-là au cours de la Conférence de

---

27. Extrait d'une *adresse électorale* de 1854 présentée aux électeurs. Cf. Thèse de maîtrise (Appendice B), présentée par M. Jean-Claude Soulard en 1976 à l'Université Laval.

Il a fait une étude très poussée de la pensée de sir Antoine-Aimé Dorion dans cette thèse qu'il a présentée à l'École des gradués de l'Université Laval en février 1976. Elle lui a valu une maîtrise ès arts en histoire. Nous y référons le lecteur, qui désirerait avoir une analyse plus poussée de la pensée de l'homme politique.

Personnellement et dans le cadre de notre ouvrage, nous n'avons fait qu'esquisser le sujet, en considérant sir Antoine-Aimé Dorion non pas tant pour juger son système de pensée, que pour indiquer le rôle qu'il a joué.

Québec. Antoine-Aimé Dorion prend une attitude précise sur le sujet dès 1864 dans une *adresse* à ses électeurs d'Hochelaga suivant l'usage qu'il a établi. Il proteste d'abord contre une pareille initiative prise sans que les électeurs soient consultés et sans qu'ils aient l'occasion d'approuver ou de rejeter un projet qui concerne directement l'avenir du pays. Lui-même avoue qu'il n'a pas été saisi des détails. Ce qu'il sait du projet, c'est ce qui a paru dans les journaux et ce que George Brown a dit «dans un discours prononcé devant les délégués de la province du Nouveau-Brunswick à Toronto»[28].

Avant 1867, comme on est loin encore de la conception actuelle de la démocratie! Un parlement qui se réunit tous les trois ans, des gouvernements coloniaux inspirés par l'Angleterre, qui se retrouvent pour se demander, à huis clos, s'il est possible de se réunir en un seul grand pays, sans que d'abord le peuple ait été consulté. En somme, on dispose de lui comme s'il n'avait rien à y voir. Et cependant, on est devant une certaine organisation constitutionnelle, devant des députés élus, devant une autorité qui s'affirme, mais qui attend le bon plaisir du Prince pour tenir l'opposition et le peuple au courant.

*

Dans le premier projet, certaines choses offusquent le chef de l'Opposition. Ce sont, par exemple:

a) Les pouvoirs relativement limités des provinces projetées; la grande autorité devant être le gouvernement central même si les provinces ont des besoins qu'elles doivent pouvoir satisfaire;

---

28. Voici comment George-Étienne Cartier a justifié le huis clos à Québec: «On s'est beaucoup plaint que les délibérations des délégués avaient été secrètes. Cela était d'absolue nécessité. Chacun comprendra que si toutes les difficultés qui ont pu surgir entre les délégués, durant la conférence, avaient été divulguées au public chaque matin, il leur eût été impossible de continuer la discussion et de terminer par accommodement toutes les questions compliquées qui se présentaient. Les délibérations du Congrès américain en 1782 ont eu lieu à huis clos, et le résultat n'en a été publié qu'après la clôture des négociations.» Il s'agit ici d'un précédent établi chez nos voisins à une époque où était discutée leur future constitution.

On peut penser ce qu'on voudra de ce raisonnement. D'un autre côté, il faut le noter puisqu'il permet de comprendre la protestation d'un homme (Dorion) qui dirige un parti et qui ne connaît pas encore les détails d'un projet d'une importance extrême pour son pays.

b) le fait que le Bas-Canada va se trouver noyé dans un tout, alors que, dans le Canada-Uni, les parties intéressées sont à peu près à égalité d'influence;

c) l'autorité transcendante du pouvoir central qui, tout en reconnaissant des prérogatives aux provinces, garde un droit de veto sur les lois passées par celles-ci;

d) les faibles revenus des provinces, à moins que celles-ci procèdent par voie de taxation directe;

e) l'importance donnée au gouverneur général — pivot de l'administration confédérale;

f) enfin, le fait que, dans les provinces, l'autorité serait confiée, semble-t-il, à un lieutenant-gouverneur, sorte de vice-roi nommé par la Couronne et simplement conseillé par des chefs de service.

Dans cette pyramide de l'autorité, Dorion voit un vestige de l'esprit colonialiste dont le Bas-Canada a souffert dans le passé. Au fond, le projet dont Antoine-Aimé Dorion a connaissance n'est pas exactement celui que George-Étienne Cartier et John A. Macdonald piloteront plus tard jusqu'à Londres, en venant demander au gouvernement impérial la loi qui créera un pays nouveau[29]. Ni l'Île-du-Prince-Édouard, ni Terre-Neuve, ni la Colombie britannique ou les Territoires du Nord-Ouest n'en seront, mais on gardera du texte initial l'idée du gouvernement central fort, ayant les pouvoirs reconnus par la Constitution et, en particulier, le droit d'intervenir au cas où une loi provinciale lui paraîtrait inacceptable: la dépendance des provinces envers le gouvernement central se trouvant ainsi établie.

La formule était nouvelle; elle paraissait excellente à des gens qui voulaient un pays cohérent. À la Chambre, la majorité l'emporta, au moment du vote. Et la demande officielle fut portée à Londres par les chefs des futures provinces. En juillet 1867, l'Acte de l'Amérique britannique du Nord créa un pays nouveau, avec Ottawa comme capitale.

Tout était à l'encontre de ce qu'Antoine-Aimé Dorion avait désiré. Il s'inclina, mais à partir de ce moment, le coeur

---

29. *British North America Act*, 30 et 31 Victoria, chap. 3.

n'y était plus. Aussi, quand, en 1874, on lui offrit d'être le juge en chef de la Cour d'appel[30] dans la province de Québec, il accepta.

*

L.-O. David a jugé assez durement son contemporain[31]. Par contre, voici quelques extraits d'un texte de Wilfrid Laurier où celui-ci fait son éloge, quelques mois avant sa mort. Même s'il ne partageait pas toutes les opinions de son ex-collègue et ami, surtout celles qui avaient trait à nos voisins du sud, il avait pour lui un très grand respect, comme on peut en juger par ce qui suit:

> Ce fut le malheur de M. Dorion que tandis qu'il se trouva pendant plusieurs années au beau milieu de la mêlée politique, il ne lui vint jamais de sa province une majorité qui l'aurait mis à même de faire triompher les vues libérales, claires et justes, qu'il avait sur les questions les plus importantes pour l'avenir du Canada. Bien qu'il se trouvât presque toujours dans la minorité, il ne cessa jamais d'être dans la chambre une très formidable individualité et d'exercer autour de lui une influence considérable dont la seule source se trouvait dans la hauteur de son caractère et la puissance de ses talents. Dans les rangs du parti libéral, il n'y a jamais eu d'hommes à qui ait été accordé une part plus grande de respect et d'affection.

> Considéré comme chef de parti, M. Dorion fut lui-même et l'on ne saurait le comparer à nul autre. Dans ses vues, il était on ne peut plus démocratique; mais il n'eut jamais recours à ces tactiques que l'on regarde quelquefois comme indissolubles dans les gouvernements démocratiques. Homme aux manières d'une courtoisie exquise, il repoussait néanmoins toute approche familière. Il n'eut jamais recours à cette méthode facile d'acquérir de la popularité en se dépensant de tous côtés. Il ne

---

30. Connue alors sous le nom de Cour du banc de la reine.

31. Voici ce qu'il en a dit: «Antoine-Aimé Dorion était entouré de gens intelligents, mais un peu vifs et, surtout, tendant à une liberté politique et à des idées religieuses que le clergé et le milieu n'étaient pas prêts à accepter. Aussi, la majorité des électeurs ne le suivaient pas toujours et en tout dans ses attitudes. Le clergé notamment était contre lui à une époque où on ne pouvait être libéral et bon catholique, croyait-on. Aussi, la plupart des prêtres livraient-ils une lutte serrée aux candidats libéraux, malgré l'insistance des évêques sur leur non-ingérence dans le domaine de la politique.»

chercha jamais à flatter les passions vulgaires; il ne dévia point de la voie qui lui paraissait être celle de la vérité. Il ne courtisa jamais le succès pour l'amour du succès; mais il combattit avec persévérance pour le droit tel qu'il le comprenait. Il fit face à la défaite sans aucune faiblesse et lorsque le succès lui vint, il resta modeste dans ce succès.

En acceptant les plus hautes fonctions judiciaires de sa province natale, M. Dorion ne fit que transférer dans une autre sphère les grandes capacités qu'il avait mises au service du public. Car il est admis de tous les côtés que jamais les cours d'aucun pays n'ont été ornées par la présence d'un magistrat plus capable, plus digne et plus droit. On connaissait déjà son intelligence élevée, puissante et lucide, ses vastes connaissances, ses manières à la fois courtoises et sévères; mais dans l'exercice de ses nouvelles fonctions, ces qualités ressortirent avec plus d'éclat. Une autre de ses qualités plus caractéristique encore — qualité qu'on devrait à peine mentionner en parlant d'un magistrat, tant elle est regardée comme l'attribut indispensable des fonctions judiciaires — c'est son sentiment de la probité la plus absolue. Il arrive parfois que des hommes qui ont passé la plus grande partie de leur vie dans le tourbillon des luttes politiques, voient, lorsqu'ils deviennent juges, leurs opinions plus ou moins colorées, sans qu'ils s'en rendent compte, par les fortes convictions auxquelles ils obéissaient auparavant dans une atmosphère moins pure. On ne peut pas dire que ce soit là une chose qui n'a jamais été vue ou connue.

On ne trouve rien de pareil chez le juge-en-chef de Québec. On a entendu une fois un membre conservateur du barreau de Montréal faire la remarque que si l'on ne connaissait pas la carrière du juge-en-chef, on ne se douterait jamais qu'il ait été mêlé aux luttes politiques[32]

En 1877, la reine Victoria, créait Antoine-Aimé Dorion *Knight Batchelor* de l'Ordre de St. Michael and St. George. C'était le couronnement d'une longue et fructueuse carrière et la reconnaissance de la qualité d'esprit et du rang occupé par le personnage dans la société canadienne.

\*

Sir Antoine-Aimé Dorion meurt en mai 1891. Aussitôt, les journalistes les plus en vue ne tarissent pas d'éloges sur celui

---

32. Wilfrid Laurier. *La Patrie* d'octobre 1890.

qu'ils ont si souvent décrié. À titre d'exemple, voici un extrait de l'article que lui consacre *la Patrie* du premier juin 1891, sans doute sous l'inspiration d'Honoré Beaugrand qui, à ce moment-là, dirige le journal. Celui-ci avait l'intelligence et la finesse voulues pour comprendre son contemporain et apprécier l'homme en lui:

> La personnalité la plus grande, la plus sympathique du vieux parti libéral canadien-français, écrit-il, vient de disparaître au moment même où le grand chef du parti conservateur, sir John A. Macdonald, se débat encore dans les spasmes d'une lente agonie. Étonnante coïncidence dans ce double malheur national: deux chefs qui ont lutté l'un contre l'autre, pendant de longues années, dans l'arène parlementaire, qui disparaissent en même temps, presque à la même heure!

> Sir Antoine-Aimé Dorion s'est éteint doucement, dans les bras de ses enfants, dimanche, le 31 mai, à 7:40 du matin, à l'âge de 73 ans, 4 mois et 12 jours. Mercredi dernier, il siégeait encore au tribunal d'appel qu'il présidait avec tant d'urbanité, de science et d'autorité depuis dix-sept ans, ayant été nommé à ce poste honorable le 30 mai 1874.

*

Et voici comment, dans *La Patrie* on décrit ses funérailles. Si nous reproduisons ici ce texte un peu long, c'est pour mieux montrer le respect qu'on avait pour l'homme politique et le magistrat, tout en reconstituant une cérémonie d'autrefois:

> Dans la rue Notre-Dame, du côté de l'Hôtel de ville, entre les rues Bonsecours et Gosford, tous les marchands avaient décoré la devanture de leurs magasins de longues tentures noires et jaunes et le coup d'oeil était saisissant.

> La cérémonie religieuse à l'église Notre-Dame a été sobre et imposante; le catafalque illuminé était placé au milieu de la grande allée et une foule immense remplissait la nef et les galeries.

> La basilique enfin avait revêtu son costume de deuil et monseigneur Fabre officiait à l'autel.

> Un choeur puissant, bien organisé, a chanté avec succès la messe de Cascioloni. Le *Miserere* et le *Libera* — oeuvres de

M. Couture — étaient des morceaux qui ont été chantés ce matin pour la première fois à Montréal.

Les solistes ont été MM. Bourdon, Pelletier, Payette et Guillemette.

En résumé, sir A.A. Dorion a eu des funérailles pompeuses (*sic*); le cortège qui l'accompagnait au lieu de son dernier sommeil était composé de tout ce qu'il y a de distingué dans la magistrature, le barreau, dans les autres professions et dans le commerce. Rien n'était morne et empoignant comme cette longue procession de toges défilant silencieusement, un matin de juin, sous un véritable ciel d'automne et sous un vent presque glacial. En effet, il faisait froid et le firmament était gris ce matin comme en novembre. Cependant, la population est accourue de toutes parts pour rendre les derniers devoirs à celui qui a été un grand chef, un grand magistrat et un homme de bien.

La présence d'un aussi grand nombre de citoyens aux obsèques de sir Dorion est un témoignage de sympathie à ajouter à tous ceux que la famille du défunt a déjà reçus.

Depuis un temps immémorial, on n'avait pas vu les juges et les avocats prendre part à un service funèbre avec autant d'unanimité et de fraternité. C'est que feu le juge-en-chef avait conquis l'estime du monde judiciaire et que son intégrité et sa droiture lui avaient gagné les coeurs de tous les citoyens.

Son souvenir vivra!

Nous avons tenu à le rappeler, de notre côté, en songeant au grand-père Johann Joshef Tröstler, immigrant, commerçant et député, qui avait rêvé d'un avenir prestigieux pour cette famille qu'il avait fondée au Canada.

D'étape en étape, elle avait atteint le niveau le plus élevé dans la société du XIXᵉ siècle, non qu'elle se fût enrichie, mais elle était parvenue au plus haut échelon de la vie sociale de l'époque par le truchement du droit et de la politique.

\*

Petit à petit, le pacte de 1867 fit montre de ses avantages, mais aussi de ses défauts. Ce qu'Antoine-Aimé Dorion avait craint se réalisa, le Bas-Canada se trouvant noyé dans un tout. On en vint à donner la même importance à l'Île-du-Prince-

Édouard, dans le concert des provinces, qu'à l'Ontario et au Québec au moment des grands débats. Et puis, les provinces et le gouvernement fédéral se heurtèrent rapidement: entre instruction et culture, par exemple, la frontière est ténue. Or, au siècle suivant, le gouvernement fédéral n'hésitera pas à intervenir dans ce qui était censé être un domaine provincial. Et la radiotélévision, est-elle ou non du domaine des transports? Les ressources naturelles appartiennent-elles aux provinces, comme les dépôts de pétrole du plateau continental que l'on découvrit au siècle suivant? Sont-elles du domaine fédéral ou provincial? Si l'extraction du pétrole et du gaz naturel concerne les provinces, leur commerce, leur circulation et leur prix sont devenus du ressort fédéral, malgré les protestations des intéressés.

Ni John A. Macdonald, ni George-Étienne Cartier, ni leurs compagnons barbus ou imberbes qu'on aperçoit dans les grandes fresques de l'époque, n'avaient pu prévoir ces problèmes de juridiction. Pas plus qu'Antoine-Aimé Dorion, ils n'auraient pu les trancher à l'avance. En 1981, ils donnèrent lieu à de belles batailles verbales, où les mots de souveraineté et d'indépendance furent prononcés maintes fois et dans des milieux bien différents. Si George-Étienne Cartier avait imaginé qu'après un siècle, il faudrait modifier certaines choses dans le texte de 1867, il n'avait sûrement pas aperçu si longtemps à l'avance ce que seraient ce pays immense, son essor et ses problèmes hérités du passé et ceux non moins graves posés moins d'un siècle plus tard.

Par ailleurs, si on peut discuter certaines des craintes exprimées par Antoine-Aimé Dorion, on se rend compte que sur bien des points, il avait raison et, en particulier, sur le fait que le Québec serait isolé rapidement. Donner les mêmes droits à une province de trois cent mille habitants avec la même facilité de veto qu'à une autre de six à huit millions d'âmes était sinon une aberration, du moins une imprudence ou une maladresse, comme le démontrèrent certaines conférences interprovinciales ultérieurement. Le gouvernement fédéral intervint alors dans le sens qu'il désirait en se faisant approuver par neuf des provinces, dont Québec n'était pas. Une fois de plus, celle-ci était isolée; elle le ressentira profondément.

Et c'est ainsi qu'après avoir combattu durement le projet de Constitution avant 1867, le Parti libéral en devint le défenseur. Et pendant tout ce temps, la loi impériale de 1867 restait en Angleterre comme un dernier lien avec la métropole. Difficilement défendable, le régime fonctionnait, jusqu'au moment où il a paru impossible de maintenir un état de choses inadmissible pour un pays indépendant. C'est là que l'on constata les intérêts opposés de certaines provinces et du gouvernement fédéral dans un milieu qui avait évolué.

# IV

# Propos sur la bourgeoisie canadienne de 1800 à 1830, avec une attention particulière donnée à la seigneurie de Vaudreuil

Il y a dans le dictionnaire *Robert* une bien curieuse définition du bourgeois que l'auteur fait précéder du mot *anciennement*; ce qui nous justifie de la citer ici: «Personne qui n'est pas noble, pas prêtre, qui ne travaille pas de ses mains et possède des biens». Le dictionnaire ajoute: «Les Bourgeois formaient le Tiers-État en France». Parmi les signataires de l'adresse au roi d'Angleterre en 1763[1], un grand nombre avaient des biens sans doute et d'autres travaillaient de leurs mains, tel Denis Viger qui avait une terre et, pendant une partie de sa vie, avait été menuisier, puis maître-charpentier, puis marguillier; d'autres étaient marchands. Ils demandaient au roi l'autorisation de faire venir les marchandises achetées en France avant la guerre et qu'on n'avait pu faire entrer au Canada après la Conquête. Devaient-ils être considérés comme la bourgeoisie de l'époque?

Les Lotbinière étaient-ils des bourgeois? Non, assurément parce que l'ancêtre avait été anobli par Louis XVI. Ils étaient seigneurs de Vaudreuil, de Rigaud et de Lotbinière. Et qu'était Robert Unwin Harwood? Venu à Montréal pour ouvrir une succursale de l'entreprise familiale, il avait épousé Louise de Lotbinière. En Angleterre, sa famille faisait partie

1. Sous le titre de *Corps du commerce*.

de la *middle class* de Sheffield, sans doute ce qui se rapprochait fort de la bourgeoisie moyenne. Et Jean-Joseph Trestler — soldat, colporteur, devenu riche commerçant et député, dans la Colonie, dans quel groupe devait-on le faire entrer suivant les étapes de sa vie? Nouveau riche? Bourgeois? Mais dans le monde contemporain, celui qui a famille, voiture, biens-fonds, et dont la femme a des bijoux, des toilettes, mais aussi des enfants et une hypothèque n'agit-il pas en bourgeois et n'en est-il pas un, qu'il soit chef ouvrier, notaire, médecin, marchand ou simple rentier, qu'il se nomme Georges Marchais ou Michel Chartrand!

Peut-être faudrait-il reprendre la définition de *Robert*, en la modifiant légèrement pour l'adapter au XIX$^e$ siècle? N'y avait-il pas à l'époque une bourgeoisie de l'argent, une bourgeoisie intellectuelle, un fonctionnarisme qui se rattachaient à la bourgeoisie par son aisance et ses habitudes? Et au Canada, comme en France, à l'heure actuelle, n'y a-t-il pas une bourgeoisie de l'esprit, qui se retrouve parmi les artistes aussi bien que parmi les socialistes les plus endurcis? Léon Blum, par exemple, ne menait-il pas la vie d'un grand bourgeois? Lénine ne vivait-il pas en Suisse l'existence d'un tranquille bourgeois, mais à l'esprit subversif, avant d'aller présider à la révolution en Russie? Et dans notre milieu, Jean-Paul Lemieux et Félix Leclerc ne vivent-ils pas comme des bourgeois, malgré la fantaisie de leur art?

Être bourgeois, ne serait-ce pas une manière de penser ou une manière de vivre qui n'exclut pas la propriété que certains, comme Proudhon au XIX$^e$ siècle, ont assimilée au vol?

\*

Reprenons donc la définition «ancienne» du *Robert* et, en la développant, essayons de l'adapter à la période que nous nous sommes proposé d'étudier, c'est-à-dire la bourgeoisie au début du XIX$^e$ siècle dans la seigneurie de Vaudreuil. N'en est-il pas celui qui a des biens et qui tente de franchir quelques échelons de la vie sociale ou de les faire franchir à sa famille par l'instruction? Ne sont-ils pas de la bourgeoisie, les rentiers, le médecin, le notaire, le député qui, par leur instruction ou leur mode de vie, dépassent le plus bas niveau de la population? Mais ne l'est pas l'analphabète qui croit plus important d'être habile de ses mains. Mais alors, la classe bourgeoise du début du XIX<sup>e</sup> siècle n'était-elle pas bien peu nombreuse, tant l'analphabétisme était répandu?

Le prêtre entre aussi dans la catégorie du bourgeois au XIX<sup>e</sup> siècle, à notre avis, suivant la nouvelle définition de *Robert*[2]. Le Tiers-État et le *Corps de commerce* dans le Bas-Canada n'existent plus dans les faits, mais le prêtre a une église et un presbytère où il est roi et maître même si, théoriquement, la fabrique et les marguilliers en sont les propriétaires. Le curé est logé par ses paroissiens; il reçoit la dîme qui lui permet de vivre, même misérablement. Il a toutes les caractéristiques du bourgeois: il administre, voit à ce que, dans le budget de la paroisse ou le sien, l'on joigne les deux bouts; il a cheval et voiture. Il a les qualités et les défauts du bourgeois: opposition aux idées nouvelles, haine de l'anarchie, désir d'ordre, orgueil de caste. Il ne jette pas l'argent par les fenêtres; il est accueillant ou désagréable selon le cas et on lui accorde d'être de bon ou de mauvais conseil suivant les endroits et les hommes. Il est convaincu d'avoir raison et parce qu'il est l'héritier d'une longue tradition et qu'il a l'aide des puissances d'en haut, il tranche *ex cathedra*. Parfois, il est excellent gestionnaire; parfois aussi il laisse un trou béant dans les finances de sa paroisse, à cause de son impéritie ou de la pauvreté de ses ouailles. Il est convaincant parce que, du haut de la chaire, il interprète les textes de l'Évangile ou ceux de l'évêque.

*

Parfois, il secoue ou rabroue ses ouailles; très souvent, il leur rend de très grands services. Souvent aussi il les console et il leur permet de passer de vie à trépas sans l'angoisse terrible qui précède la mort. S'il est un notable dans sa paroisse, il mène la vie du bourgeois de petits moyens, mais qui agit. Il est

---

2. Voici la plus récente: «Personne de la classe moyenne et dirigeante, qui ne travaille pas de ses mains (opposé à ouvrier et paysan)».

pauvre généralement et, pour vivre, parfois, au XIX$^e$ siècle, il doit travailler la terre de ses mains, comme ses ouailles[3].

\*

À côté de la bourgeoisie détestable qui est dure, bloque presque tout, critique tout, empêche l'évolution, le progrès, il y a la bourgeoisie agissante. Il importe peu qu'elle soit riche, très riche, qu'elle dépense beaucoup ou peu. Pour être acceptable, elle doit travailler, rendre service, être utile. Elle peut l'être en facilitant le travail de l'artiste, en créant un climat de beauté, de luxe ou simplement d'effort fécond ou en forçant le régime politique à évoluer.

La bourgeoisie détestable, c'est la classe qui ne fait rien d'utile, ne rend guère service, ne fait avancer ni la science, ni l'intelligence, ni l'art, ni l'enseignement; celle qui se contente de jouir de sa fortune dans le cadre étroit d'une vie égoïste centrée sur elle-même. Comme l'autre, elle existe au XIX$^e$ siècle.

\*

Que se passe-t-il vers la fin du XVIII$^e$ et au début du XIX$^e$ siècle dans la colonie du Bas-Canada et dans les seigneuries de Vaudreuil, de Rigaud, de Lotbinière qui nous intéressent? Il y a les analphabètes (le plus grand nombre), dont certains ont des aptitudes ou une adresse manuelle assez extraordinaires, qu'on les appelle artisans, habitants ou ouvriers.

C'est par l'instruction que l'on passe d'une classe dans une autre, qui jouit de la considération générale: la bourgeoisie naissante. La société d'alors a été complètement bouleversée par l'évolution qui a suivi la Cession. Comme nous l'avons vu, le seigneur jouit encore d'un certain prestige, mais il n'est plus l'aristocrate de jadis. Comme le note Philippe Aubert de Gaspé, souvent le porteur d'un nom, sinon d'un grand nom,

---

3. L'abbé Louis-L. Paradis mentionne, dans son étude sur la paroisse Saint-Louis de Lotbinière, le cas d'un curé qui travaille sa terre de ses mains. Il mentionne aussi le cas du curé Jean qui achète et vend des terres et prête de l'argent à son seigneur, Alain Chartier de Lotbinière. À Vaudreuil, le curé J.-B.-D. Deguire fait de même. Ancien notaire, il a quelque argent, mais c'est l'exception.

est forcé de mettre la main à la charrue. S'il vend son domaine, c'est un marchand anglophone qui l'achète ou encore un Joseph Masson, également négociant. De leur côté, les prêtres du Séminaire de Québec cèdent leur seigneurie de la Petite Nation à Joseph Papineau, leur notaire. Et quand Alain Chartier de Lotbinière décède en 1821, ses trois gendres héritent de ses seigneuries par le truchement de leur femme. Or, aucun d'eux n'est d'une famille noble.

Ceux qui dirigent Montréal et la région à cette époque, ce sont d'abord les fonctionnaires de Québec, qui prolongent ainsi le régime colonial, puis ceux qu'on aurait pu appeler, au siècle suivant, les nouveaux messieurs: les McGill, Molson, Mackenzie, Allan, Frobisher, qui se sont enrichis dans le commerce des fourrures[4] ou sont devenus des brasseurs ou des armateurs. À partir de 1832, après avoir été pourvue d'une charte municipale, Montréal a comme premier maire, Jacques Viger; il est suivi d'autres, dont maints anglophones. Ce sont aussi les banquiers, que l'on retrouve dans cette pléthore de petits établissements bancaires qui disparaîtront tout simplement ou seront repris, au siècle suivant, par la Banque de Montréal.

Au fond, c'est par l'instruction — même élémentaire, tout comme par le courage, l'habileté non pas manuelle, mais intellectuelle que se crée la classe nouvelle: la bourgeoisie. Anglophone, elle permet à l'Université McGill et au Montreal General Hospital de naître, de soigner et de former des praticiens, face à l'Hôtel-Dieu des Soeurs Hospitalières de Saint-Joseph. Il y a aussi la bourgeoisie francophone qui s'instruit grâce à ses collèges mais, hélas! ne crée point ou bien peu, tout en travaillant durement. Joseph Masson, par exemple, est un travailleur de tous les instants, mais, parmi ses fils, il n'y a guère que Rodrigue qui se soit fait un nom dans la politique et comme historien[5].

---

4. On les appelle les Bourgeoys (ou Bourgeois). Ils sont les associés de la Compagnie du Nord-Ouest ou de la Compagnie XY.

5. Il y a aussi Austin Cuvillier, John Pratt, Isidore Thibaudeau, Trestler, Carrier, et beaucoup d'autres qui ont créé des entreprises, mais n'ont pas su en assurer la pérennité dans leur famille.

Si le succès du père, du fondateur, dépasse la moyenne, il assure bien peu souvent à la génération suivante le moyen de continuer l'entreprise ou de se développer sans un effort constamment renouvelé. Heureusement pour la société de l'époque, il y a, à côté, le clergé et les communautés religieuses où règnent à la fois bonne volonté, esprit d'initiative et une relative compétence. Malheureusement, clergé et communautés n'évoluent pas toujours assez vite, même s'ils assurent à leurs établissements un essor extraordinaire, aussi bien au Canada qu'à l'étranger. Doit-on classer le prêtre, le religieux ou la nonne dans la bourgeoisie? Assurément, mais d'un type particulier dans ce dernier cas, où chacun s'instruit et travaille pour le groupe, tout en rendant service non pas en accroissant son bien, mais pour que l'Ordre bénéficie du travail de la fourmilière.

*

Le mot *bourgeois* n'est pas toujours flatteur. Flaubert n'a-t-il pas écrit: «J'appelle bourgeois quiconque pense bassement?» On dit aussi *s'embourgeoiser* quand on cesse d'agir, de penser ou d'écrire. Et le dictionnaire ne signale-t-il pas que par *bourgeois*, on entend souvent «une personne incapable d'apprécier ce qui est désintéressé, gratuit, esthétique»? Par contre, dans une autre acception actuelle, le bourgeois ne peut-il être une personne de la classe raffinée et dirigeante qui ne travaille pas de ses mains?[6]

*

Dès le début du XIX<sup>e</sup> siècle, il y a, dans le Bas-Canada, une petite bourgeoisie, une bourgeoisie moyenne et une grande bourgeoisie, qui n'est pas toujours intéressante dès la deuxième génération. Par ailleurs, à la fin du XIX<sup>e</sup> siècle, parmi ceux qui se sont enrichis avec le commerce et les transports en particulier, certains vivent dans d'assez belles maisons

---

6. Autrefois dans le peuple, on disait *mon bourgeois* pour mon patron, avant le monologue d'Yvon Deschamps sur «*Mon bon boss*», avec une amertume et une résignation qui faisaient mal.

et s'entourent, par snobisme ou par goût, de collections de peintures et d'oeuvres d'art, dont une partie se retrouvera plus tard au musée de Montréal, grâce, en partie, à la générosité des donateurs et au fisc qui, en reconnaissant le don d'une oeuvre d'art comme une réduction du revenu taxable, contribue à amener au musée des oeuvres qui n'y seraient peut-être pas venues. Mais cela est un fait du XX$^e$ siècle et non du début du XIX$^e$ siècle, qui nous intéresse ici.

Notons cependant que, dès le début du XIX$^e$ siècle, les notables, donc les bourgeois, font faire leur portrait par des artistes étrangers, comme Von Berczy et Louis Dulongpré et, plus tard, par des peintres indigènes tels Plamondon, Hamel et Roy-Audy. C'est le cas de Jean-Joseph Trestler à Montréal, de son fils Jean-Baptiste-Curtius Trestler et de sa petite-fille Iphigénie Trestler-Dorion, qui nous intéresse particulièrement. L'ancêtre est gras, d'aspect peu distingué, les beaux atours accentuant la modestie de ses origines. Dès la deuxième génération, Curtius est physiquement bien. À trente ans, on lui donne sinon l'allure d'un beau Brummel, du moins d'un fils de famille élégant, même s'il est plus simplement vêtu que son père. Et il y a Iphigénie, que Théophile Hamel représente avec une charmante simplicité.

Avoir son portrait devient une habitude dans la bourgeoisie de l'époque. Déjà, elle est l'indice d'un rang différent, d'une classe qui s'affirme, d'un groupe qui n'est plus l'aristocratie du siècle précédent et qui est bien loin de l'époque de Largillière ou de Rigaud. Austères, hommes et femmes de la société nouvelle ont franchi une étape dans l'évolution de leur classe. Ils ont voulu laisser leur portrait aux générations futures, avec des vêtements assez somptueux parfois, généralement un peu sévères, mais plus près de la vie de tous les jours que les costumes d'apparat que Largillière et Rigaud ont peints à la cour de Louis XV. Assez curieusement, au siècle suivant, quand, dans un film de l'époque, on montrera ces vêtements somptueux, des jeunes gens, ignorants ou ignares, riront dans la salle croyant à une mascarade.

La société du Bas-Canada ne prêtait pas à rire sur les toiles où on la présentait à l'image de gens sévères, qui n'étaient pas tristes nécessairement, mais qu'on peignait sous l'aspect d'un groupe, sinon masochiste, du moins janséniste.

*

Faut-il conclure? Assurément, même si le sujet est ardu? Au début du XIX<sup>e</sup> siècle, sont des bourgeois:

a) celui qui, possédant de l'instruction, joue un rôle dans une société en pleine évolution;

b) celui qui, étant un possédant, a droit de voter et d'exercer une influence sur les affaires du pays par une intervention directe;

c) celui qui, ayant de l'instruction, dirige le pays, sa ville ou son village, produit, écrit, défend la veuve et l'orphelin, soigne ou vend tout ce que demande une société devenue plus exigeante.

# Postface

Ce livre est-il un essai, une étude sociologique ou un simple récit? Nous ne pensons pas que l'essai ou l'étude sociologique admette la fabulation, ce qu'accepte le récit. Presque tout dans ce livre s'appuie sur des documents ou des faits connus, vérifiés. C'est un essai alors? Disons qu'il s'agit d'un essai sociologique qui, à certains moments, tient du simple récit. Ce n'est pas sérieux de s'exprimer ainsi, diront ou penseront peut-être les historiens qui nous feront l'honneur de nous lire. Notons qu'il y a là une hésitation ou un scrupule d'auteur, qui aurait voulu consulter des lettres familiales pour compléter ses observations. Hélas! celles qui avaient été écrites dans la famille ont été détruites.

\*

En fermant les yeux, l'auteur a imaginé certaines choses comme la jeunesse d'Iphigénie passée à l'ombre de la vieille maison construite par son grand-père. Est-ce suffisant pour qu'on n'accorde pas foi à ce personnage qu'il place dans un milieu qu'il connaît et après avoir étudié avec attention la photographie de la peinture de Théophile Hamel, dont Armour Landry, photographe, a su tirer le maximum de vie, sous une crasse accumulée au cours des ans? Et aussi, après avoir étudié de très près la signature de la jeune femme? C'est mince comme butin historique. Mais que faire de plus devant une famille qui a presque tout détruit?

Il y a bien d'autres faits que l'auteur a tenté d'expliquer dans la vie de ses personnages. Comment justifier cette carrière qui mène le docteur Curtius Trestler des Cèdres à Sainte-Anne de La Pérade et de là à Saint-Laurent, puis à Montréal? Mais d'autres médecins, parmi les plus connus comme le docteur

Daniel Arnoldi, n'ont-ils pas fait de même, avant de se fixer? Effet d'une humeur vagabonde? Peut-être, mais aussi difficulté de s'établir dans une petite ville — car Montréal était à l'époque un gros bourg où les médecins étaient nombreux. Comment expliquer cette thèse sur la rage présentée par Curtius Trestler à l'Université d'Edimbourg, alors que la rage est bien peu répandue parmi la gente champêtre ou urbaine de la Colonie? Notre personnage n'a rien laissé pour expliquer sa vie, ses décisions, ses choix. D'où la nécessité parfois, pour l'auteur, d'avoir recours à son imagination ou à sa faculté de raisonner tout en la tenant solidement dans des bornes plausibles et après avoir longuement réfléchi au cours de promenades dans ce parc de Westmount paisible et si agréable durant les mois d'été.

*

L'auteur connaît bien la région dont il parle, pour y avoir passé de nombreuses vacances chez son père dans une île au large de la maison Trestler. L'automne, il y a guetté le canard du canoë où, avec son père, un chien et un fusil — belle arme de Belgique — il parcourait la baie en pagayant doucement, le long des côtés de l'île Perrot à une époque où elle était presque inhabitée, mais où existait une usine de produits explosifs, dont certains bâtiments sautaient parfois dans un grand bruit et un rougeoiement subi de l'horizon.

Si, à un moment donné, il parle d'une batture au large de l'île Trestler, c'est que l'auteur y est allé souvent, très tôt le matin, en tentant de ne pas effrayer le gibier qui s'y logeait. Il aurait pu y avoir une «cache» mais, pour cela, il lui aurait fallu s'y rendre la veille et passer la nuit sur place. Il n'aimait pas la chasse au point de passer des heures entières dans l'humidité et la froidure de la fin de septembre.

Avec ses insuffisances, l'auteur présente son livre au lecteur dans l'espoir qu'il s'intéressera à cette famille du XIX$^e$ siècle, partie de bien bas et qui a joué un rôle dans le négoce, la médecine, la politique et la magistrature.

# Table des illustrations

# Table des matières

_____

*Avec une attention particulière donnée à celui-ci qui, en venant au Canada, fonde une affaire florissante et donne naissance à une famille de grand mérite.